获客

何润　张艳琳◎著

人民邮电出版社

北京

图书在版编目（CIP）数据

获客 / 何润，张艳琳著. -- 北京：人民邮电出版
社，2019.1
ISBN 978-7-115-49842-7

Ⅰ. ①获… Ⅱ. ①何… ②张… Ⅲ. ①市场营销
Ⅳ. ①F713.3

中国版本图书馆CIP数据核字(2018)第281895号

内 容 提 要

在全球营销技术爆发之势，如何加速营销技术落地中国？以微信为代表的社交营销生态，使国内企业和用户的关系在线化领先于国外。如何立足"社交"，布局全渠道，高效获取流量？中国市场如何将营销的感性与理性相结合，持续稳定转化潜在用户？

本书提出的"鱼池养鱼论"给出解决方案：首先，通过丰富的内容类型，深入不同获客场景，制造流量；其次，建立社交端营销自动化流量池，汇聚全渠道流量；再次，明确用户画像及用户购买旅程阶段，从流量池中找出优质商机及用户；最后，在提高转化的同时进行线索培育，最终提高线索到签约的效率，从而实现高效获客。

"鱼池养鱼论"的获客方法论助力致趣百川赢得多个灯塔级别的用户：微软、腾讯、联想、SAP、金蝶等。这些深谙中国营销挑战之复杂的用户，用他们的选择证明了本书B2B营销技术之领先。

◆ 著　　　　何　润　张艳琳
　　责任编辑　恭竟平
　　责任印制　周昇亮

◆ 人民邮电出版社出版发行　　北京市丰台区成寿寺路 11 号
　　邮编　100164　　电子邮件　315@ptpress.com.cn
　　网址　https://www.ptpress.com.cn
　　涿州市般润文化传播有限公司印刷

◆ 开本：700×1000　1/16
　　印张：15.5　　　　　　　　　2019 年 1 月第 1 版
　　字数：261 千字　　　　　　　2024 年 11 月河北第 20 次印刷

定价：59.80 元

读者服务热线：(010)81055296　印装质量热线：(010)81055316
反盗版热线：(010)81055315
广告经营许可证：京东市监广登字 20170147 号

行业赞誉

数字化转型的核心目标是驱动业务增长，高效获客、品类扩张、提升效率和用户体验是通过数字化转型驱动业务增长的关键举措，通过营销自动化有效整合线上和线下营销资源，建立高效获客模式对于 B2B 业务非常重要，《获客》对于了解 B2B 营销获客的方法论和实际非常有帮助。

——联想集团中国区商用数字化营销中心总经理　王立平

市场的变化远快于营销的变化，如果企业还在用同样的市场营销手段就会逐渐被淘汰。在众多的 B2B 企业中，市场部对于新用户获取和业务增长的直接贡献变得越来越重要。这本书对内容营销、社交媒体自动化营销进行了翔实的介绍，同时对如何利用全渠道营销进行获客以及销售线索的培育做了完美的解读。这是一本针对 B2B 企业市场营销人员的新时代营销法宝。

——亚马逊 AWS 品牌与数字营销总监　原　方

营销是科学与艺术的结合。B2B 市场的营销最为复杂，用户购买旅程受到海量信息、多源的数字化渠道、社群以及口碑的影响，营销人往往会失去方向。《获客》很好地将内容营销、数字化渠道、线索管理与衡量等今天这个时代零散的最佳营销实践和工具有机整合在一起，能快速指导营销人制定策略和计划，是企业营销人必读的一本宝典。

——华为高级市场营销经理　丁文杰

这次有幸拜读了致趣百川出品的《获客》一书，感慨致趣百川这样一个以技术为主的团队能花时间和精力致力于 B2B 营销的教育和分享，并为从业者提供了如此有价值的获客指南，实在令人肃然起敬。很多与我一样的 B2B 营销管理者更是此书的主要受益群体，这本书无疑会帮助我们开阔眼界，拓宽营销思路，帮助我们以更专业的眼光来管理团队并制定营销战略。在此，衷心祝贺《获客》成功出版，希望更多营销人能从阅读中获益！

——康耐视亚太区市场总监　贾　宁

传统营销，凭借"晨兴理荒秽，带月荷锄归"般的汗水与勤奋，来赢得业绩。但是在数字时代，这已不足以支撑业绩增长，只有嫁接了技术的营销，才能高效精准地挖掘潜在用户，这就像万里高空的飞行器和茫茫大海上的巨轮。《获客》会告诉你，如何通过360度透视的方式，终达目标。不懂获客的企业，无论过去多么强大，都像在雾里行车，没有前路。不论当下还是未来，《获客》都会是一本既浪漫又现实的必读经典。

——东阿阿胶股份有限公司副总裁　高登锋

B2B市场竞争不断加剧的今天，营销已经不再是简单获取曝光量，而是更关注结果导向。市场部被赋予更多的获客职责，SEM流量红利减退，信息流红利到来，如何在短时间甄别最有效的获客手段，困扰着每一个营销人。《获客》引入多家企业营销经验，理论联系实际，解答当下在流量获取、商机获取的疑问，是一本很适合初学者的学习手册；每位营销领域专业人士针对不同企业特性做营销策略的延伸，分享自己的实践经验，是一本值得深思熟读的书。

——致远互联网络营销部总监　田　薇

获客一直是困扰企业的难题。致趣百川通过不断的实践与验证，给出了破解难题的答案——从内容、获客、线索培育和销售跟进四个环节切入，打造营销闭环。这对高客单价企业的获客与转化尤为有益。这本书详尽讲述了B2B企业通过社交渠道获客、培育和成单的实践策略，配合丰富的合作案例，可以快速指导企业将内容营销落地，并实现效果最大化。推荐B2B企业的数字营销团队学习。

——京东云市场传播部高级市场总监　陈慧菱

很长一段时间以来，我们似乎都视"营销"等同于"广告"，认为只要用铺天盖地的信息轰炸用户的心智，就会获得相应的回报；这种"魔弹论"的营销思路已经不适用于流量红利结束的今天。从某种意义上说，营销是一个资源交易的过程，营销人用有用的内容与用户交换他们的眼球，这是内容营销的根本思路，也是《获客》这本书想告诉我们的。

——Marteker 创始人兼 CEO 冯 祺

致趣百川从成立以来就是我们一直信赖的合作伙伴与营销智囊团，尤其在通过 SCRM 营销自动化获取商业线索方面很是领先，我非常开心看到致趣百川《获客》一书出版，相信 B2B 营销人一定可以从中学习到营销获客的真知灼见。

——微软中国 Microsoft 365 整合营销经理 陈怡帆

营销业是一个非常庞大的行业，涉及繁多的职业，很难像医生、律师、建筑师那样可以例举明确特定的技能或职业认证标准。也许很多年轻的或半路入行的营销人会因此而感到迷茫。营销无疑是一门发展了六十多年的社会科学，与时俱进、与市俱变的营销术绝不是追随热门社交软件、时髦话题、蹭蹭热点就可以的把戏，绝不是可以脱离经典营销理论基础、拍脑袋发挥的游戏。这本书将一些基础营销思想在应用领域的体现与真实案例结合，可以帮助营销人在纷繁嘈杂的营销环境中梳理思路。

——适马中国 CMO 马雅谨

这是一个流量焦虑的时代。短短数日，流量比拼的焦点早已升级，从如何获取更多、更大的流量池到挖掘性价比更高的流量池。为了流量可谓是八仙过海各显神通，但获客渠道的拥堵与高价正"煎熬"着每一位营销人。如果你对优质流量有饥渴，如果你对引爆获客有执着，请翻开这本书。这里有营销人的开拓与执着，坚守与变革，升级思维勇于探索，一起来创造流量焦虑年代新变革！

——百威英博"红人计划"操盘手，前蓝标客户总监 李键莎

我从事市场营销工作 10 余年，时间不算长，却跨越了 2 个时代。营销由创意驱动变为数据驱动，由过程导向变为结果导向，由市场部走向全企业。生在这样的时代，靠什么安放 CMO 无处不在的增长焦虑？还好，我们有 Marktech 营销技术；还好，我们部署了致趣百川 SCRM 营销自动化。随着营销手段的升级，数据和技术驱动营销不断创新，我们可以用营销工具，进行更加积极、高效的

营销方法探索。随着对 SCRM 营销自动化的应用，东方之星在整合数据、洞察数据、应用数据和数据增长上，越发感受到数据驱动营销的力量和未来。

——东方之星市场总监　郝　婧

从不可能到必然的可预测收入

硅谷销售教父　Aaron Ross

在 1999 年，我创立了一家互联网企业，分别雇用了一位市场主管和销售主管，并获得了数百万的投资。可是，这家企业最终倒闭了，其中一个原因是作为 CEO（首席执行官），我不知道该如何建立专业的销售和市场管理机制来增加公司收入。在那次痛苦的经历后，我决定在创立一家新公司前先去从事销售工作，去学习销售和市场机制的运行机制。亲自尝试，是这个世界上最好的学习方法。

因此在 2002 年，我去了一家名为 Salesforce 的小企业做销售工作。这家公司有大约 150 名员工，每年的收入是 2500 万美元。期间，我帮助公司建立了销售团队，负责对外的潜在用户挖掘。这个团队在我离职之前为公司赚了超过 3 亿美元。如今，Salesforce 已经是一家收入超过 100 亿美元，且仍在快速成长的大型软件企业。

Salesforce 的成功并不仅体现在它是一家市值数十亿美元的企业，还体现在它所拥有的创新产品。Salesforce 一直鼓励世界各地的企业用创新的方式来增长销售量。它的创始人 Marc Benioff 也曾多次提及，企业的竞争优势在于销售和市场团队，以及团队的运行机制。我认为这个观点是正确的。其实，许多企业已经在运用这种理念来创立一些高速发展的公司，这个趋势在硅谷尤为明显。

其中一个来自 Salesforce 的想法非常具有突破性，即"推动销售增长的是潜在用户的挖掘，而不是销售人员数量"。当一家企业想令销售额翻倍时，一般过去的做法是雇用两倍多的销售人员，并希望他们能更多的挖掘潜在用户，来获得新用户。但是，经验丰富的销售人员通常不擅长也不喜欢寻找潜在用户。即使他们非常擅长，也会因为忙于跟进现有用户而没有时间去寻找新用户。这便导致了"收入过山车"的现象，即公司的业绩将从起初的优秀变为糟糕，再从糟糕变为优秀，业绩一直起起落落，不可预测。而解决办法便是将潜在用户挖掘与销售分开。如果能找到可预测的方法来获得潜在用户的话，便能创造出可预测的收入与销售量。若依靠销售人员来完成所有的获客工作，结果则是无法预知的。

要获得更多的用户，潜在用户挖掘是最重要的因素。企业可以使用以下三种生成线索的方法，并尽量使之变得可预测。

（1）"鱼池"类线索：包括了所有的营销活动：全渠道内容营销，网络营销，事件营销与社交媒体营销。当你向许多用户传播内容时，你需要观察哪些人感兴趣且想继续了解你的产品。随后，你要发布不同形式的内容，并仔细跟踪和量化哪种类型的营销活动能带来潜在用户。

（2）"种子"类线索：主要来自现有用户或人际关系的推荐。获得"种子"类线索和增加推荐量的最佳方法是建立用户成功管理计划。这意味着你要观察用户在购买和使用产品时所产生的行为，这样使得整个流程对用户而言是简单的，同时你也能确保所有的流程都不会出错。

（3）"鱼叉"类线索：是指通过对外用户挖掘来获得的线索。世界上很多业绩增长快的企业已经开始组建初级销售团队，来为销售人员完成大部分的潜在用户挖掘工作。当你有一个专门的团队负责对外挖掘用户（而不是向新用户进行销售）时，他们可以在这个方面做到很专业，让这些潜在用户成为未来可预见的销售来源。他们会使用社交媒体、电话、网络聊天与电子邮件来触达那些对品牌还不了解的潜在用户，并让他们的对产品产生兴趣。

三种潜在用户挖掘的方式都是非常重要的，而很多成功的企业通常会将三种方式融合使用。

这种模式在全世界范围内越来越流行，在中国，致趣百川的 SCRM 营销自动化已帮助很多企业提升了销售业绩。致趣百川正在以一种简单易懂的方式，将全球最领先的营销理念落地中国。营销人的工作则是帮助公司赚钱，而不是让公司表面光鲜。致趣百川汲取了很多成功公司的实践经验，可以帮营销人在中国获得更大的成功。

"获客"比"销售"更有时代先进性

时趣 Social Touch 创始人兼首席执行官　张锐

当第一次看到书名《获客》的时候，我心中暗暗叫了一声好，这个名字足够醒目、刺激、直指营销管理者乃至企业管理者的人心：谁不知道获客是最难的企业管理挑战？谁不想更多、更高效地获客？

上一代营销天才大卫·奥格威曾经说过一句话，道出了那个时代对营销的真知灼见：We sell or else。直白的翻译，就是：营销就是要带动销售的，否则就不是好的营销。

但是到了这个移动互联的时代，我的确觉得，"获客"是比"销售"更有时代先进性的一个词了。

在上一个时代，销售意味着营销的结果，而在移动社交时代，销售仅意味着和用户关系的开始。一次成功的销售转化，意味着企业"获得"了一个新的用户，然而如何保持这个用户，继续获得这个用户的忠诚，获得这个用户的口碑，获得这个用户的动力来帮助企业进行更多的获客，这才是我们这个时代的营销本质。

要做到这一点，仅依靠大卫·奥格威那样的文案天才也已经不够了。在《获客》这本书里，你会看到今天的营销，已经真的从单纯的"艺术"，在向着"艺术＋科学"融合的方向发展。感性的那面是艺术，理性的那面是战略思考，是流程机制设计，是软件体系，是数据的智能使用……只有当理性和感性结合得很好的时候，我们才能获得用户的兴趣、互动、认可、转发和持续的选择。

致趣百川是我心目中在中国研究 B2B（business-to-business，商对商）营销最专业的团队。这个团队源自时趣，继承了时趣立足中国研究营销的专业习惯，不媚外，不守旧，脚踏实地地不断创新，潜心打磨的 SaaS（软件即服务）解决方案，赢得一个又一个灯塔级别的用户：微软、腾讯、SAP、金蝶、滴滴等。这些深谙中国营销挑战之复杂的用户，用他们的选择证明了致趣百川产品和技术上的领先、用户成功上的优秀体验。

营销之于企业服务市场，就像衣食住行之于消费市场一样，是企业的核心需求。在中国的移动社交流量红利终于消失的时间点上，我相信会有更多的企业开始主动或被动地回归到营销管理的本质上去，不再只是一味追求短期的效果，而是理解真正的营销管理能力，这在于管理体系的完善、技术工具的先进和持续优化的精神。在这个大背景下，我相信致趣百川和这本《获客》将成为市场营销领域的一本畅销书。

战胜 B2B 营销的无聊

闻远战略创始人，前 GE（通用电气公司）品牌总监　李国威

我们在生活中常说，最近挺无聊的。

无聊有两种含义，第一种是没什么事情做，这个好办，你去打球、去娱乐、去爬山，找事情把无聊空虚的时间填满。第二种是心理学维度，是注意力对象不符合自己价值观时的心理体验。这种体验过去一般发生在长期从事单调重复工作的人，比如生产线工人、司机、厨师等。当然，前提是从事这项职业的人需要新鲜感，但他们的工作不能带来持续的新鲜感。

其实，那些从事简单工作的人不会感到特别无聊，他们恐惧改变，因为改变的代价可能太高。

我认识一个在北京开专车的司机，他是改革开放最早开出租车的那批人之一，最早挣外汇券，后来他在北京租房给外地人住，又去内蒙古投资了一个旅游客栈，因客人少成本高而赔光了所有的投资资产，最后又回到北京开网约车时代的出租车。我问他为什么要一路折腾，他说人生总得有点刺激啊。

我觉得 B2B 营销人挺像出租车司机：都觉得生活缺少刺激；都觉得自己很厉害但没有人认可；都觉得可以做更有价值的事，但是障碍重重，风险重重；都想冒险，但觉得现在的日子也不错。

B2B 营销人最大的挑战，是战胜无聊。这种无聊来自我们的日常工作不符合自己的价值观。作为一名营销人，我们的 DNA 是：创意、创造、带来实效、提供价值。但我们所处的现实世界是：B2B 营销不被高层领导重视；B2B 营销效果不如 B2C（business-to-customer，商对客）营销直接；B2B 营销产品缺少 B2C 营销那样的公众话题性；B2B 营销缺少人员和预算。

但是与 B2C 营销相比，B2B 营销还有很多显而易见的优势：丰富的行业洞察。讲燃料电池和讲碳酸饮料，哪个更有话题？改变生活的产品，讲芯片和讲啤酒，

哪个更有机会？丰富的垂直类媒体，每个行业都有独特的传统媒体和自媒体。

营销技术的应用，一个已经被 B2C 企业蹚出一条小路，但绝大多数 B2B 企业还在大路上观望，还处于甚至连车都不肯下的全新领域。

B2B 营销升级的最大悖论，总是围绕着先有鸡还是先有蛋。CEO 说，你给我效果看，我就给你投入。CMO（首席营销官）说，你给我投入，我就给你看效果。

我们没有一劳永逸的解决方案，而致趣百川出版的这本《获客》，为我们提供了很多起步的思路。比如，不一定一开始就要做完整的营销自动化体系，而是可以从有效追踪潜在用户的行为开始，以内容营销获得用户关注，通过持续的内容引起用户的兴趣，引导用户关注企业微信，注册企业线下活动，获得坚实的营销线索。

很多 B2B 企业的营销还是围绕企业微信号，但是在不显著增加预算的情况下，你是否可以考虑建立一个完整的内容营销体系，从内部人员的新媒体和行业知识的培养，到企业自有微信、其他社交媒体内容分发、官网与社交平台打通、搜索引擎优化、线下活动与线上获客线索的整合。

很多 B2B 企业的 CMO 说，最大的挑战一个是证明营销的实效，另一个是内部体系的协调，你在营销部门的职位越高，越要把重点放在后者。他们说的是，与技术部门一起搭建用户行为追踪系统，像致趣百川这种有营销部门供应商的参与，技术部门服务商的参与，对外企来说，还有社会化客户关系管理系统（SCRM）的全球体系与中国系统的对接，全球服务商与中国服务商的对接等。这些都是 CMO 的工作，挣那么高的工资理应把这些事情搞定。

《获客》这本书提供的系统方法，可以帮助 CMO 应对第一个挑战 —— 证明营销的实效。德鲁克说：一个事物，如果你不能衡量它的话，那么你就不能增长它。B2B 营销，用户决策周期长，客单价高，购买频次低，人们对营销效果的理解，远不如网红在电商卖货那样直接，因此，B2B 企业必须把每一个营销行为用技术手段记录在案，不仅记录市场部做了什么，更重要的是每一个营销行为在用户和潜在用户中引起了什么反应，这些反应的积累在哪一个点上可以转化为销售线索。

本书参考了美国一些优秀的 B2B 营销机构的观点，如 Content Marketing Institute（内容营销协会，简称 CMI），Hubspot（美国一家数字营销公司），并展示了致趣百川在中国的成功案例。我们希望这本书能够引起 B2B 营销行业的关注，业界同仁用更多的思考和案例丰富这类专著的内容，提高中国 B2B 营销行业的整体能力。感谢致趣百川带来了一个良好的开端。

总是有人说 B2B 营销很无聊，其实 B2B 营销根本不是无事可做，而是这个行业的激情和热情还没有被引发，现在我们至少可以感觉到，我们在探索的过程中，有无数信仰坚定的同路人。

战胜无聊，从今天就开始。

第三章　**通过 SCRM 建立全渠道流量池　/ 081**

第四章 从流量池中培育线索，找出优质商机 / 162

第五章　快速上手的营销获客策略　/ 217

第一章

全球市值 TOP 10 企业的获客方法

01

　　业绩导向型营销变得越来越重要，企业市场团队逐步变为业务中心，成为决定企业业绩规模的重要环节，CMO 的压力和挑战只增不减，埃森哲数据显示，如今 B2B 企业 CMO 将 60% 的时间花在传统市场营销中，在增长和创新部分的时间投入仅为 37%。但是，如果公司业绩增长低于预期，40% 的 CEO 认为 CMO 是第一个需要为此负责且离开公司的人。如何快速上手营销获客，确保业绩增长成为 CMO 的关注重点。

　　对于中国的企业来说，获取潜在用户线索的主要渠道有以下几种：SEM（search engine marketing，搜索引擎营销），官网获客，社交媒体获客、线下会议 / 活动等。百度 SEM 的成本近年来一直在不断的上升，尤其是 2016 年魏则西事件之后，百度的广告位更是由之前的 10 个缩减到了 4 个，关键词的出价也是在不断攀升，寻找新的营销渠道，以更低的价格来获取到潜在用户线索，成为营销人迫在眉睫的难题。

　　基于这个现状，致趣百川提出"鱼池养鱼论"。如果将用户比作鱼，B2B 企业要构建自己的用户池，即鱼池。通过内容营销制作鱼饵，并埋好鱼钩钓鱼；撒网钓鱼，把大量用户线索从各个鱼塘中汇集起来并不断养大，要做多渠道的打通、兼容和汇总；捕鱼收网，通过标签体系明确用户画像，知道钓的是什么鱼，通过线索打分，知道鱼的质量、成熟度；饲养育苗，针对不同阶段的用户采取不同的沟通策略，通过营销自动化内容精准触达。销售选取成熟的时机与方式，与具有足够成熟度和兴趣活跃度的用户联系，收网捞鱼。鱼池养鱼论明确了市场部与销售部的不同侧重点：市场部建立鱼池、投喂鱼饵，观察分析；销售部撒网将成熟的大鱼捞出，使业绩增长，如图 1-1 所示。

撒网钓鱼
➤用户分散，管理困难
➤缺乏统一的管理平台
✓多渠道统一引导至微信管理
✓用户来源渠道可追踪
✓根据用户来源自动分类销售

捕鱼收网
➤缺乏用户完整画像
➤线索跟进不及时，方式传统
➤线索是否跟进无法记录
✓销售可查看用户历史信息
✓微信、短信、邮件全渠道沟通
✓销售沟通后台记录

鱼饵制作
➤内容制作门槛高
➤传播效果待优化
➤招募成本高
✓内容模板提升制作销量
✓游戏化运营激励传播招募

饲养育苗
➤缺少运营维护，造成潜客流失
✓自动化营销，降低运营成本，用户兴趣
✓根据用户行为评分分级高分值用户转给小程序跟进

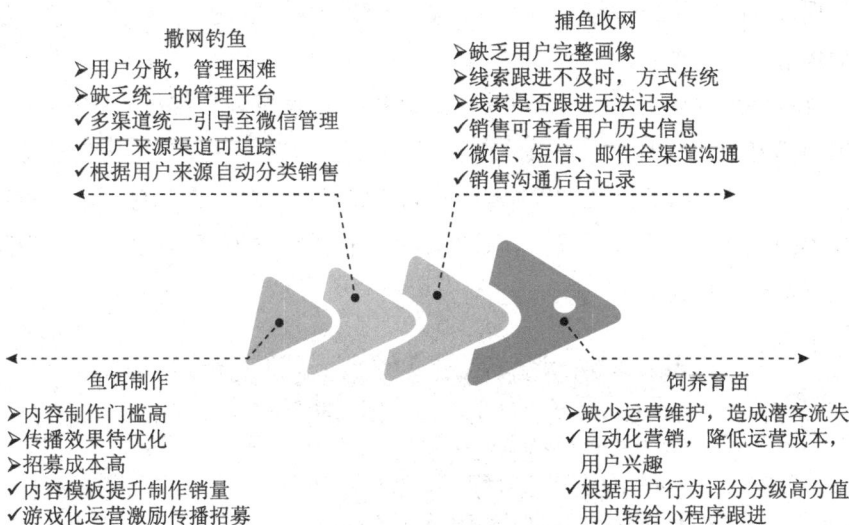

图 1-1　致趣百川鱼池养鱼论

鱼池养鱼四步走，高效获客与转化

鱼池养鱼四步走，简单来讲，第一步，通过丰富的内容类型制造流量；第二步，建立以社交为核心的 SCRM 全渠道流量池；第三步，通过营销自动化技术从流量池中找出优质商机；第四步，通过社交销售跟进，提高线索到成单效率。

内容

与 C 端企业偏向折扣或趣味性不同，B2B 企业和 B2 大 C 企业鉴于是高客单价定位，需要突出差异化，这对内容提出了更高的要求。如果将用户比作鱼，内容就是对鱼有吸引力的饵料，要通过内容去吸引那些潜在用户。为销售线索提供针对性内容，销售机会能够增加 20% 以上。在合适的时间，提供具有针对性的内容，则可以推动用户走向用户购买旅程的下阶段。

第一，确定内容形式。

了解目标用户所偏好的内容形式。Regalix(美国一家技术和市场调研公司)，调研发现，比图文更有效的内容资产有 8 项：网站内容、在线会议、案例研究、电子书、博客内容、在线视频、社交内容和产品演示，如图 1-2 所示。笔者无数次提过，高客单价内容一定要分层次，不然无法有效地在市场漏斗与营销瀑布中将用户向前推进。

致趣百川提供 H5（HTML5）平台，提供了很多内容模板，同时用户也可以自定义 H5，埋上代码，还支持传播监测。作为"鱼饵"的内容，除 H5或图文信息外，广义上也包括工具、活动，如调查问卷、邀请函、模板消息、直播等。线上、线下同时发力，针对不同属性的人群开展对应的营销策略，提高营销转化和成单率。

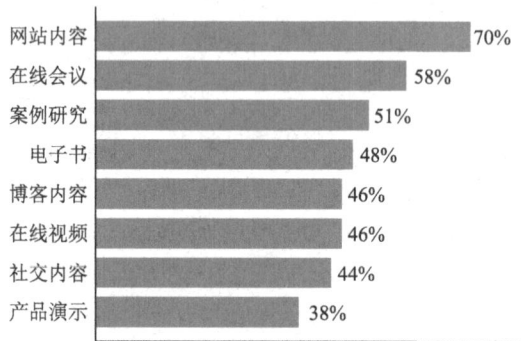

图 1-2　比图文更有效的 8 种内容资产

第一，让买家愿意与供应商互动的 4 个最重要的因素如下。了解买家公司的业务模式（占比为 26%），拥有领域专家／思想领袖（占比为 25%），提供有价值的资讯和工具（占比为 25%），了解公司的产品和服务（占比为 25%）。无论你以何种方式提供内容，都要让用户知道，你真正理解了用户所面临的最大挑战和目标。但这并不意味着你每一次都要"另起炉灶"，而是要尽可能灵活运用现有内容，对其稍做调整，使它更适合你的特定目标用户。

第二，根据成交用户的特点，自动推送相似诱饵。

可以根据成交用户的特征，明确目标用户画像，自动推送相似诱饵。以微信端为例：一方面，显示菜单不同。根据标签不同，不同行业人员登录会显示不同菜单，如医美行业是"我要整形／医美快讯"，教育行业则是"我要报名／教育资讯"。另一方面，推送内容不同。以致趣百川 SCRM 营销自动化产品为例，在群发消息时，可以做到以下两点：一是精细推送，推送时，可以选择人群、性别、地区、所属标签，进行专属内容推送，给每个人推送适合他们的消息，让用户感觉到内容是为他们定制的；二是多次发送，服务号每月只能完成 4 次推送，通过致趣百川的产品则可以完成多次发送。

第三，内容营销通过 CTA 促进用户沿销售漏斗演进。

在内容中埋鱼钩引导用户走向生命周期的下一阶段，被称之为 CTA（call to action，行动召唤），与此对应可做成不同类型的营销闭环，如图 1-3 所示。

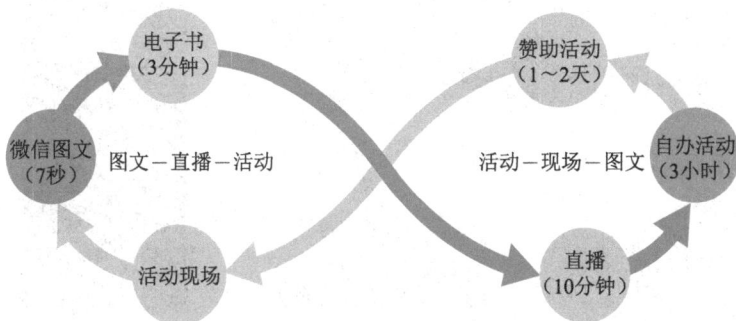

图 1-3　打造不同内容类型的营销闭环

闭环第一步：图文到电子书。系列策划的微信图文，可以组合为一本电子书，助力企业打造行业领导力。闭环第二步：电子书到直播。关于电子书的解读，可以做成线上直播。闭环第三步：直播到自办活动。直播中同步的方案介绍或 PPT 可作为一场自办活动的内容素材。闭环第四步：自办活动到赞助活动。在自办活动里，通过现场反馈不断打磨价值点，提炼好的内容参加赞助活动。闭环第五步：赞助活动再到图文。将赞助活动的优质讲稿提炼为图文内容，在不同媒体渠道发布。

内容营销闭环的打造，内在要遵循卷入度由浅入深的原则。内容营销可以以某项内容要投入的时间成本来衡量，微信图文平均停留时间 7 秒就可知其大概含义；电子书 3 分钟就可决定是否需要深入阅读；直播必须观看 10 分钟以上，才能对内容有所了解；自办活动，需要到达活动现场，一般为一个下午的时间。按照上述逻辑，内容复用率大大提高，同时用户的卷入度也逐步提高，由浅入深，每个阶段都在运用"钩子"的策略。

获客

获客，是目前中国用户最为关注的一点，一般企业会通过广告技术来获客，但是对于高客单价企业来说，获客流程偏长，一般会经历"陌生人—访客—注册—市场认可线索—销售认可线索—成交"的过程。广告技术没有跟踪到最终成单，就需要营销技术补充，SCRM 营销自动化则可以贯穿整个购买流程，将获客落地到具体场景，提炼对应机制，完成获客。致趣百川营销自动化 SCRM 支持 3 个重要的获客场景：社交渠道场景、会销加直播场景、内容下载场景。

第一个场景：社交渠道场景，如图 1-4 所示。

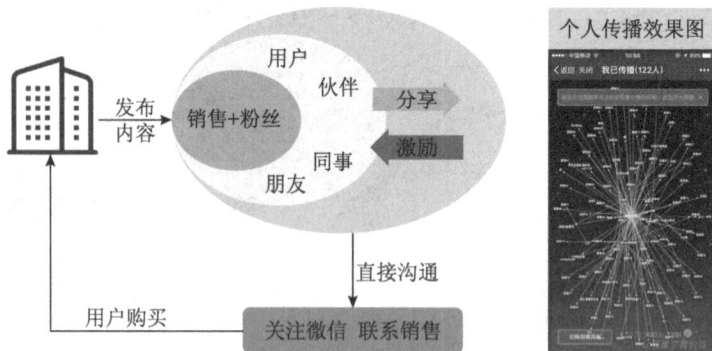

图 1-4　社交渠道场景：员工代理商社交口碑流量

"六度分隔理论"，即最多通过六个人，你就能认识任何一个陌生人。这一理论在 B2B 行业同样适用，要找到潜在用户，可以从离企业最近的销售和粉丝着手，层层裂变，通过微信将业务人员的朋友圈拉到流量池里面，利用员工和用户，通过众包方式，基于 H5 数据的跟踪、传播路径的监测，明确带来的新流量，对点击和转化给予一定激励。员工是最了解企业的人，是较适合为企业背书的品牌代言人，员工传播出去的信息，相比公关稿或是其他渠道的信息真实性更高，更能获取周围人的信任。用户是企业最直接的接触者，对企业服务最有话语权，在每个人都是自媒体的移动时代，用户群体蕴含着巨大的潜在营销价值，用户基础越大，营销价值越大，通过老用户带来新用户，使用户呈现几何式增长。一是建营销管理平台，有效追踪员工参与及信息传播的营销过程，使营销效果和价值可量化。二是通过技术整合能力，进入营销游戏接入及控制，搭建游戏管理平台，使得功能可复用，降低开发频次和成本。三是通过搭建粉丝管理平台，沉淀获得粉丝，形成粉丝资产，形成营销闭环，实现粉丝沉淀及转化。

对于 B2B 企业而言，销售是市场内容传播的非常重要的渠道，要撬动销售团队的社交资源，增大内容对于目标潜在用户的覆盖，对于有一定规模的销售团队来说，全员营销系统对于获取潜在用户和品牌的帮助颇大。高客单价内容会因为专业而被 60% 的用户购买，然而也因为专业，传播性很差，用户不会去主动传播，面向企业的内容几乎寸步难行。合理的激励制度和产品特性更为重要。

致趣百川 SCRM 营销自动化，传播效果直接让转发的员工或用户获益，解决了传播动机的问题。一方面，传播后带来的转发数、线索情况，在任务中心能够看到具体的传播效果。同时，每个分享如果被别人分享，都会有积分，可以用积分去商城买东西。另一方面，传播页面带有传播人的联系方式，能够一键联系，获客更进一步。通过增加销售卡片，将营销内容搭载销售个人信息，为销售直接创造商机。销售分享出去的所有内容会自动加载销售个人的信息，对于一线销售人员来说，配合市场部做活动会增加电话接入量，带来商机。

第二个场景：会销加直播场景。

在国外的在线研讨会，绝大部分是直接通过邮件来触达用户，用户通过邮件里的链接访问到在线研讨会页面，但这个逻辑在中国就失效了，因为邮件的触达率比较低，对于很多中小企业市场部而言可能更痛苦，其用户也许连工作邮箱也没有。用微信代替邮件作为更主要的触达渠道，并且让用户打开直播后尽可能减少跳转，最好的方式就是在微信里直接嵌入直播，不是额外的跳转链接，如果是注册过的老用户，再次注册时不需再填写申请信息，从而增加会议报名率。

基于 SCRM 营销自动化的直播会议营销过程：首先，用户注册后的所有行为轨迹（同步其余渠道）能被 SCRM 营销自动化系统追踪到；其次，成为微信号粉丝后，即可进入微信内容营销生态，用户可接触到图文推送、活动预告、电子书下载、直播回放，通过多条内容实现线索培育；最后，基于微信端，可以获取用户的 open ID。毕竟对于大部分高客单价企业营销来说，其核心在于线索的收集，对企业直播来说，就需要借助 SCRM 营销自动化工具来实现直播活动数据的统一管理，包括会前报名数据、会中互动、会后的调查问卷与直播资料下载数据等。

以微信服务号为核心但同时支持全渠道的直播会议营销，获客效果更为明显：一方面，所有潜在用户沉淀在企业自己的并且是最有效的触达渠道上；另一方面，潜在用户过来后的所有行为轨迹（同步其余渠道）能被 SCRM 营销自动化系统追踪到，产生线索后还可以更好地形成营销协同。

同时，线下会销营销预算占比高达14%，是高客单价企业最认可的获客方式。会销同步直播，成为增加获客、提高效率的重要选择，既可增大用户面，也可更全面获取用户信息。

第三个场景：内容下载场景。

对于高客单价企业，要有差异化的体验，需要提供基本的产品介绍、成功案例。致趣百川打造移动端的资源中心。提供高品质内容，如营销电子书，可供用户下载，同时要求用户提供联系方式，以搜集线索。建议企业把资源中心（电子书与案例研究）当作很好的饵料，但同时要在每一次打开或下载时，进行有针对性的用户行为记录，避免用户每次都要注册的难堪体验。当用户点击下载电子书及案例时，既要能够追踪到用户有这个下载动作，也要追踪其后续是否点击过直播或线下活动，以及是否参加，这些都是创造并培育线索的有效途径。

线索培育

鱼池养鱼论的前两步，即内容和获客，是市场部在做，当获取销售线索之后，直接将其交给销售部，这并不科学。养鱼理论，即市场部去养鱼，销售部去收割。在获客之后，很重要的一点就是将数据沉淀下来。所谓沉淀，不是数据的堆积，而是将获得的潜在用户信息进行定性和定量分析。定性分析主要是指标签化，当用户发生某种行为或者浏览某些内容时，会被自动打上标签。定量分析主要是通过营销自动化进行线索打分。

第一，线索打分。

线索打分可以从以下维度确定你应该培养谁，谁能快速跟进，明确不同线索所处的阶段。

（1）人口统计、公司信息分析、BANT 3 个方面。

通过注册信息和网络数据，可以从人口统计、公司信息分析、BANT[预算（budget）、权限（authority）、需求（need）和时间表（time frame）]3 个方面明确线索画像，其中 BANT 是一个比人口统计学和公司分析更优的解剖法：人口统计（头衔、角色、经验值、所在地域），公司信息分析（公司名称、公司规模、公司地址、公司收益、公司数量、产品／服务数量、融资情况等），BANT。

（2）评估行为权重，进行线索打分。

如果以办案打比方，线索的行为就是指向真相的蛛丝马迹，可以从两个方面着手：直接行为权重和上下文行为权重。直接行为权重是指某些行为与最终结果有高相关性，比如看过微信／官网端的产品报价页面，这往往比案例更能说明潜在用户的意向程度，通过对这些行为打分，如某条线索有较高分数，却缺乏购买动机，则列为重点培育对象；如果某条线索显示购买动机已经足够高，则不需要培育，直接跟进即可。上下文行为权重是指用户通过官网进来之后，下一步就是到线下去观看参会、到线上去观看直播，不同行为对应不同分数。

线索评分是一种打分标准，是用于给潜在用户排名的一种方法，评分标准代表了每一个线索对企业的感知价值。如根据用户关注企业的服务号后参加线下会议、观看直播、下载资料电子书、浏览官网、阅览企业微信文章等互动行为以及频率，给线索用户赋予一定的分值，等线索用户达到了一定的分值标准，就可以将线索用户进行销售转出，或者进一步培育。通过不同的设置数据，SCEM系统自动完成线索打分，决定要销售跟进还是销售加速。

第二，线索分析。

通过线索打分，将成熟的潜在用户直接交给销售，进行转化；还未成熟的销售线索，则要通过销售加速，不断培养。有些鱼其实还不够大，因而转入养鱼的环节，养鱼的环节其实就分两个部分，一种是主动的，另一种是被动的。主动，即作为企业端，可以把这些人选出来，通过微信、短信、邮件去主动对他做营销。被动，即这些用户在主动了解时，再给他触发一些信息进行营销。被动其实跟获客端有很强的关系。因为获客是实实在在与企业有接触的，如在潜在用户参完会24小时之内，后台就给他推送一条直播的调查问卷。之后如果他成为企业微信公众账号的粉丝，或者说他再产生其他什么行为，后台就会自动给他推送一条信息，让他注册为企业的会员。比较而言，被动触发对用户更加友好一些，因为它更强调用户的交互感，即体验感，它不会让人莫名其妙就收到一封想直接屏蔽掉的骚扰邮件。

关于主动养鱼的策略，可以从以下几点考虑：用户关系从建立到终止，不同阶段有不同的特点，因而需提供针对性的内容。致趣百川提供营销自动化工具，追踪用户线上线下行为及传播路径，自动完善用户画像，不间断进行用户行为预测，自动触发有针对性的营销动作，不断提供营养，促进鱼成长，增加优质线索转出数量。

Forrester（美国一家技术和市场周研公司）调查表明，擅长线索培育的企业，其销售额能增加50%，且能降低33%的成本。线索培育可以通过以下三个方面完成。

一是建立成长矩阵，层层递进。明确成长路径，每一段有个目标，让潜在用户往越来越高的权重走，每一步都有迹可循。如：PV（page view，页面流览量）—关注—注册—报名—下载资料—邮件—参会—试用—商机。

二是内容加速。为销售线索提供有针对性的内容，销售机会能够增加20%以上。在合适的时间，提供有针对性的内容，则可以为权重增加服务。除信息外，有营养的内容也包括工具、活动。线上、线下同时发力，针对不同属性的人群开展对应的营销策略，提高营销转化率和成单率。

三是营销自动化加速。一方面，自动打标签，即根据用户行为打上相关标签。另一方面，标签自动触发文章或消息发送。当系统自动打上某一标签时，后台会根据设定，自动触发某篇文章或某条模板消息的发送。

销售跟进

销售部跟进，主要讲求市场部与销售部的协同。两个部门之间协同工作的主要关键点，是销售部认为市场部是否输出有效的线索，以及这些线索的流转与跟进。市场部获取销售线索之后，需要销售部进行即时响应跟进，才能有效降低线索的流失，提升线索转化。

"鱼池养鱼论"的4个环节包括内容、获客、线索培育和销售跟进。后文会展述内容营销策略、获客策略、潜在用户培育（线索培育）策略，销售跟进部分本书暂不阐述。致趣百川SCRM不仅能解决社交端的问题，更能解决线索转化的问题，将官网、投放、线下办会等纳入产品中，完成全渠道获客。当企业通过全渠道获取到了海量的销售线索之后，仅靠销售人工的投入并不能解决所有问题。致趣百川SCRM可以提供自动化营销工具，通过用户标签体系追踪用户线上线下行为及传播路径，自动完善用户画像，不间断进行用户行为预测，自动化触发有针对性的营销动作，进行线索培育，增加优质线索转出数量。

不管是SCRM还是营销自动化，终归懂营销才是根本，其他的都只是执行与技术能力。

案例：微软中国SMB市场部的SCRM营销自动化获客战略

截至2018年11月，微软的股票市值已经超过了8 000亿市值美元，如图1-5所示。微软市值的整体增长，既与产品策略有关，也离不开营销策略的升级落地。

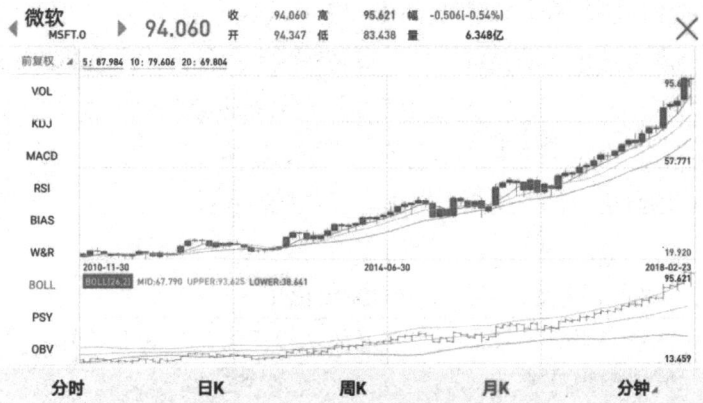

图 1-5　微软股价走势图

业绩导向型营销的重要性正在提高

越来越多的 B2B 企业市场部，已经不仅局限于品牌层面，而是变成销售部的先锋部队，开始创造收入，由成本中心向利润中心转化，业绩导向型营销越来越重要，如图 1-6 所示。即使在 B2C 行业，如果不能产出业绩，CMO 也会战战兢兢。而解决的关键则是将潜在用户开发过渡到需求开发，以达到业绩导向型营销模式。如果将营销做成能够持续产生收益的引擎，用户是否使用微软的产品，以及用户终身价值 CLV(customer lifetime value) 显得更为重要。

图 1-6　业绩导向型营销越来越重要

要通过市场营销促进用户走向销售漏斗的下一阶段。在内容营销当中，要注意"鱼饵式"内容与"蚯蚓式"内容的区别，即是否有钩子 CTA。企业不是慈善机构，其的目的是获取线索，潜在用户要想看到高品质内容，就需要先注册。但是，如果把注册线索直接给销售部，则会引起市场部和销售部之间的摩擦。在市场部转出线索时，要明确哪些线索应该优先跟进，哪些线索可以持续培育。通过线索打分，达到一定分数后，再派给销售部去跟进。如果线索分数还不够标准，线索成熟度还不够，则在营销自动化中持续培育。

另外，通过营销自动化的方式，线索在后台的行为可以全部被记录下来。销售分配到线索的时候，可以拿到过去用户曾经跟微软中国 SMB（中小企业）市场部互动过的清单，比如下载过的电子书、在网上做的活动、线下参加过的活动、线上的直播，从而在和用户沟通时有更多谈资。

微软中国 SMB 市场部如何高效获客和转化

微软中国在获客时，注意到了营销环境的变化，中国用户更习惯在微信上进行沟通，所以营销自动化要考虑在微信上怎么搭建平台。

1. 需要把未知线索变为已知线索

对于 B2B 企业用户，要考虑能否帮他们解决问题，这需要通过电子书去满足用户需求；越来越多的用户开始利用碎片化时间，直播也成为了很好的方式；官网要与微信打通，做会员体系；将微信、直播与专家结合起来，打造微软专家 IP（intellectual property，知识产权），既可以参与分享，也可以在群里进行互动，如图 1-7 所示。

图 1-7　微软中国 SMB 市场部打造专业领域的网红

用户在实际操作中，通过优质电子书吸引后注册下载，下载的同时，会发送匹配的直播内容，如图 1-8 所示，报名直播的同时，可以通过致趣百川 SCRM 产品同步添加社群。会员可以一键直接报名，并观看回放，下载有价值的内容。在线下活动中，也可将相关信息同步到微信，做成一条龙的体验。从开始报名注册到中间观看，再到后续转发和回放，都可以在微信上完成。

图 1-8　全产品的系列直播内容

　　打通官网、社交端、EDM（email direct marketing，电子邮件营销），建立全渠道获客矩阵，实现全渠道统一用户历程管理。线索在微信、官网、EDM、线下活动、线上直播、电子书的任何互动都能通过 SCRM 营销自动化管理，并在适当时机自动判别为商机并输出。同时，采用超级会员机制吸引潜客提交更多信息，帮助市场判断线索质量。

2. 把低质线索变为高品质线索

　　微软中国 SMB 市场部将线索分为冷线索、温线索、热线索，在具体的区分和培育中，是有不同层级的，需要根据线索行为匹配相应的打分机制，在合适的时间针对不同线索提供合适的内容。

　　电子书应该出现在直播前面，因为对于这两种方式，用户需要付出的时间和精力成本不同。一本电子不好看，10 秒就可以关掉，而对于看直播，用户需要看过 3 ~ 5 分钟才能对内容有所了解，即需要付出更多的时间成本。如果用户愿意花更多的时间去了解内容，则可以认为该用户的兴趣点更高，但是要注意区分用户是决策者，还是学习者。

　　在整个线索培育过程中，要区分不同的用户、不同的内容、不同的需求，在具体的培育过程中，要做简单的分类。比如用户是否下载了电子书，再判断用户是否看过直播（包括公开课），如果他没有看过直播，可以为用户推送直播相关信息，如果他已经看过直播，那么下一步应该是给用户推送试用，引导其试用产品，再观察适不适合下一步跟进（见图 1-9）。在整个过程中，都可以通过致趣百川 SCRM 营销自动化，设定好规则自动化完成，从而将更多精力放在经验和策略的摸索上。

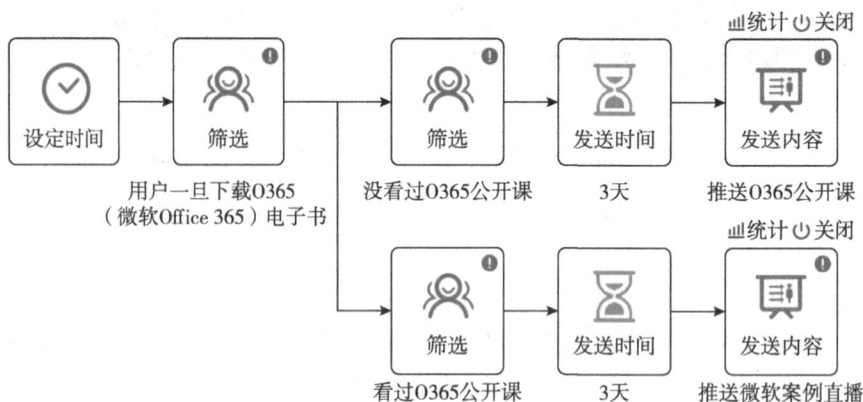

图 1-9　营销自动化驱动的商机培育流程

不同的行业有不同的转化逻辑，甚至包括打分规则都应该根据自己所处的行业进行设置，比如可以把直播的分数设置比较高，把微信的分数设置比较低。虽然微信是个很重要的开口，但并不意味着特别深的行为，最多是品牌层面上的行为，但是在微信里再加一层行为判断，分数就可能会高一些。

不同质量的线索对应不同的分值，比如小于 150 分属于冷线索， 150 ～ 300 分属于温线索，大于 300 分属于热线索。冷线索可以通过营销自动化继续培育，温线索可以邀约参加线下活动，热线索可以让销售跟进，如图 1-10 所示。

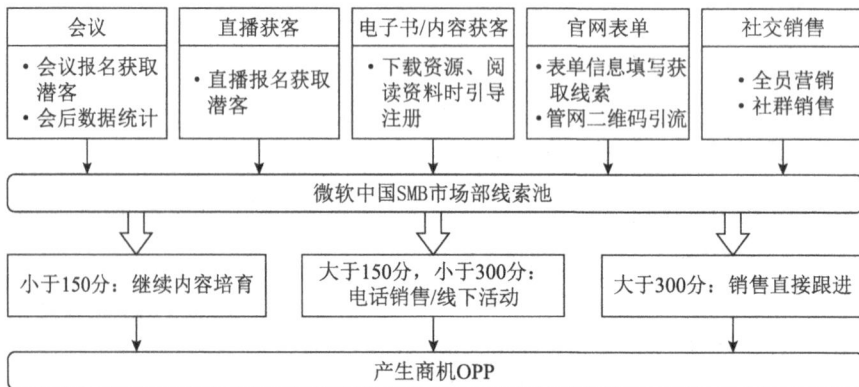

图 1-10　基于全渠道的获客到商机转换流程

3. 制定科学的社交营销及电话销售跟进流程

当对线索做了相应的评分之后，市场部转给销售部的线索都是经过筛选的高品质量线索，这在很大程度上可以避免销售部和市场部间的矛盾，接下来就需要制定科学的社交销售及电话销售跟进流程，如图 1-11 所示。

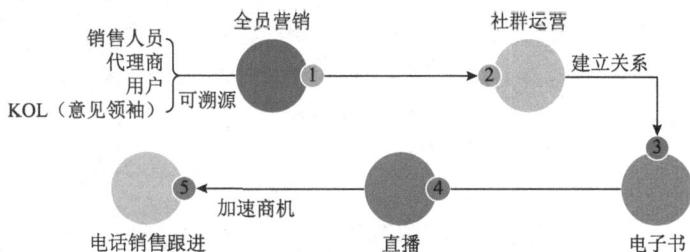

图 1-11　社交销售落地中国

社交销售，不是传统的打电话，而是打造成"专家"或"有价值的运营者"的形象，在社群运营阶段，即建立与用户的对话关系，通过在社群中分享有价值的电子书，发布直播链接，解决用户的问题，让更多用户主动与销售人员联系。

更多精彩，扫码观看"微软中国：SMB 市场部的营销自动化获客战略"。

特别鸣谢：微软中国 Microsoft 365 整合营销经理陈怡帆。

第二章

通过丰富的内容类型制造流量

02

内容营销策略，是整个营销自动化的第一步，如果将用户比作鱼，内容就是对鱼有吸引力的饵料，要通过内容去吸引那些潜在用户，为销售线索提供针对性内容，增加销售机会。

1. 什么是内容营销

"Content marketing is a marketing technique of creating and distributing valuable, relevant and consistent content to attract and acquire a clearly defined audience — with the objective of driving profitable customer action."

"内容营销是一种通过生产发布有价值的、与目标人群有关联的、持续性的内容来吸引目标人群，改变或强化目标人群的行为，以产生商业转化为目的的营销方式。"

——内容营销协会（Content Marketing Institute）

CMI 发布的内容营销报告中指出，成功的内容营销应该具备以下特点：第一，以用户为中心，提供有价值的、相关的内容；第二，与目标人群购买相关，具体到某个购买阶段；第三，讲一个故事，贯穿于整个用户购买旅程；第四，有明确的行为激励，指导用户的下一步行动；第五，根据渠道（微博、微信、博客等）不同有相适应的组织形式和表现手法；第六，有明确的营销目标；第七，通过有策略的设计，实现可衡量的营销效果；第八，保证高品质内容的同时，又能高效、有效地生产，用有价值的、持续且相关的内容来解决用户的问题和担忧，不仅给内容带来有效的传播，也培养了用户对品牌的信任和忠诚度。品牌通过为用户持续性地生产高价值的内容，才能在用户心中建立权威。

内容营销本质上是指导如何做营销的一种思维方式，要求企业能生产和利用内外部有价值的内容，吸引特定用户主动关注。一方面，内容要自带吸引力，让用户来找你，而不是运用纯媒介曝光；另一方面，不仅要找到用户，更要与用户不断沟通。

2. B2B 内容营销的独特性

（1）销售周期长，内容营销要有规划。

B2B 企业产品服务要求高，对应的购买过程复杂，销售周期长。典型的 B2B 企业产品的购买流程：商机确认—技术需求确定—产品／服务评估—乙方选择—达成一致意见—确认购买，如图 2-1 所示。

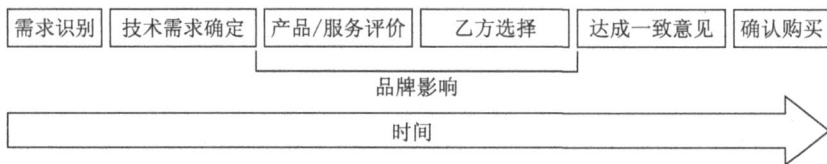

图 2-1　B2B 企业产品的购买流程

（2）决策者众多，内容要有所侧重。

决策者往往是一个团队，由不同职位或者不同领域的专家组成。这就意味着需要满足不同类型的需求，如工程师和采购者的关心点并不一样。

（3）售前教育很重要。

通过举例来说明，比如 A 企业要建立 SCRM 系统，这对于致趣百川而言，就是一次 B2B 的销售行为。这期间涉及公开发布消息（有时体现为招标）、选型、反复磋商、定稿等流程（购买过程复杂）。往往需要几个月甚至更长时间。而一旦选定乙方，建立起 SCRM 系统后，A 企业往往在短期内不会再推翻重新建立 SCRM 系统（购买次数少），只会在原有基础上一直微调改善，这需要乙方不停地提供服务支持，无论是服务器硬件，抑或是工程师上门共同完成后期开发（产品服务要求高），这是一个长期的过程。每一家企业的 SCRM 系统都不尽相同，可以说是独一无二的，再加上前期双方对需求的讨论已经十分彻底，所以甲方对乙方的产品质量的要求甚高而且特殊。

对于 B2B 企业而言，内容营销的重要性愈发突出：CMI 发现，在北美，88% 的 B2B 营销人认为内容营销是营销的重要组成部分；当内容营销策略变化时，66% 的营销人能够积极应对；52% 的公司领导者能够提供充足的内容生产时间，如图 2-2 所示。

内容营销很重要　　　　　　　　　　　　88%　8%　4%

重视用户　　　　　　　　　　　　　　　78%　13%　9%

重视内容的创造性　　　　　　　　　　74%　14%　12%

追求内容营销的长期收益　　　　　　　72%　13%　15%

对内容营销的收益有着非常实际的期望　68%　68%　17%

内容策略变化时能够积极应对　　　　　66%　18%　16%

领导者能够提供充足的内容生产时间　　52%　24%　24%

■ 同意　■ 不在意　■ 不同意

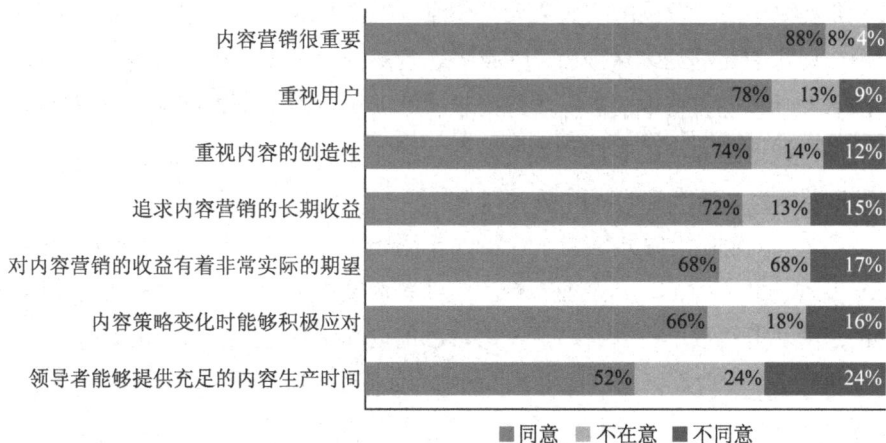

图 2-2　北美 B2B 营销人眼中的内容营销

资料来源:《B2B 内容营销: 2017 年基准、预算和趋势（北美）》

在中国，虽然 B2B 领域的微软、思科、SAP、用友等已正式开始进行内容营销，但 B2B 企业对内容营销并没有相对统一的认识，投入程度也远不及北美。如图 2-3 所示，除去人力成本，在北美，B2B 企业在内容营销上的预算平均约占总营销预算的 29%，15% 的公司会把 50% 以上的 B2B 营销预算花费在内容营销上。《2018 年北美内容营销报告》显示，随着内容营销不断成熟，内容营销占总营销预算的比例不断增加：开始阶段占比为 19%，发展阶段占比为 25%，成熟阶段占比为 33%。

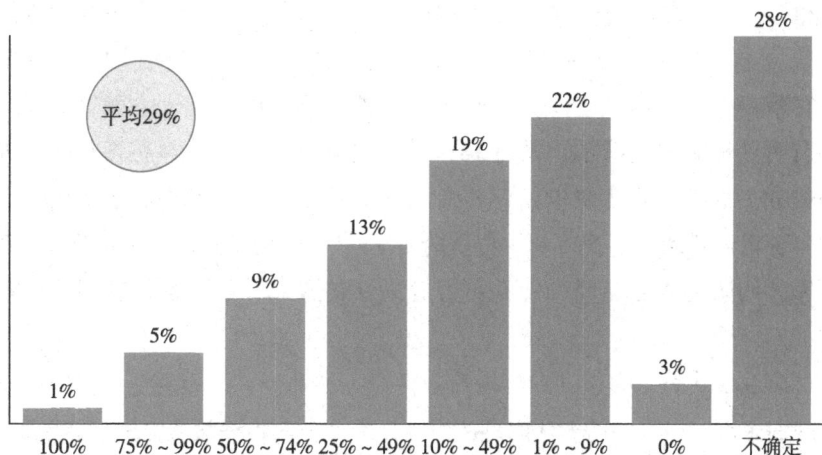

平均29%

| 100% | 75%~99% | 50%~74% | 25%~49% | 10%~49% | 1%~9% | 0% | 不确定 |
| 1% | 5% | 9% | 13% | 19% | 22% | 3% | 28% |

图 2-3　北美 B2B 内容营销占整个营销预算的比例

资料来源:《B2B 内容营销: 2017 年基准、预算和趋势（北美）》

北美对于内容营销的投入之大，令很多中国 B2B 营销人咋舌（原因之一是营销自动化在北美的大量采用，使得内容营销的销售线索产出开始可以被追踪和衡量），不过随着中国自媒体的兴起，可以明显看到 B2B 企业对于预算结构的提高，如提升内容的制作和生产预算，增加自有渠道的平台建设预算，减少外部运营或者渠道推广的费用等。

在 2017 年的《B2B 内容营销：2017 年基准、预算和趋势（北美）》报告中，CMI 发现，37% 的技术和企业营销人员拥有成文的内容策略；73% 的人将内容营销作为业务流程的一部分，而没有单独的内容策略；34% 的人认为他们的内容策略对于实现营销目标有着明显的影响，如图 2-4 所示。

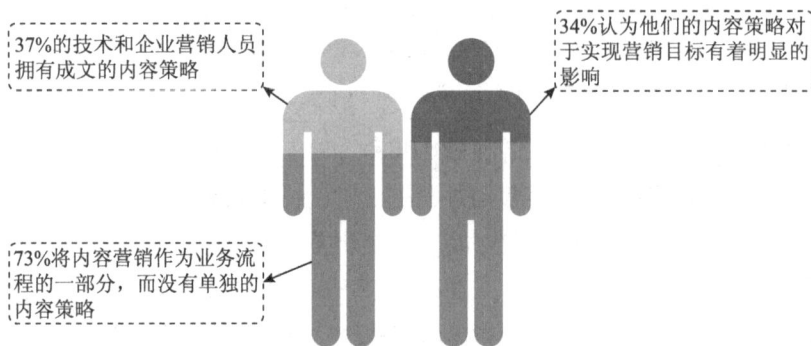

图 2-4　内容营销策略影响营销目标

资料来源：《B2B 内容营销：2017 年基准、预算和趋势（北美）》

然而，对于那些有明确策略的营销人员，他们的营销策略在各个方面都更有效，也面临着较少的挑战。在 2014 年的报告中，CMI 发现，62% 的拥有内容策略的 B2B 技术营销人员认为他们的组织在内容营销方面有效果，但在没有明确策略的人群中，只有 14% 的人这样认为。此外，在具有明确内容策略的 B2B 企业营销人员中，仅有 32% 的人担心不能衡量内容的有效性。对于内容营销策略而言，杰罗德·莫里斯（Jerod Morris）强调了 3 个魔法字眼：写下来。明确的内容策略，能够更好地为营销服务。那该如何制定内容营销策略呢？

致趣百川认为，完整的内容策略包括以下 6 部分：内容规划—内容团队搭建—内容生产—内容传播—让内容产生销售机会—内容测量及优化，如图 2-5 所示。其中"让内容产生销售机会"会融入其他 5 个环节。

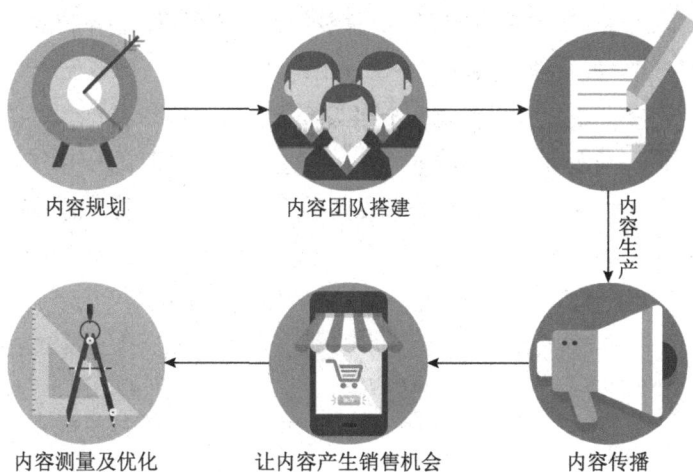

图 2-5 致趣百川内容营销六维象限

内容规划：将 x 轴的内容类型，与 y 轴的用户类型、z 轴的用户购买旅程相结合，创建规划矩阵。

内容团队搭建：搭建自己的团队或请外援，同时需要与整个企业合作，全员皆内容。

内容生产：重新定义高品质量内容，在生产过程中运用杠铃策略。

内容传播：全渠道配合与渠道分析，并制定明确的内容推送时间规划。

让内容产生销售机会：如何让流量变成销售线索，如何将销售线索变成钱？

内容测量及优化：内容价值策略指标及优化策略。

内容规划的 3 个维度

内容营销的目的，是通过内容将潜在用户拉入用户购买旅程，并最终促成其购买。内容营销伊始，即通过内容规划保证目标和策略的一致性：一方面，通过有吸引力的内容吸引潜在用户；另一方面，内容营销并不是直接售卖产品，而是将销售加速，通过内容把用户引入销售渠道的下一步。

为达到以上两点，在内容规划时，需要创建一个矩阵，将 x 轴的内容类型，与 y 轴的用户类型、z 轴的用户购买旅程相结合同图 2-6，即每一个内容都应有一个目标，将潜在用户吸引到某一个购买阶段，并转移到下一个购买阶段。通过关注以下几个问题来完成内容的规划：在这个阶段，面对的用户类型是怎样的？在这个阶段，用户的问题和关注点是什么？在这个阶段，需要回答什么问题？什么主题和类别可以回答这些问题？本主题内容的一些示例标题是什么？这需要协调好用户类型、用户购买旅程、内容类型 3 部分。

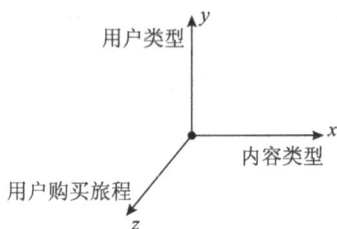

图 2-6

内容类型

从 Regalix 的 *State of B2B Content Marketing* 2016 批露的 2015 年营销目标贡献率以及 2016 年的预期比率来看，对营销目标贡献最稳定的除博客内容外，就是在线会议，稳定在 16% ~ 17%。增长率最高的为视频（7%）和社交媒体（4%），如图 2-7 所示，这一趋势在中国也较为明显，作为社交媒体的微信风生水起，Quest Mobile 发布的《移动互联网 2018 年半年报告》显示，截至 2018 年 6 月，微信的用户数量达到了 9.3 亿人，占中国移动互联网用户的 85%。

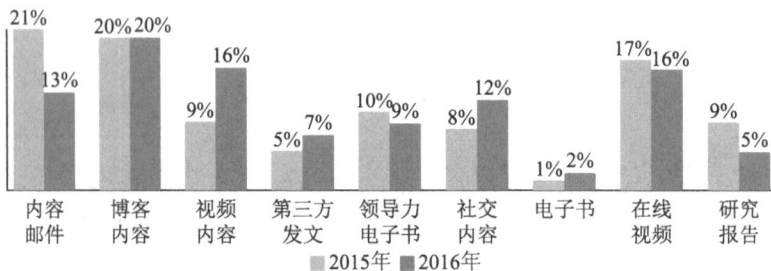

图 2-7　2015 年营销目标贡献率以及 2016 年的预期比率

1. 博客内容：微信＋官网的整体内容资产

博客是展示文本、视频、信息图表等多种不同类型的内容的好平台，是最稳定、最可靠的内容类型。在中国，博客的运用有其特殊性，博客可以作为公司网站的补充，以向用户提供帮助的形式，分享理念。需注意，公司网站博客要与新闻网页进行区分，保证是观点的阐述，而不是公关的宣传方法。

与博客类比，微信具有同样的功效。微信服务号完全可以作为一个更丰富的移动端网站内容入口，让用户可以在其平台上面获取包括文章、在线会议、案例研究、电子书、博客内容、在线视频、社交内容、产品演示等多维度的内容服务，微信服务号本质上具备比移动官网更强的互动属性与更短的操作路径。关于微信服务号与官网的整体内容资产建设，致趣百川建议要有 2 条渠道统一的数据汇总，这就是 SCRM 系统后台的作用，通过 SCRM 系统将多渠道数据统一打通。

2. 有深度的书面内容：电子书及书籍

有深度的内容比新闻稿更具有叙事性，同时往往比博文更加结构化，能够满足人们对于深层次内容的需求。一个月内，围绕一个角度，写一个系列的内容（如订阅号发文），则可以收获一本高价值的电子书。投资有深度的内容，主要考虑以下几点。

> 打造权威地位，显示在本领域内解决问题的强大能力。
> 无价的销售工具，人们会分享这些资料，将成为能力的体现。
> 可以改变用途多次使用，可以为博客、视频等提供素材。
> 能够为企业吸引更多的用户。

3. 多媒体内容：音频、视频

一般读者在阅读最新文章时，只会阅读其中 **28%** 的内容。可以通过音频、视频，将内容更加清晰、准确地传达。视频能让内容更加丰富、可靠、饱满，研究表明，视频能够让用户在网络上平均延长 2 分钟的时间，长时间的驻留能够带来额外的 SEO（search engine optimization，搜索引擎优化）活力值，提升网站排名。同时，通过在腾讯视频、优酷视频等视频网站建立自己的官方账号，可以打造自己在视频领域的官方形象，是一个不错的内容出口。

随着大家碎片时间的增多，如上下班坐地铁的时间，对于音频的需求也逐步增多。致趣百川在喜马拉雅推出的《18 般武艺帮你获客》系列，就受到了用户的好评。对音频内容而言，需要注意两点：一是内容要呈系列性；二是内容时长不宜过长，控制在 15 ~ 20 分钟即可。

4. 在线直播

如果你不能通过文字充分讲明你的观点，并且没有资源来举办活动面见潜在用户，那么在线会议就是与用户进行沟通和创造商机的简便方法。50% 的营销人认为，在线会议能够带来销售线索，37% 的营销人认为其能为企业带来收入。[①]

5. 电子邮件营销

电子邮件营销可以帮助 B2B 营销人员留住读者，并可以将信息内容直接发送到那些对品牌感兴趣的用户的收件箱。电子邮件的内容可以包括月简报、商品或服务更新、观点和评论、特别优惠或打折、再利用的内容。

《食品情况：内容营销报告》（State of Food：Content Marketing Report）报告显示，用户访问的平均时间，新用户为 1 分 27 秒，老用户为 3 分 16 秒。每一秒都十分宝贵，为了通过内容将用户引入销售渠道的下一步，完成转化，在规划内容营销时，就需要协调好内容类型、用户类型、用户购买旅程，相互配合，走好内容营销的第一步。

用户购买旅程

用户购买旅程，是用户在购买产品之前，不断了解产品，进而决定购买或者流失的旅程。用户购买旅程不是一个可预测的时间线，而是在一系列互相串联的时刻发生，且每个用户都不同。相对于传统的销售流程，当今的 B2B 购买决策流程已经改变，越来越多的用户习惯自己收集大量信息，甚至不接触销售人员而在网站上直接下单购买。

罗兰贝格在《B2B 销售的数字化未来》报告中指出，首次接触销售人员之前，用户会独自完成整个购买流程的近 57%，90% 的 B2B 买家会在网上搜索关键词，70% 的 B2B 买家会在线观看相关视频内容。打入购买流程的前 57%，这意味着营销人员的工作需要为线索转化和销售达成承担更多的责任，因此准确评估用

---

① 资料来源：《2017 年 B2B 数字营销报告》

户生命周期每个阶段的市场营销表现就十分关键，而且这直接与企业收益相关。用户购买旅程的变化使得在从线索到销售达成的过程中，营销和销售团队的工作已经变得密不可分。

1. 用户购买的不同旅程，应该提供哪些对应内容

用户购买旅程，不同行业属性会有一定的差异，目前最主要的有两种：MarketProfs 提出的 APA 模型，以及电通集团提出的 AISAS 模型。

APA 模型即意识（awareness）、购买（purchase）、拥护（advocate）。意识阶段的主体是潜在用户，他们需要更详细的产品信息；购买阶段是建立品牌信任的过程，这个过程会通过用户对购买产品是否愉快或舒适来决定是否购买；在拥护阶段，用户对产品已相当熟悉，这个时候需要给用户提供更具创造性的信息。

AISAS 模型即注意（attention）、兴趣（interest）、搜索（search）、行动（action）、分享（share）。注意阶段注重传播和到达，不管怎样你要让用户知道公司品牌和产品；在兴趣阶段，要抓住目标人群的痛点，以内容制胜；在搜索阶段，让用户充分了解你，你需要做好品牌展示的基础建设；在行动阶段，尽可能降低准用户的行动成本，避免不必要的流失；分享阶段是贯穿整个用户购买旅程的阶段，因为用户在任意阶段都可能产生分享行为。

用户购买旅程，是用户与品牌和产品关系的生命历程。对于 B2B 买家来说，表面上是搜索产品，实际上是搜索和评估该产品供应商的供应能力和质量风险。B2B 买家最关心的并不是哪里有最便宜的产品，而是重点考虑风险问题，即如何筛选出风险最小的供应商，如何避免做出错误的决策。

一般来说，B2B 企业的用户购买旅程可分为 3 个阶段：认知阶段、考虑阶段、偏好阶段。在购买之后，又进入了一个新的采购循环，即"考虑""偏好"环节。所以这里就简单分成三大阶段，如图 2-8 所示。

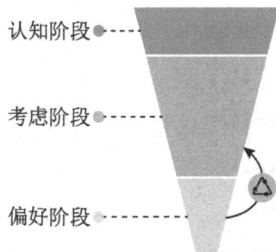

图 2-8　B2B 企业用户购买旅程的三大阶段

第一阶段：认知阶段。

在最初的认知阶段，是销售和营销周期的开始。用户知道产品或服务，但尚未做好购买准备。内容营销的策略应该是创造需求，帮助用户建立对品牌及解决方案的认知，并且与用户之间建立持续的互动关系，最大化搜集用户的需求及兴趣点，个性化推送相应的解决方案。示例内容如电子书、博客文章、研究数据、有趣的视频、活动信息、信息图表。

具体实施时，可以从三方面入手：一是创造需求，将品牌内容发布在行业网站或微信服务号上，然后转发相关微信群；二是搜索引擎优化，让公司品牌列在百度第一页上；三是搜索页落地，搜索的目的页直接引入案例页面，让用户看到价值。

第二阶段：考虑阶段。

当用户从认知阶段进入到考虑阶段之后，说明用户已经对品牌产生了一定的兴趣，但还没进入到偏好阶段。在这个阶段，内容的营销策略就应该向用户输出产品或者所在行业的解决方案，以及传递信任感，需要持续提供教育性的内容，要传达你的解决方案的特点，如购买指南、ROI（return on investment，投资回报率）计算器、分析报告。

具体实施时，可以从评测、品牌信任、产品细节着手。评测指第三方评测或者第三方报道。品牌信任，如增加人性化信息，比如营造公司文化、靠谱的员工、慈祥的领导、幸福的用户、有实力的投资方。产品细节，如漂亮的产品介绍、价格单，以及用户评价，并据此向用户电话或当面介绍。

第三阶段：偏好阶段。

此购买阶段出现在销售渠道的底部，表明潜在用户正接近成为用户。一旦进入偏好阶段，就需要让用户更加深入地了解产品，让用户了解到通过你的产品及服务，他能达到怎样的增长及收益，让用户深入地了解产品，还包括在用户没购买之前就会用，知道使用之后的好处。可以尝试将同行业的典型用户的成功案例分享给对方，推动用户进一步进行购买决策，同时非常具体地指出优惠措施，以便在购买过程中支持买家。具体实施时，可以从产品的持续跟进、试用、在线演示着手。产品的持续跟进，指在获得用户需求之后，将更适合用户的产品资讯持续传递给用户。试用产品如果是软件，可给用户试用账户；如果是硬件，给用户样品或者现场参观体验。在线演示，可以让用户参加在线演示会议，提供产品的使用说明，让典型用户分享成功经验。

2. 用户购买旅程中，内容有效性的分析指标

在此基础上又该如何选择设定具体的分析指标呢？ Forrester 报告指出可以从以下 5 个方面着手。第一，数量。在每个用户购买旅程阶段现有多少线索和机会？新增的有多少？这类指标可以告诉营销人员哪些市场活动能带来最多的新销售线索和机会。第二，速度。线索最终达成销售转化平均需要多长时间？ 在生命周期中每进入下一个阶段需要花费多少时间？ 通过对转化速度的分析，营销人员可以定位出可能阻碍漏斗下移的点，同时可以不断优化整个流程。第三，价值。从增加收益的角度来看，找到高价值用户比增加潜在用户数量的性价比要高很多。因此衡量每个阶段销售机会或用户的生命周期价值同样很重要，也可以让市场团队在未来更加专注于高价值的用户群体。第四，有效性。每个阶段向下一个阶段转化的比例是多少？哪种类型和来源的线索转化率更高？第五，效能。这里的效能指的是资金投入的回报。每获得一个合格的线索、销售机会和成交的用户花费是多少？这类评估可以告诉市场营销人员哪些市场活动和策略 ROI 最高，并可持续优化。

用户类型细分

选择正确的用户细分市场，能够提高盈利能力，扩大市场规模，吸引目标用户。

1. 企业用户类型

很少有企业的目标只有一种类型的用户，一般都会有几种不同的用户类型。要明确目标群体是谁，他们关心什么问题，你能提供怎样的答案，你能提供怎样的服务。用户分类的方法有很多，总体上可以分为两部分：存量用户和增量用户。策略不同，需准备的内容也不同。增量用户，可用进攻性营销，要不断获取新用户，将内容营销作为一个开口，不断提供新的线索，通过内容营销，实现线索加速，完成线索培育，实现用户增长。存量用户，可用防御性营销，要尽量保持老用户。保持老用户比获取新用户的成本低很多，针对存量用户的内容营销，需要纳入 SCRM 体系，围绕整个用户的生命周期展开。内容营销工作必须反映企业的核心战略，有明确的量级区分，虽不是要求每篇内容都要针对某种类型用户，但也应该有所侧重。

2. 用户角色模型（personas）

用户角色模型，是用虚构出的一个用户来代表一个用户群，如图 2-9 所示。一个用户角色模型可以比任何一个真实的个体都更有代表性。一个代表典型用户的角色模型的资料有性别、年龄、收入、地域、所有浏览过的 URL，以及这些 URL 包含的内容、关键词等。

内容不可能适合所有人，通过用户角色模型，可以减少主观臆测，理解用户真正需要什么，从而知道如何更好地为不同类型的用户服务。第一，针对特定用户，生产内容，引起共鸣，感同身受。第二，帮助团队内部确立适当的期望值和目标，一起去创造一个精确的共享版本。第三，让每个人都优先考虑有关目标用户和功能的问题，确保从内容规划围绕目标用户展开，保证内容规划的准确性。尝试通过用户角色模型，可以解决以下两个问题：用户肖像（解决"是什么"问题，内容为谁而写），用户画像（解决"为什么"问题，用户为什么会读）。

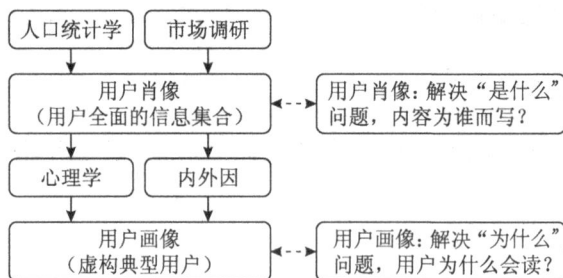

图 2-9　用户角色模型

3. 用户类型注意要点

第一，认知能力。读者是多样化的，营销内容也应该多样化。读者只能记住他们阅读内容的 20%，但能记住他们看到的和亲自动手参与的事情的 80%，因此内容设置要注意互动性和参与性。

第二，分享。内容的目标不仅是触达用户，更希望能够引发用户的分享。《纽约时报》用户洞察小组电子书《分享心理学》，分享原因主要有以下几点：value（为他人带来有价值、有教育意义的内容），identity（向他人自我定位），network（扩展并培养人际关系），involvement（在世上的自我实现、个人价值和参与度），courses（传播关于事业和品牌的内容）。

第三，说服力。内容要有一致性，营销内容通用的货币不是金钱，而是信任。

与大势保持一致，保持内容的连贯。保持内容的稀缺度，通过内容促进用户进入下一个阶段，但如果推进太快的话，则可能会失去关注者，在制定内容策略时，要注意推进的频率和频次。

如何搭建内容营销团队

CMI 发现，在北美 98% 的 B2B 企业都有专业的 B2B 内容营销团队来为整个企业服务，其中 24% 的企业的内容营销团队与整个企业的品牌或产品合作；甚至还有 5% 的企业，每个品牌或产品均有独立的内容营销团队；当然还有 13% 的企业，不仅集团层面，而且每个品牌或产品线都有内容营销团队配置，如图 2-10 所示。内容营销团队正变成企业的刚需，但搭建内容营销团队却面临着重大挑战，在搭建齐心协力的内容营销团队之前，要先回答以下几个问题。

什么样的组织结构能保证团队有效协作？
谁是组成内容营销团队的最佳人选？
团队通力合作，需要哪些工具来支撑？

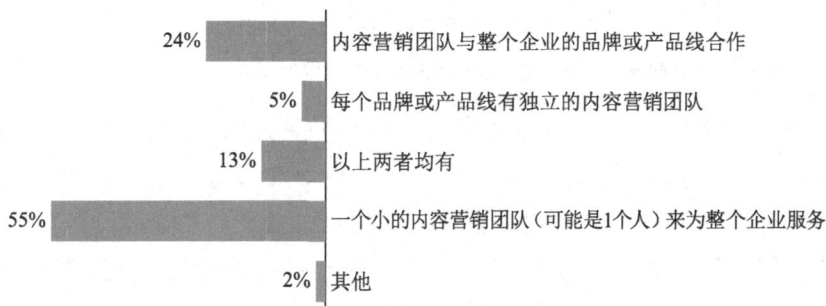

24% 内容营销团队与整个企业的品牌或产品线合作

5% 每个品牌或产品线有独立的内容营销团队

13% 以上两者均有

55% 一个小的内容营销团队（可能是1个人）来为整个企业服务

2% 其他

图 2-10　寻找 B2B 内容营销团队的挑战上升

资料来源：《B2B 内容营销：2017 年基准、预算和趋势（北美）》

内容营销团队搭建的 3 种模式

内容营销团队的搭建，大致上有 3 条路可走：内置模式、连接模式和全员皆内容。

内置模式：指内容生产团队在公司内部，是公司架构的一部分，自己组建团队，专职生产内容。

连接模式：指企业扮演连接者的角色，连接各种优秀的外部内容制作资源，为企业所用。

全员皆内容：价值内容不是由营销部门或者外聘的内容合作者独立完成，而需整个公司配合。

美通社《2014 年新媒体环境下企业内容传播趋势与 ROI 效果评估》报告显示，市场与品牌、公关部仍是企业内容营销的主导部门，相比 2013 年，企业销售 / 客服部与企业高管的参与比例在加大，而由第三方机构负责管理和参与内容营销活动的比例稍有减少，如图 2-11 所示。

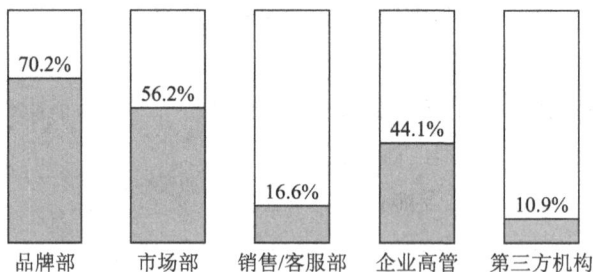

图 2-11　负责管理及参与内容营销活动的团队

资源来源：《2014 年新媒体环境下企业内容传播趋势与 ROI 效果评估》

75.5% 的外资企业由市场部负责内容营销，同时外资企业的"销售 / 客服部"参与内容营销的比例最高，使用第三方机构的比例也最高。近半数 (49.2%) 的民营企业高管会管理和参与公司品牌相关的内容营销活动。平均近三成 (27.9%) 的企业规模在 1 000 人以上的大型企业，使用第三方机构负责管理或参与其内容营销活动，远高于中小型企业的这一比例的平均值 6.9%。

1. 内置：搭建一个自己的团队

理想的内容营销团队模型应该是一个矩阵模型，有机地把内容营销的各个环节（规划—生产—传播—衡量—优化）连接起来。

最底层是日常运营层，是最基础的执行团队。其上是策略层，负责把握整个内容营销工作的方向并监督执行。最后非常规的组成部分是增长团队，负责打通内容与技术，将产品思维与内容营销结合在一起，如图 2-12 所示。在矩阵模型中，日常管理层、策略层和增长团队都可以再次进行细分。

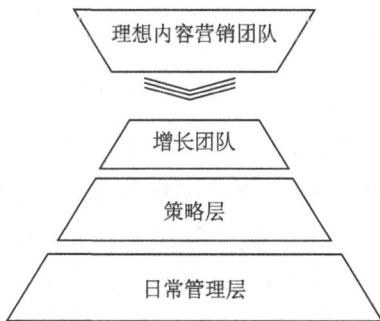

图 2-12　理想内容团队搭建的 3 个层级

（1）上层——策略层。

策略层直接对营销目标负责。CMI 调查显示，B2B 内容营销的重点在于业务导向，需要实现的前 3 个目标分别为：线索获取 / 销售 / 线索培育，如图 2-13 所示。而策略层主要对这一目标负责。

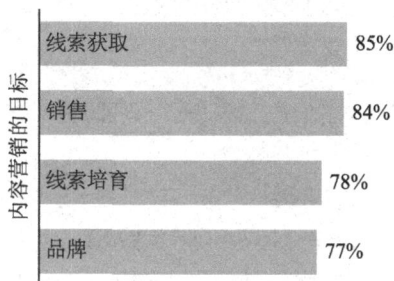

图 2-13　内容营销的目标

资料来源：《B2B 内容营销：2017 年基准、预算和趋势（北美）》

以 Marketo（市场营销软件开发商）的内容团队为例，策略层可做如下设置：2 位高级领导，如首席内容官与内容战略，负责制定战略、规划内容日历、审查关键指标，并收集内部和外部利益相关者的反馈，同时提供内容。

（2）下层——日常管理层。

日常管理层负责日常运营维护和管理，保证内容的正常生产、发布，维持媒体关系，保证搜索效果。以 Marketo 的内容团队为例，可做如下设置：1 位管理编辑，负责推进内容日历，协调内部和外部贡献者的内容提交，对内容质

量负责，也是内容贡献者；2 位内容创作者 / 社交媒体专家，负责管理 Marketo
的社交媒体，负责媒体关系维系，并提供内容；1 位 SEO 专家，致力于搜索策
略和绩效。

（3）灵活层——增长团队。

在数字化时代，技术是营销和世界交互的界面，它是通过计算机媒介渠道
观察和触碰用户的方式。比如，你选择的分析软件（处理数据的方式、参数的
配置、可视化的方式）会显著性地影响你如何感知你的用户。如果只是把一些
成品报告想当然地作为用户的声音，感知可能会有偏颇。要想内容全面地反映
公司的内部声音，就需要增长团队发挥作用。

增长团队可以作为内容营销组织架构中比较灵活的部分。增长团队是游走
在产品、运营、研发、设计、用户研究之间的润滑剂，集百家所长，内容团队
与增长团队配合，能实现内容的最大收益。他们有着自己的运行法则，比较常
见的是 AARRR 流量模型，如图 2-14 所示。

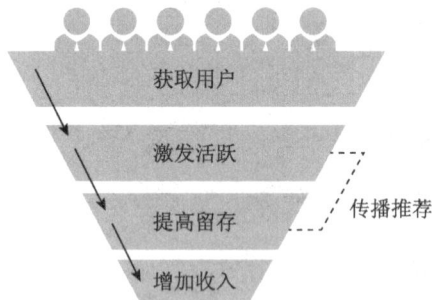

图 2-14　AARRR 流量模型

除了洞察市场需求、帮助获取用户（acquisition）和增加项目营收（revenue）
外，增长团队的职责范围还涵盖产品生命周期中的其他方面，包括激发用户的
活跃度（activation）、提升用户的留存率（retention）和打造一套可持续的病毒
传播引擎（referral）。增长团队作为内容的灵活层，可以不专职，主要负责将
内容营销与其他营销团队和产品团队打通，出其不意，增长制胜。

总之，在自己搭建内容营销团队时，对于内容营销人员而言，以下几点是
必备的：第一，足够能写，能够保证最低产出度要求（如 1 500 字 / 天），能
够驾驭不同写作题材，一般做过编辑或者在咨询公司有过工作经验的人，会足
够能写，又爱研究。第二，社交达人，活跃于微信、微博、领英（LinkedIn）
等社交媒体，有着自己社交媒体的整合形象，而不仅是某篇文章上干巴巴的署

名。第三，敢于要求高工资，但不仅为了工资而工作。兴趣、热情、知识往往能够激发更大的产出。

2. 外援：寻求外部力量，共同完成

在大多数案例中，企业普遍使用内外部相结合的方式进行内容营销。专业服务领域的在线营销研究显示，大约 1/3 的企业（31%）请外部企业参与其在线营销工作。外援通常会参与撰写或编辑电子期刊、博文、在线文章、电子书。

请外援的成本及其对价值内容增长和利润率的直接影响可以用来判断此举是否适宜。同时，需要注意的是，即使再怎么外包内容，公司内部也必须要有非常懂内容且懂业务的员工来对内容营销负责，比如业界做得很好的 SAP 天天事。其中，外援的优缺点如图 2-15 所示。

	优点	缺点
 利用内部资源制作价值内容	1. 成本低 2. 质量稳定 3. 对重点内容比较了解	1. 可能没有掌握某些内部技能 2. 需要花费一些时间 3. 对于内容过于了解，很难给出独立的观点
 利用外部资源制作价值内容	1. 把精力直接放在重点上，节省时间 2. 具有专业技能 3. 有独立的第三方观点	1. 成本较高 2. 质量不稳定 3. 需要花额外的时间去了解企业的专业内容

图 2-15　利用内外部资源制作内容的优缺点对比

理想的企业与外援关系，是基于对方的增值能力：只要你让我们公司更有价值，我们就会让你更有价值；如果公司帮我把事业发展壮大，我就帮公司发展壮大。那么，该如何管理外部团队？第一，目标清晰，下达指令要清晰，如对关键词、用户购买周期、写作风格等的要求。第二，告知内容写作的原因。第三，保持密切联系，能够及时回答外包人员的疑问，让外包人员感到能够有更多支持。第四，截止日期的设置要合理并且公平，当截止日期提前或者推迟时，要及时告知外包人员。第五，明确编辑加工的时间、提交初稿的时间、反馈后修改的时间、最终定稿的时间，要明确并保证流程、时间的准确。第六，给出反馈，不要当成一锤子买卖，要共同成长，指出外包人员的成长空间，像帮助自己的团队一样帮助外包团队成员成长。

3. 全员皆内容：顶级团队与整个企业合作

内容营销是一种极为重要的营销方法，不应由营销部或者外聘的内容合作者独立完成。公司 CEO、COO、CMO 等"CXO"，及技术人员、营销人员、客服人员、销售团队，都应成为内容专家，内容营销涉及企业发展的多个环节，即使在传统营销模式下自认没有"销售和营销"技能的人，也可能发挥作用。

如果企业内部的专家在写作上有困难，最容易想到的是请其他人采访专家后写成有价值的内容，最后共同署名，但笔者的亲身感受是这样的成本其实并不低，来回协调，采访的内部专家又不一定懂文字，讲解逻辑与写作逻辑往往不同，其中痛苦指数，苦如失恋。一定要认识到内容营销的"内容"二字，远非"图文"二字，公司高管、技术专家等没有写作精力与能力时，完全可以考虑通过演讲、直播、PPT 等方式来降低专业内容生产成本。比如致趣百川的市场团队，就会为内部专家设置对外的直播与演讲 PPT，从而降低其时间投入成本，并可以产生更好的获客效果。

【案例 2-1】HubSpot Blog

HubSpot Blog 是内容营销领域最有活力的 B2B 博客之一。HubSpot 的内部内容团队分为两组：一组编撰短篇博客内容，另一组主攻长篇作品，如行业电子书和深度图文等。这方面致趣百川会定期更新营销方面的电子书，除了在官网提供正常下载外，考虑到国内用户的微信使用习惯，微信被我们视为一个超级移动官网，注册会员后，就可以一键领走所有致趣百川营销电子书集锦。

【案例 2-2】GE 科技巨头的在线杂志 GE Reports

GE Reports 由自己的内部内容团队制作，并与营销公司 SJR 合作。同时，GE 也同步培养一个写手团队帮助其研究和开发内容。GE 强调"必须有公司内部的人理解你要做什么，有人可以管理稿件，并确保语调恰到好处，适合公司的战略目标"。CMI 研究发现，86% 的最有效的 B2B 科技企业营销人员，表示有专人负责内容营销运营。

【案例 2-3】Buffer

Buffer 是一家社交媒体内容发布管理应用，它的新用户几乎百分之百来自内容营销。网站由一个非常专注的团队经营，团队仅有两个人，同时，Buffer 内部团队的每个人都有机会创作内容。将内容看作特别小组，任何人都可以随时加入或离开，保证推出不同的声音，并鼓励各种各样的团队成员分享自己的观点，了解更多有关内容的知识。

性格色彩学：内容营销应该如何识人

内容营销也讲究用人之所长，持续的创作如果没有热情以及人的内在动机作为支撑，特别容易枯竭，以至于腹中无墨可写，所以如何选择合适的团队成员，可以从性格色彩学角度入手，如图 2-16 所示。

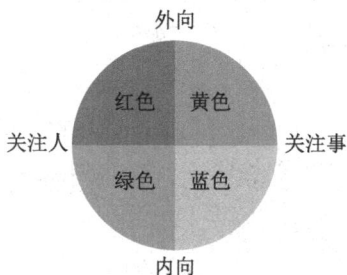

图 2-16 内容营销人性格分析

红色性格：通过人的关系来达成任务，自我控制力弱，外向，乐观，热心，大方，注重人际关系，情绪化，自我评价很高，喜欢吸引大众的注意。

黄色性格：喜欢当领导者并掌握权力，重视结果，作风强势，有力，直接，快速，没有耐心，高度自信，要求高，果断，负责，争强好强。

蓝色性格：注重细节，能以知识和事实为依据来分析掌握形势，守时讲信用，完美主义者，敏锐的观察力，讲求事实和证据，客气礼貌，精确，喜欢批评。

绿色性格：和气友善，优柔寡断，可靠，很好的听众，喜欢在固定的结构模式下工作，不喜欢改变和订立目标，不喜欢麻烦别人。

那么什么性格更适合内容营销呢？

1. 红色性格人员来创作，黄色性格人员扛业绩

如前文所述，B2B 内容营销需要实现的前 3 个目标为获客、销售、线索培育。若要扛业绩，团队中最好要有黄色性格的成分，或者如果要求比较综合，黄色性格与红色性格的人搭配在一起，这样目标性更强，又容易有创作型思维。红色性格的人感情细腻丰富，喜欢新鲜体验，对于创作内容这种需要大量学习且发散思考的工作而言，这往往是一个非常大的加分项。

2. 根据性格合理分工

对于全员皆内容的团队，对于不同的性格要有所区分。红色性格表达的方式是社交，倾向于视频与音频的表达，而不是写作。对于内容产出可以让其讲PPT，通过视频化、音频化的方式来生产内容。对于蓝色性格，写作是其一种表达方式，而对外开口则有挑战性，如新建立联系记者，一般不应该让带有蓝色性格的内容写作团队来做，应该让开口型的红色性格的人来做，但维持跟记者的关系，因为都懂内容，可以交给蓝色性格的同事来做。

3. 注意自身性格色彩的转换

进入写作状态后，蓝色性格会不断强化，进而排斥对外的开口型工作。反之，如果一直进行开口型工作，红色性格会不断强化，很难进入写作状态，进行研究性工作。为保证自身性格色彩的顺畅转换，提高工作效率，可以通过以下两种方法来完成：一是团队合作，开口型工作和研究型工作各由专人负责；二是合理安排工作节奏，如每周的前 3 天负责文章的写作，进行研究型工作，周四、周五则进行开口型工作，适当调整工作状态，达到最优效果。

团队的隐形成员：工具

软件，在现代营销战略和运营中是一个巨大的变量。而内容营销要想提高效率，离不开软件的支持，特别是 SCRM 营销自动化工具的支撑。

如果内容营销仅局限在图文阅读量、转发量、新增粉丝量，不客气地说，随便算一笔账，内容营销都是亏的，必须要把内容营销跟更强的市场漏斗、销售漏斗联系在一起，从注册价值、市场认可的线索价值、销售认可的线索价值、成单价值去看内容，内容营销团队才能证明自己更大的价值，从而争取到更多的预算，实现一个良性循环，而 SCRM 营销自动化的出现让内容营销变得更强大。SCRM 营销自动化工具可以方便在鱼饵（内容营销）里面嵌入鱼钩，

通过内容在捕鱼的同时自动化养鱼，帮助内容营销更好地获客，获取并持续培育潜在用户。

如何生产优质内容

76% 的 B2B 营销人认为，内容的质量要比数量重要。但是，好内容犹如带刺的玫瑰，谁都知道好，但想摘的人总是被刺得痛楚不断。北美调研数据显示，导致 2016 年 B2B 内容营销停滞的原因，没有足够的内容生产时间的占 52%，内容生产的挑战的占 49%，内容策略问题的占 49%，如图 2-17 所示。笔者觉得第一条与第二条本质上是一样的问题，就是如何体系化地生产优质内容，这也是本书希望尝试解答的问题。

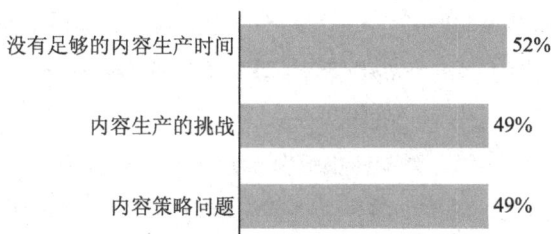

图 2-17　导致 2016 年 B2B 内容营销停滞的原因

资料来源：《B2B 内容营销：2017 年基准、预算和趋势（北美）》

内容生产要从 3 个维度着手：产品（要素品牌化内容搭建），用户（用户需求挖掘），写作（内容生产）。同时要完成以下 3 个问题：如何让产品变成用户的解决方案？用户的需求为何，如何对症下药？如何生产优质内容？

要素品牌化内容搭建

B2B 是对企业做营销，本质上是对关键决策者的营销，核心是影响企业背后的用户。怎样的内容能让 B2B 企业在影响企业决策者的同时，走向终端用户呢？

以 Intel Inside（内置英特尔）要素品牌的成功故事为例。1991 年，Intel 当年的市场负责人卡特发起了 "Intel Inside" 合作营销计划，通过电脑生产厂商与用户进行沟通。英特尔从处理器销售中，抽出一定比例用作广告基金，返还给电脑生产商，以分担电脑生产商的广告费用（加入英特尔标志而额外产生的费用）。增加英特尔标志，一方面，最大限度地利用电脑生产商所花的广告费用；另一方面，告诉用户，这台电脑采用了最前沿的技术。该计划于1991年7月实施，一直延续到2006年，成为 Intel 史上最成功的一次营销战役，让身在 B2B 领域的 Intel，成为全球十大最著名品牌之一，与可口可乐、迪士尼和麦当劳齐名。

以上便是著名的要素品牌战略：如果一家公司能够展示最终产品中某一成分或要素的卓越性能，那么用户在购买该产品时，就很有可能要求产品包含这一成分或要素。要素品牌化市场营销的实施对于许多大型要素型 B2B 企业而言，能够改变产品无人知晓、容易被替代的窘境，使之从幕后走向台前。那么 B2B 企业从内容营销的角度，该如何配合呢？

1. 推式内容与拉式内容

B2B 企业的内容营销要从两个方面入手：推式内容，促进生产链条下一阶段购买；拉式内容，要求最终产品中包含要素，面向终端用户。

（1）推式内容：促进下一阶段购买。

要素生产商将营销精力集中在推销其产品上，让供应链的下一环节购买这些产品。内容立足于专业视角，将产品性能说清楚，包括产品说明、专利说明等。

（2）拉式内容：最终产品包含要素，面向终端用户。

要素品牌生产商越过最终产品生产商，直接向终端用户营销其产品。在零售层面，创造用户对该要素的需求，产生需求压力，迫使中间环节试用该要素。内容从解决问题的实际角度出发，为潜在用户提供切实解决问题的方法，这套方法可能包含了培训、产品、服务。当然，解决方案里可能也包含了竞争对手的产品，而不仅是自己的产品。

2. 要素品牌化的内容判定

要素的品牌内容营销潜力很大程度上取决于它为最终产品带来的具体的性能优势，这一点只能由最终用户来判定。具体可以做如下判断：第一步，界定问题或机会——用户的动机是什么？第二步，寻找产品类别或子类别：用户对产品类别或子类别的印象是什么？第三步，选择品牌：该类别的关联品牌有哪些？第四步，选择品牌：哪些能满足其最低需求？第五步，选择要素品牌：该要素品牌的特殊属性和功能是什么？

用户需求挖掘

在以用户为中心的时代，要从产品角度分析内容，更要从用户角度出发，考虑能给用户带来什么利益，很直接、很简洁地把它提出来。

1. 用户关系漏斗，确定玩法

如图 2-18 所示，用户关系可分为 3 个层次。第一层，泛关系。泛关系是指和品牌没有接触、没有认知的那些人，需要打开他们的信息屏障，让他们寻找和接受我们的信息。这可总结为两个字："连接"。第二层，弱关系。弱关系层次是指对品牌有认知、有接触、有一定了解，但还没有形成一种很强的黏性，需要创造话题，用同样的话题、同样的兴趣来打通这个品牌的语境，可提炼为两个字："玩耍"。内容不限于图文，社群内容维系弱关系，可以作为内容的一种。第三层，强关系。强关系会让用户感觉到拥有你的品牌，能给他一个名正言顺的身份。

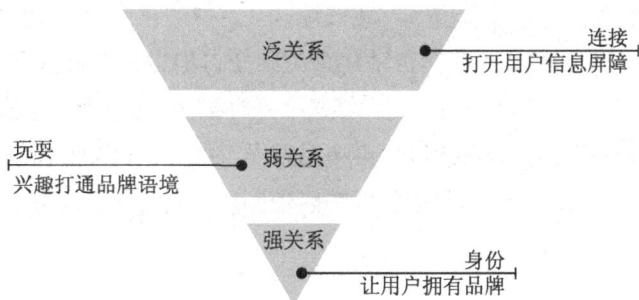

图 2-18　用户关系的 3 个层次

2. 用户购买旅程，确定提供内容的类型

一般来说，B2B 企业的用户购买旅程可分为 3 个阶段：认知阶段、考虑阶段、偏好阶段，如图 2-19 所示。阶段不同，所提供的内容也有所区分。

第一阶段：认知阶段。内容营销的策略应该是创造需求，与用户之间建立品牌及解决方案的认知，并且与用户建立持续的互动关系，最大化搜集用户的需求及兴趣点，个性化推送相应的解决方案。

第二阶段：考虑阶段。内容营销策略就应该向对方输出产品或者所在行业的解决方案，以及传递信任感，需要持续提供教育性的内容，要传达解决方案的特点。

第三阶段：偏好阶段。偏好阶段的内容，互动性和个性化更加突出，可以尝试将同行业的典型用户的成功案例分享给对方,推动对方进一步做出购买决策。同时非常具体地指出优惠措施,以便在购买过程中给予买家支持。

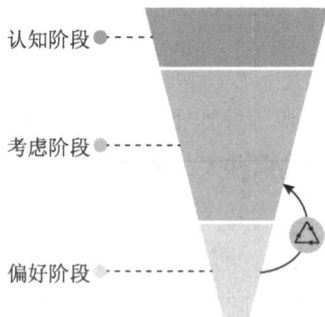

图 2-19 B2B 企业用户购买旅程的 3 个阶段

如何分辨用户 / 用户处于什么阶段,以及通过相关的内容来促进销售?可以将致趣百川 SCRM 营销自动化系统与内容营销搭配使用,如在认知阶段,可做微信图文推送,附完整版内容下载链接;当用户通过微信图文链接注册成为粉丝时,致趣百川 SCRM 营销自动化系统则会自动进行打标签和线索打分。在考虑阶段,可通过系统标签,定向推送相关的直播,通过更形象的呈现,促进用户做出购买决策;在偏好阶段,系统通过线索打分,可及时识别高分线索,促进销售跟进,实现市场部与销售部的紧密协同,完成偏好阶段的个性化内容提供。

内容生产

生产内容要回答 4 个问题:生产怎样的内容?内容生产有什么样的策略?策略确定后,如何确定内容生产流程?如何提高内容营销人员的持续生产能力?

1. 生产怎样的内容?

生产内容之前,需要让自己保持在一个更高标准的质量水平上,让自己的"底线"高于别人的"理想"。重新定义"高品质量内容",可以通过以下 3 个问题来完成:内容的效果会随着时间提高吗?有人会为它买单吗?有人关心你是否更新吗?

2018 年北美内容营销报告显示,内容的真实可靠成为用户优先考虑的因素(占 94%),在塑造自己专业形象的同时,内容的业绩导向性也要考虑对用户的影响(占 72%),而要提供有价值的咨询、教育及工具,内容的质量要求就远高于数量(70%),如图 2-20 所示。

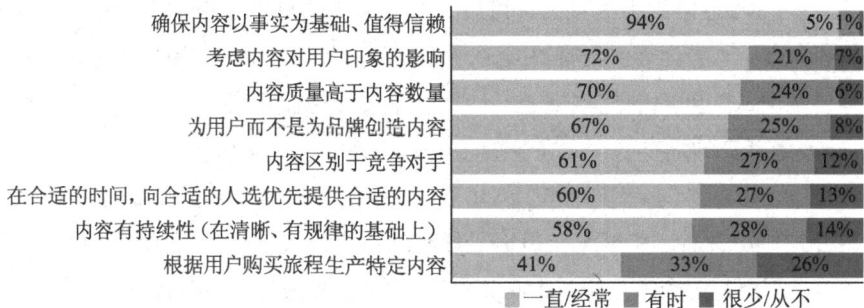

确保内容以事实为基础、值得信赖	94%		5%1%
考虑内容对用户印象的影响	72%	21%	7%
内容质量高于内容数量	70%	24%	6%
为用户而不是为品牌创造内容	67%	25%	8%
内容区别于竞争对手	61%	27%	12%
在合适的时间,向合适的人选优先提供合适的内容	60%	27%	13%
内容有持续性(在清晰、有规律的基础上)	58%	28%	14%
根据用户购买旅程生产特定内容	41%	33%	26%

■一直/经常 ■有时 ■很少/从不

图 2-20 内容生产时考虑问题的频率

从图 2-20 可知,内容营销策略是以用户为中心的,**72%** 会考虑内容对用户印象的影响,**67%** 会为用户而不是为品牌创造内容,**60%** 会在合适的时间,向合适的人优先提供合适的内容。以用户为中心,提供用户在做出购买决策时需要的信息,需要:第一,关注销售漏斗以回答用户疑问;第二,提供周期性、连续性内容,维护和深化用户关系,如银行账户一样,产生复利回报,实现用户的持续增长。

2. 内容生产策略

(1)杠铃策略。

其基本思想是通过把一篇内容分解成更小的部分或者不同的样式,尽可能多地挖掘其中的价值,如图 2-21 所示。

杠铃内容策略 = 1份重量级的内容 + 拆散内容多种渠道传播

图 2-21 内容生产的杠铃策略

杠铃策略,可以通过 **3R** 原则实现。

一是,同样的内容,可以换成不同的标题/形式,在不同的渠道推出。比如说一篇博客文章,可以摘抄文中的句子发布微博,还可以附在你发出的用户订阅电子邮件中,同步在百度百家上等。不过,每个模块都应该包含清晰的叙述线。

二是，6 000 字以上的长文，可以分割成 6×1 000 的 6 篇文章发布。轻量而精品的内容，可能会吸引到有快阅读习惯的人。为了建立彼此相关的用户体验，你需要做出从头到尾的整体规划，计划一下要如何运用各个模块来呈现内容。同时，6 篇文章的发布要有内在逻辑。

三是，有自己的合作媒体或 KOL 积累。自己的自媒体要发力，也要形成合力。首先与知名媒体和网站／微信号建立联系再通过他们信任的出版物和网站／微信号了解你的个人品牌，则效果更佳。同时，接触在市场中有影响力的人物。注意要建立长期联系，有一定的关系积累。

Reorganize：内容再组织，转换形式提供，如将优秀内容编纂成电子书，将电子书提炼成信息图，将电子书做成备忘单。

Rewrite：内容再加工，匹配产品更新。如更改日期，添加新的支撑数字和新趋势，增加新的想法。

Retire：内容更新，及时更新、替换用户不再关心、不合时宜、不再精确的内容。

（2）杠杆策略[1]

第一，深度内容预约制。如电子书的发送，可以提前一个月完成，既可以提前宣传，也为同步 UGC（user generated content，用户原创内容）创造机会。

第二，预约成功用户，可以通过致趣百川 SCRM 营销自动化，自动推送调查问卷，收集用户兴趣点，及时校对选题的适配性。

第三，在预约时间段邀请行业 KOL 做序，或者参与写作，提高内容生产的协作规模。

（3）讲故事的公式：S.I.R.。

S（situation）：用户遇到什么问题。

I（impact）：不解决，业务会受到什么影响。

R（resolution）：问题该怎么解决。

第一，从问题开始，赢得关键的 7 秒，图 2-22 所示为用户注意力变化曲线。

---

[1] 资料来源：德国莱茵 TüV 集团副总裁李涛活动分享。

如果你首先阐述的是你的产品：　　相反，如果你这么开始……

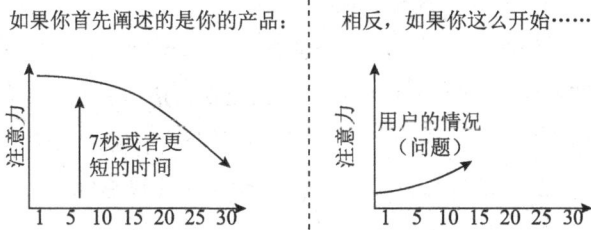

图 2-22　用户注意力变化曲线

如从产品开始，推荐产品 A、B、C，并介绍产品功能，由于用户的耐性只有 7 秒，可能 7 秒之后，用户就离开了。相反，如果从问题开始，先讲会遇到怎样的问题，再讲这样的问题在极致情况下可能会带来什么样的影响，业务会受到什么样的挑战，挑战是否足够明晰，如果能够用数据量化挑战，用户就会有更感性的认识。最后再让用户知道，可以提供符合预期的方案。这个道理很简单，却很难去复制，原因在于对用户不了解，不懂用户今天遇到了什么样的问题，不懂用户今天这样的问题会有什么样的影响，不能把这些用非常好的文案总结出来。

第二，关注用户痛点，能否被量化。

用户关键的痛点能不能被量化直接决定了用户会选择听下去还是离开。在社交移动上，更多的内容应该重视用户的行为反映 CTA，要引流到下一个平台，不要一次把所有的故事讲完。用户的采购过程约 6 个月到 1 年，需要用一些耐心去培养，让他慢慢产生对信息和内容的依赖。这也是 SCRM 营销自动化的精髓，市场营销不仅要捕鱼，也要养鱼。讲故事，即在什么样的困境下，遇到了什么样的痛点，最后如何解决这样一个问题，如图 2-23 所示。故事可以编得非常有悬念，让用户有兴趣主动来找你："你能告诉我，到底该怎么办吗？"[1]

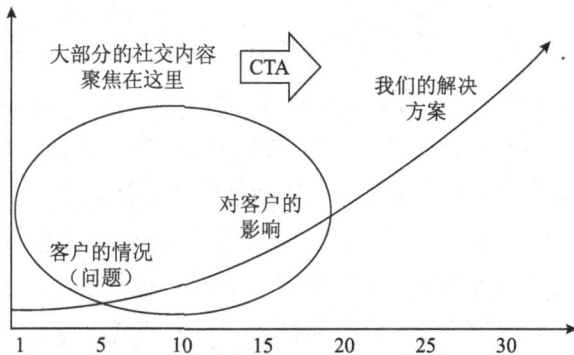

图 2-23　内容聚焦点

① 资料来源：华为高级市场营销经理丁文杰活动分享。

（4）PAS（问题—分析—解决）文案公式。

这个公式的具体步骤如下：P（problem），提出问题，让读者感知问题，渴望得出解决方案；A（agitate），指出问题根本，进行分析；S（solution），给出解决方案，并分成一二三列举。如"联邦快递"做的一个广告：包裹多久到达（问题）—公司职员陷入困境（分析煽动）—我早该叫"联邦快递公司"来的（解决）。

（5）打造内容创作闭环。

内容创作闭环：发现用户问题—将问题交给研究员—寻找权威资料—将内容落地—撰写、加工—解决用户痛点，如图 2-24 所示。发现问题，通过这些问题，匹配问题背后全球研究机构最新的研究或内容，用理论去解释问题，然后把内容转制成一种可以去落地执行的方法，再把方法撰写、加工然后发布出来。

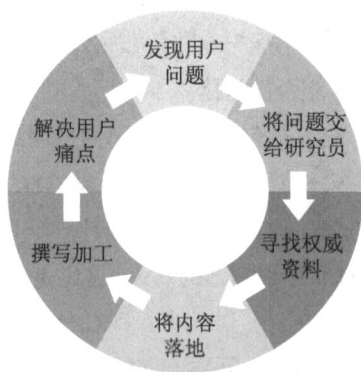

图 2-24　内容创作闭环

第一步，发现用户问题。这一步旨在解决选题的问题，在内容营销过程中，如果发现没有选题可写，往往是因为用户画像不明确。当明确用户正在面临或即将遇到的困惑后，将其痛点明确，就是发现问题、生成选题的过程。第二步，将问题交给研究员。发现的问题要经过研究员去伪存真，去重合并，深入挖掘问题背后的原因，研究员一般会将问题分类，以 B2B 企业举例，会将线下活动、在线搜索、口碑营销归纳为获客问题。第三步，寻找权威资料。在信息爆炸的时代，很多好的观点隐藏在众多的信息当中，比如揭示问题的权威数据、解决问题的方法论，找到匹配的权威资料，可以达到事半功倍的效果。第四步，将内容落地。权威资料作为分散的点，若要与当前的问题相结合，则需要将内容落地，如将解决问题的方法论切实用到问题分析当中。第五步，撰写加工。梳理问题、解决问题后所呈现的文字，往往并不适合相应载体的阅读。如在微信端，在撰写加工时，对于可读性的要求相应较高，对开头的吸引性和结尾的总结性有较高的要求。第六步，解决用户痛点。整个内容创作，从问题出发到问题解决，再到寻找新的问题，内容创造形成闭环后，则会进入良性循环。

这样的内容能够触达用户的需求，同时吸引新的用户，要让内容生产成为闭环，内容本身应来源于用户的需求，最终归于用户的需求，解决用户需求。

（6）内容生产原则：个性化

One Spot 在《内容营销个性化势在必行》报告中指出，如果品牌不提供个性化的内容，42% 的用户就不会对品牌的产品和服务感兴趣；88% 的用户则表示个性化内容改善了其对品牌的印象。

那么该如何做到个性化呢？要做到个性化，就要像产品经理一样做内容，弄清楚产品的什么特征具有最高影响力，并构建这种特征。用数据了解这种特征的影响，然后规划管理，进行优先级处理，明确内容重点，将精力放在高影响力的内容方面并对之逐步强化，内容的个性化就会随之而出。

3. 内容生产流程

内容生产需要经历以下过程。

> 选题：内容创造者提供一个选题。
>
> 分配：编辑审核选题是否通过，以及谁负责完成。
>
> 草稿：写作者提供草稿。
>
> 编辑：编辑进行反馈，初步编辑。
>
> 审核通过：匹配用户类型、用户购买旅程，确定文章是否通过。
>
> 设计排版：设计师优化，优化排版。
>
> 发布前终审：听取一线工作人员或者专家的建议，确定文章的价值，并做 SEO 方面的优化。
>
> 发布：文章最终呈现在用户面前。

接下来，重点分析选题、创作两个方面。

（1）选题。

选题直接关系到文章的质量。好的文章并非在修辞和文法上有了新的突破，关键在于文章的选题是否符合用户的预期。选题要与前文的产品（要素品牌化内容搭建）、用户（用户需求挖掘）相呼应。

第一，选题要从整个营销计划出发。

内容营销不是为服务而服务，内容营销最终还是整个企业或某个领域的细分市场的营销计划。内容选题往往与各业务单元（BU）的营销主题、营销项目、营销动作、标题、传播关键信息点、时间、内容营销手段、外部营销手段密切相关。在每个业务领域，营销主题是什么？会出什么营销项目，期待关键的营销动作是什么？如果你来做，你的标题是什么？为了达到营销主题，希望传递哪些面向用户的营销价值和利益？希望在什么样的时间段来做这个事？可能会用到哪些内容和外部营销手段？综合考虑以上问题，便能有合适的选题推出。

第二，内容选题纬度。

> 固定热点：七夕节、新产品发布、教师节等固定热点，可以提前准备，做好排期。
>
> 突发热点：对于突发热点，追或不追要仔细衡量，即使追与品牌形象结合密切的，也要坚守底线，远离黄赌毒！
>
> 栏目化选题：栏目化的选题可以长期策划，如季度或半年，要有持续性，给大家一种规律感。社交媒体上不会牢记什么，如果要强调栏目的独特性，就要从形式上下功夫，比如语音、视频、信息图专栏。
>
> 活动选题：与企业大活动相匹配，利用好时间优势和资源优势，集中火力产出相关度较高的系列内容。
>
> 产品推广：发现公司内部的已有资料，做好排期，联系作者，修改后即可成稿。

第三，选题参考。

首先，观察竞争品牌的做法。在相同的时间节点，竞争对手在做什么，以此作为内容调整的参考。其次，关注之前的内容分析。上周、上月、上季度有哪些内容指数，据此调整下一阶段的选题风格。再次，关注用户的需求。用户的需求是会变的，在保证风格一致的基础上，内容也要有所变化，可以在趣味性上做文章。最后，要有自己不可碰触的底线。选题要考虑到维护品牌形象，避免负能量，不能降低自己的格调。

（2）内容创作。

创作，就要在标题和内容上下功夫。"标题负责打开，内容负责分享，这是黄金法则。"就是说，标题决定了文章的打开率，而文章的质量真正决定了它会不会被分享。

第一，标题要与内容有关。微信推送的文章80%的阅读量是来自朋友圈转发。在信息爆炸的情况下，将标题起得更有爆点，吸引更多的人点进去。因为只有用户点进去了，才知道文章的内容好，知道内容好之后才会转发，这是一个闭环。但是标题一定要跟正文内容相关，如果没有关系，只会自毁形象。

第二，内容要为分享做好准备。内容中一些好的句子可以重点标出来，当读者转发时，可以直接粘贴，加上自己的评论，就可以转发了。能够引发读者分享的内容，大多是有情绪的，要么够新够奇，让他有分享的欲望，要么足够优质，转出去就是自己的"社交标签"，能够打造自己的个人形象。

第三，为每个论点提供论据。一篇优质的内容，要有可信性，在提出观点后，要辅以相应的品牌案例和数据予以支持。

4. 通过刻意练习，提升持续生产能力

内容生产的难点在于持续生产的能力，不是做到一天10万+就行，而是天天要做。这对内容生产提出了更高的要求。那么一个内容生产者该如何通过刻意练习，实现自己的1万小时修炼呢？

（1）长时工作记忆。

赋予意义，精细编码：平常阅读时，将自己所在领域的单词、术语存储下来，在存储信息时，采取元认知的加工策略。对于内容生产者而言，保证每天一本书的泛读量是标配。

提取结构：设计模式。

加快速度、增加练习：通过大量重复的刻意练习，增加长时记忆与工作记忆之间的各种通路。大量练习，可以参考1 500字/天的保底量。

（2）4个写作原则。

原则1：将一个有力的想法简单呈现出来，效果会大大胜过将一个薄弱的想法有力地呈现出来。

原则 2：完成第 15 稿后，你终于能休息一下。对自己说："好，挺不错！"然后，撕掉它，再写一遍，你只会越写越好。

原则 3：能流畅写出一篇多少字的文章，到今天仍然是衡量写作者创作能力的重要标准。

原则 4：持续创作，时光会帮你消灭 99% 的对手。

自媒体大 V 和菜头曾指出，持续创作，时光会帮你消灭 99% 的对手。他说："1 万个人动了想写的念头，真正动笔的不会超过 3 000 人。在动笔的 3 000 人里，能写第 2 篇的不会超过 1 500 人，能写到第 3 篇的不会超过 750 人。所以，哪怕文笔再糟糕，如果你写得足够久，最终也能进入极小的一些写作团体中。时光的威力会把大多数人冲刷殆尽，留下非常有限的幸存者。"和菜头本身就是绝佳案例：1997 年开始泡网，先后转战过战网、中青在线、金庸客栈、泡网江湖、天涯论坛、凯迪社区等各种网站论坛，在中国博客网、新浪博客、泡网博客、独立博客也曾笔耕不辍，再之后是推特、微博和微信公众号等平台。

好的诗人用偷的，坏的诗人用借的，内容创造要落实到笔端，需从产品（要素品牌化内容搭建）、用户（用户需求挖掘）、写作（内容生产）3 个维度同步着手，要靠文字驾驭能力，营销自动化的作用才会逐步凸显。

如何让内容有效传播

有了好的内容，便有了站上起跑线的资格，但在接下来的竞赛中结果如何，则是一场融合艺术与科学的传播战：只有将内容传播出去，让用户注意到，才是成功的内容营销。如图 2-25 所示。

质量　相关性　时效性　　　　　　　用户注意到

占内容成功的42%～67%

内容的成功

图 2-25　内容成功的因素占比

道格·凯斯勒在《内容皮条客日记》中写道，"质量、相关性以及时效性，只影响内容成功 42% ~ 67% 的分量，而另外的因素则是让用户注意到。"图 2-25 所示的"注意到"，正是传播要解决的问题。在高客单内容营销中，也有着 10 ∶ 1 法则，即在文案制作上每花 1 美元，就应该在传播上花 10 美元。①

内容传播，是人类通过符号和媒介交流信息以期发生相应变化的活动。可以从以下几个方面着手：一是人。传播是人与人之间的信息交流，传播者要明确传播的目标和计划，用户也有自己的接受诉求。二是渠道。内容需要在一定的载体上才能存在，而借以存在的载体则是内容传播的渠道。三是目的。不管是外传还是接受信息，都希望发生相应的变化。当竞争对手还在划火柴时，如何将你的内容注满火箭燃料一飞冲天？以传播渠道为主线，从以下 4 个方面分析内容传播，如图 2-26 所示。

> 传播渠道概况：如果微信不火了，企业还有什么渠道可以选？罗列出可以选择的渠道，并给出相应策略。
>
> 传播渠道选择：不同的渠道对内容要求不同，怎样同步渠道组合达到"1+1 > 2"的效果？
>
> 日常运营管理：用最合适的频率，通过合适的媒体，发布合适的内容。
>
> 渠道布局优化：不断循环反馈，评估渠道效果，持续优化。

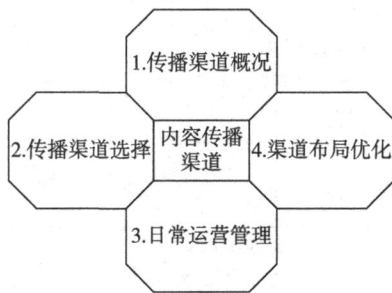

图 2-26　内容传播渠道

---

① 资料来源：2018 年领英《B2B 营销七大趋势》

传播渠道概况

寻找合适的传播渠道结构，通过渠道组合让内容广泛传播。产品的宣传信息传播得越广，就会有越多的人看到并转化。那么传播渠道有哪些？如果微信不火了，企业还有哪些渠道可以选？如图 2-27 所示。

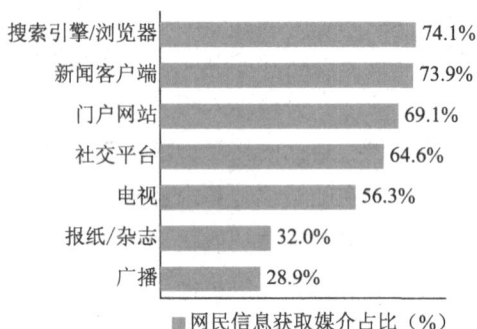

图 2-27　2017 年中国网民信息获取媒介分布

资料来源：《2017 年中国移动社交用户洞察报告》

艾瑞《2017 年中国移动社交用户洞察报告》显示，2017 年中国网民信息获取媒介主要集中在搜索引擎，其次是新闻客户端，再次是门户网站，还有社交平台、电视、报纸 / 杂志、广播。其中新闻客户端和社交平台增长最多，分别为 48.7%、41.4%，再次为搜索引擎，增长 32.1%，如图 2-28 所示。

自有媒体、付费媒体与赚来媒体					
媒体类型	定义	例子	角色	好处	挑战
自有媒体	品牌自己控制的渠道	企业网站，企业移动网站，企业博客，企业微博等	与直接和潜在用户以及与赚来媒体建立关系	企业控制，成本低，长期效果，用途广，用户精准	效果无保证，不被信任，需花时间长期维护
付费媒体	品牌付钱买来的渠道	电视广告，付费搜索广告，其他赞助	吸引眼球，激发讨论	按需，迅速，范围大且可控	嘈杂，可信度低，效果每况愈下，花费昂贵
赚来媒体	用户变成渠道	用户口碑，病毒传播	倾听和反馈——赚来媒体是执行良好、企业自有媒体和付费媒体协同良好的结果	可信度高，形成销售的关键因素透明，栩栩如生，花费相对低廉	不可控，可能有负面评论，范围广，很难衡量

图 2-28　自有媒体、付费媒体与赚来媒体

如图 2-28 所示，获取信息的媒介众多，但回归媒介渠道的本质，从企业的角度来看，媒介渠道可以分为两大类：需要付钱的渠道（付费媒体）和免费的渠道（自有媒体、赚来媒体）。付钱的即付费媒体，在互联网之前，企业做品牌推广时，会将重点放在平面媒体、广播电视上。互联网兴起后，付费媒体的形式日益多样化。不付钱的渠道又分为两种，自有媒体和赚来媒体。自有媒体是企业自己的渠道，是由品牌自行管理的。例如杜蕾斯的微博、招商银行的微信公众号等。用户与品牌方之间的关系取决于用户如何理解品牌，会表现些什么。赚来媒体，即品牌自己没有宣传，通过用户的口碑来说你好，可以说用户是品牌的创造者。从用户为主导的媒体渠道，更多地表现为所获得的口碑。付费渠道能提高知名度，自媒体和口碑渠道能塑造美誉度。只有制定合理的推广渠道组合，才能最大化实现广告传播的延伸、重复和互补效应。

1. 付费媒体

付费媒体是可以实现程序化和规模化的，能大面积地覆盖用户群，如图 2-29 所示。当你需要发布新产品，或者需要改变品牌形象时，你都需要一个广阔的渠道告诉用户，这个时候就需要付费媒体将声音扩大。同为付费媒体，在品牌推广方面，发力点也不甚相同，一般而言，电视和户外媒体都担任了"帮助提升品牌形象"和"广泛覆盖"的角色，互联网则主要在互动性、积累大数据方面为企业提供服务。

付费媒体			
	类型	举例	备注
线上广告	搜索渠道	百度搜索、神马搜索、搜狐搜索、好搜、谷歌搜索等	关键词竞价操作难度大，需要有专业的团队，效果非常好
	联盟广告	百度网盟、搜狗网盟、360 网盟、谷歌网盟等	三要素：素材、定向、出价
	导航广告	hao123、360 导航、搜狗导航、2345 导航、UC 导航等	量大，导航效果还行，但好位置比较贵
	超级广告平台	广点通、新浪扶翼、今日头条、陌陌、网易有道等	量大，尤其是广点通，效果中等
	T 类展示广告	腾讯网、新浪、网易、凤凰等	量大，价格贵，效果看具体情况

（续表）

付费媒体			
	类型	举例	备注
媒体广告	电视广告	央视、卫视，可以是硬广、访谈、独家赞助或者公益植入	要么选择优质节目，要么产品定位与电视节目用户定位相近
	报纸广告	人民日报、南方周末、南方都市报	企业要学会"反常"利用传统媒体，结合新媒体的营销形式
	杂志广告	汽车、财经、旅游杂志	能覆盖到精准人群，有一定的品牌效益
	电台广告	城市 FM/ 音乐 FM	如精准的交通类电台
户外广告	分众广告	分众传媒、巴士在线	分众传媒曝光度很强，烧钱必用
	地铁广告	品牌列车、品牌冠名直达号、各类展示位	曝光度强，有些地方地铁内有液晶屏，展示效果极好
	公交广告	公交车身广告、公交站牌	曝光度不错
	其他	火车站、机场、电影院、高速路牌、广场液晶屏等	都具备极强的曝光度，且有很好的分众效果，如机场是覆盖高端人群的不二之选
社会化广告	微信	公众大号、朋友圈、微信深度合作	
	微博	微博大号、粉丝通、话题排行榜	投入费用固然重要，但创意更重要
	社群	陌生社交：陌陌、无秘、遇见、微聚、tata UFO、Hinge 等 兴趣社交：豆瓣小组、Amino、动漫和 Cosplay 半半 实景社交：Tap Talk、Slingshot、Blink、秒视、Biu 等 垂直社区：母婴、体育、汽车、职场等，如运动类咕咚，女性类的大姨吗	需谨慎
App 广告	应用市场	360、百度、小米、华为、应用宝、VIVO、OPPO、金立、联想、三星等	推广 App 的重要渠道
	联盟广告	积分墙、反复联盟移动广告平台，如 Adwords、有米、多盟、亿玛、爱赚等	ASO 必备，不精准，效果不好
	预装	手机厂商、分销厂商、芯片厂商等	量大，需谨慎

图 2-29　付费媒体

2. 自有媒体

自有媒体可分为 3 类：官方渠道、社群渠道、个人渠道，如图 2-30 所示。

> 官方渠道：适合冷启动。从多个角度触达用户，利用微信、微博、官方通道保持企业在市场上的声音，能帮助企业建立良好的形象。
>
> 社群渠道：适合软营销。苹果，三星都喜欢这么做，在产品上线前，进行各类预热活动，内容营销。汽车、美妆、母婴、电子产品开展社群营销是普遍现象。它能帮助企业针对核心目标用户群进行集群式轰炸，制造热点，形成现象级的事件。
>
> 个人渠道：主要是指员工和用户。员工是最了解企业的人群，是更适合为企业背书的品牌代言人，真实性较高；用户是企业最直接的接触者，对企业服务最有话语权，用户基础越大，营销价值越大。

自有媒体			
	类型	举例	备注
官方渠道	官方媒体	服务号、订阅号、官方微信、官方微博、官方博客、官方社区	将服务号当作产品做，抓用户的产品需求；订阅号当传播来做，抓用户的信息需求，微信和微博可以做矩阵；博客已经式微；社区难度极大，做成了效果很好
	新闻自媒体	虎嗅、36氪、百度百家、今日头条、搜狐、网易、腾讯、新浪自媒体	冷启动必做
	视/音频自媒体	优酷、土豆、爱奇艺、搜狐、新浪视频、喜马拉雅	自媒体的有效补充
	SEO	官网排名、百科、知道、贴吧、新闻源	非常适合冷启动，如果有能力，可组建专业团队，做站群排名、新闻源排名、企业知道、贴吧、前期耕耘，后期收获。关键点：要懂搜索体系规则
	站内	自身网站与App广告位、短信通道、站内信、弹窗等	官方内部通道也是很好的推广位，要合理利用
	其他	客服、销售、门店、代理商等	一个销售人员拜访了100个用户，最后没成交，却对企业产生了实质性的宣传效应

（续表）

自有媒体			
	类型	举例	备注
社群渠道	综合	QQ 空间、人人网、豆瓣、知乎、天涯	知乎的权重很高，QQ空间的用户多。社群要做好维护，找到一些关键人物，形成良好的合作关系。
	垂直	携程旅游、马蜂窝旅游；汽车之家、易车网；搜房、安居客；辣妈帮、宝宝树	垂直社区的用户质量往往极高，营销价值极大，较好的方式是找 KOL 进行植入营销
	社交	微信群、AA 群、豆瓣小组	社交群的标签非常清晰，容易找到目标用户，但是对广告的抵触也很强烈。可以和群主搞好关系，开展营销
个人渠道	个人、员工	朋友圈、微信、微博	人人都是口碑媒介

图 2-30　自有媒体

传播渠道选择

一个产品的目标用户往往不是所有人群，同样的投放量，人群越精准效果越好。不同的渠道对内容要求不同，怎样同步渠道组合，才能达到"1+1>2"的效果？

1. 怎样选择适合企业的传播渠道？

（1）付费媒体：社交媒体和付费搜索是完美搭档。

B2B 营销人使用的付费媒体中，社交媒体占 84%，搜索引擎占 67%，二者是付费媒体的完美搭档，如图 2-31 所示。社交媒体能提高品牌知名度和参与度，搜索引擎广告则能帮助品牌提高流量，培养潜在用户，进而提高销量。

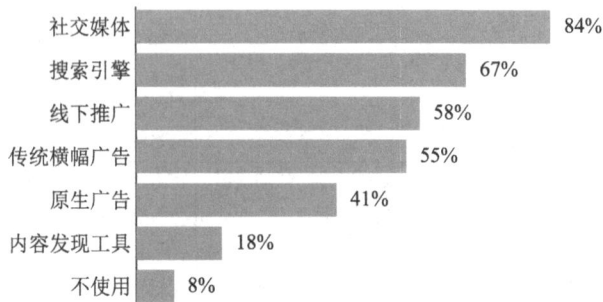

图 2-31　B2B 营销人使用的付费媒体

资料来源：《B2B 内容营销：2017 年基准、预算和趋势（北美）》

Forrester 2016 年 5 月发布的 *Why Search + Social = Success For Brand* 报告中指出，71% 的用户会在搜索引擎上搜索，64% 用户会在社交平台上搜索；同时，调查发现，年轻网民更愿意在社交媒体上与品牌互动，在消费之前喜欢在社交媒体上搜索商品信息。2016 年 5 月 Salesforce 对美国网民的调查显示，千禧一代受访者比婴儿潮一代更愿意和品牌保持联系（两者占比分别为 25%，5%）。但是，只有 14% 的受访者表示使用社交媒体作为搜索工具。一方面，对搜索引擎进行优化，好的搜索引擎优化（SEO）原则应在开始创建营销内容之时便加以运用，渗透进元数据之中，不要在写完之后再去修改。另一方面，重视社交端，特别是微信与知乎等社交属性的应用，它们共同构成了移动互联网时代社交媒体的新生态，在社交端生态布局时，要注意相互之间的差异和协同。

（2）自有媒体：以社交端为核心，布局全渠道。

在中国，微信是连接企业与用户最好的触点。微信服务号在本质上具备比移动官网更强的互动属性与更短的操作路径。

第一，微信 + 官网。即通过 SCRM 营销自动化后台打通微信服务号与官网。微信服务号与官网的整体内容资产建设，建议要有两条渠道统一的数据汇总，通过 SCRM 将多渠道数据统一打通，数据整合，数据联动。

第二，微信 + 直播。即打通微信平台与企业线上／线下直播。直接在微信公共账号上嵌入直播，使用户信息沉淀进入企业自有平台。在公众号上建立优质的直播获客，与用户产生互动，使用户信息直接沉淀进入企业自有公众号平台。同时，需要借助 SCRM 自动化营销工具来实现直播活动数据的统一管理，包括会前 H5 用户报名数据、会中签到互动、会后直播资料下载数据等，如图 2-32 所示。

第三，微信 + 员工／用户：全员营销。利用员工和用户，通过众包方式，以积分激励员工分享。搭建营销管理平台，有效追踪员工参与情况及信息传播的营销过程，使营销效果和价值可量化。

通过技术整合能力，进行营销游戏接入及控制，搭建游戏管理平台，使功能可复用，降低开发频次和成本；通过搭建粉丝管理平台，沉淀获得粉丝，形成粉丝资产，形成营销闭环，实现粉丝沉淀及转化。

对于 B2B 企业而言，销售是市场内容传播的非常重要的渠道，如何撬动销售团队的社交资源以扩大内容对于目标潜在用户的覆盖，对于有一定规模的销售团队来说，全员营销系统对于获客与品牌的帮助颇大。

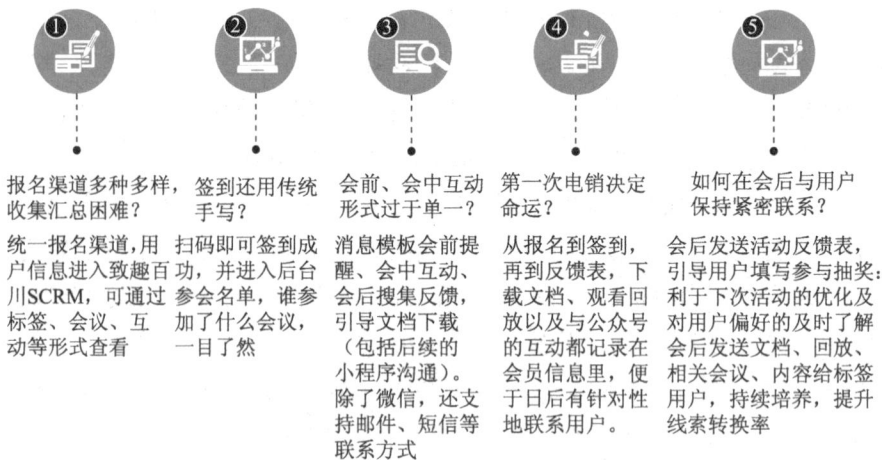

❶ 报名渠道多种多样,收集汇总困难?	❷ 签到还用传统手写?	❸ 会前、会中互动形式过于单一?	❹ 第一次电销决定命运?	❺ 如何在会后与用户保持紧密联系?
统一报名渠道,用户信息进入致趣百川SCRM,可通过标签、会议、互动等形式查看	扫码即可签到成功,并进入后台参会名单,谁参加了什么会议,一目了然	消息模板会前提醒、会中互动、会后搜集反馈,引导文档下载(包括后续的小程序沟通)。除了微信,还支持邮件、短信等联系方式	从报名到签到,再到反馈表,下载文档、观看回放以及与公众号的互动都记录在会员信息里,便于日后有针对性地联系用户。	会后发送活动反馈表,引导用户填写参与抽奖:利于下次活动的优化及对用户偏好的及时了解会后发送文档、回放、相关会议、内容给标签用户,持续培养,提升线索转换率

图 2-32 致趣百川 SCRM 营销自动化会议模式

第四,微信+其他自媒体:杠铃内容策略。其基本思想是,通过把一篇内容分解成更小的部分或者不同的样式,在不同的渠道发布,尽可能多地挖掘其中的价值,如图 2-33 所示。

杠铃内容策略 = 1份重量级的内容 + 拆散内容多种渠道传播

图 2-33 杠铃内容策略

一方面,内容同步更新在自有媒体。如前文所述,自媒体阵营可以根据自己的实际选择,同时应注意:知乎的百度搜索权重达到了 10 级(最高级),百度一下,第一刷就能看到知乎链接。知乎通过广告产品、机构账号等机制,为品牌融入社区提供了充足的机会。今日头条的独特优势是,它能够基于机器学习的数据挖掘和引擎推荐,为用户提供个性化内容,实现精准推送,特别适合小品牌,能帮助他们高效率地获得销售线索。

另一方面,要有自己的合作媒体。自己的自媒体要发力,也要形成合力。一是与知名媒体和网站/微信号建立联系,通过它们信任的出版物和网站/微信号了解你的个人品牌,则效果更佳。二是参加相关的社群或协会组织。把你发布的内容分享到可能会有人感兴趣的社群里去,根据相关性和价值做出选择,找准你的理念能够发挥作用的社区，引起社区用户的兴趣，激发讨论。三是接触在市场中有影响力的人物。注意要建立长期联系，不要满足于一次性的内容交换推广。

2. 如何实现渠道"1+1>2"的效果

渠道形式丰富多样，不仅有文字，还有图片、问答、长短视频等。如何既能扩大覆盖圈，同时做到更精准？

（1）渠道不确定性增加，可走轻量化路线。

互联网媒体更新和迭代日益加快，品牌长期将精力与财力投入渠道，却难以控制渠道本身的资源流失与没落。因此品牌与渠道的合作应趋向于轻量化的路线，比如，ASOS（英国线上零售商）与NICE（图片社交软件）联合发布了一款品牌主题贴纸，乔雅咖啡与足记联合推出专属"印记"等。品牌主只是将渠道的某些特色与品牌属性相结合，进行短期和敏捷的合作，但精准地影响到了年轻用户群体，获得了理想的效果。

（2）品牌形象推广，要结合垂直社区特性。

由于新形势的出现，传统意义上的名人、明星不再是品牌的唯一选择。比如旅行社区穷游网就产生了许多旅行达人，比如"猫力"，她就成为新西兰航空、Airbnb等诸多品牌在进行影响者营销时的选择。

（3）渠道也可以成为品牌宣传内容产生的来源。

在互联网上，与渠道合作时，可以借助渠道的力量来建立相关话题，引导用户产生内容，并进行二次传播。如Adidas Neo（阿迪达斯运动休闲系列）曾与NICE的合作，就推出"Neo趁现在"系列贴纸和品牌主题活动来号召用户上传自制图片，以用户的参与和互动进一步扩大品牌的影响力。

日常运营管理

1. 内容推送时间规划表

通过制定内容推送的时间表，可以避免内容发布的重复性，并根据用户的阅读习惯来决定发布的具体时间。内容有序推动的一大前提就是以存量内容做后盾，流量内容做先锋。

根据内容的生命周期，可以将内容分为存量内容和流量内容。存量内容作为后盾，负责SEO；流量内容作为先锋，负责PR（public relation，公共关系）。

无论存量内容还是流量内容，对于用户而言，都必须是有价值、与其有关联的内容。两者互相反哺，形成一个稳扎稳打的策略。在制定内容规划时间表时，需要考虑以下几个问题和建议。

> 需求激发：内容是否能激发目标人群的兴趣？哪些内容最有可能产生销售线索？
>
> 产品市场：内容是否充分支持各个产品线的市场推广需求？
>
> 公共关系：内容是否与新闻稿、官方声明、品牌宣传相协同？
>
> 社会化：哪些内容能提高社会化媒体的用户活跃度？哪些能形成社会化传播？

2. 如何保证内容能够依据规划进行

第一，不要承诺在预计最快的时间点完成任务，给自己留些余地，以防不可预见的突发情况。

第二，如果你与外部的团队（技术、设计、作者等）共事，务必提前制定好严格的时间表，并确保他们严格执行。

第三，每隔几天检查一遍时间表，确保所有事项在正确的轨道上进行。

第四，如果你无法在截止时间内完成任务，要在第一时间让所有利益相关者知悉。

3. 给不同的人发送不同的内容

对于企业而言，用户所处的销售漏斗区间不同，需要的内容也是有所差异的，在发送时，需要推送个性化的不同内容。如对于已经下载过《内容营销电子书》的会员，推送内容营销系列公开课；对于已经报名过公开课的会员，则定向推送内容营销线下活动。精细化的推送能促进用户进入销售漏斗的下一层。

渠道布局优化

渠道布局优化，可以从分析、改进、实施、评估4个方面着手，如图2-34所示。

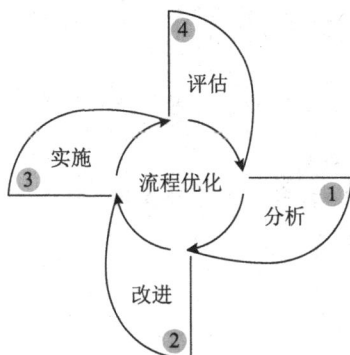

图 2-34　渠道布局优化

1. 分析

常用的渠道分析点，主要包括渠道能力、渠道成长、渠道风险。

渠道能力：推动性、持续性、放弃性、改良性。

渠道成长：青春期、壮年期、中年期、暮年期／儿童期。

渠道风险：高贡献低依存、高贡献高依存、低贡献高依存、低贡献低依存。

2. 改进

渠道布局的改进可以通过头脑风暴法、德尔菲法、标杆学习法 3 个方面进行。

头脑风暴法：召集内容团队，以产品经理的视角集思广益，最大化获取创造性的提案建议。

德尔菲法：专家意见法，咨询相关专业人士或行业专家，根据建议进行可行性论证，制定有效方案。

标杆学习法：寻找同行业或跨行业的优秀企业实践案例，进行分析、比较、判断，制定出企业自身所需的可行性方案。

3. 实施

> 团队同步：传播渠道的调整，要在整个内容规划的指导下进行，并与整个内容团队成员进行信息共享。
>
> 检查控制：对实际效果进行试检查评估，对其中的不合理处予以纠正，并将合理部分固定化，常态化。

4. 评估

> 周期检查：定期/不定期地通过数据反馈分析，常态化评估。
>
> 学习研究：学习行业先进，对本企业进行评估，发现问题和不足。
>
> 效果评估：要将渠道纳入整个内容评估体系中。

内容效果评估及优化

内容往往被看作"使能者"而不是"成果"，评估"成果"容易，而评估"使能者"就困难多了。领英经调研发现，52% 的市场营销人员认为，"不了解应该如何衡量内容营销效果"是开展内容营销最大的痛点。75% 的市场人员认为，社交媒体营销在提高品牌认知上最有效，但 60% 的市场人员却用用户的转化率来衡量。[①]

虽然喊着"内容为王"的口号，但是由于不能真正评估内容营销，内容团队在公司的话语权一直处于弱势，内容人该如何证明自己的价值呢？

算算你的内容投入值不值？

举例来说，一篇高客单价企业的文章，阅读量为 690，粉丝新增 43 人，会员新增 12 人，现粉丝数为 1 400，现会员为 300 人。那么，这篇文章能带来多少价值？

---

① 资料来源：《2017 年社交媒体广告面面观》

真正的内容营销价值总和 = 阅读量价值 + 粉丝价值 + 会员价值 +
MQL 价值 + SQL 价值 + 签单价值。

1. 会员价值

会员价值的计算很简单，就是计算对标投放的注册即可，价值的计算先要
选准锚点，对比数据，假设自己所在行业百度注册 100 元一个，今日头条注册
70 元一个。因为内容能直接产生注册的会员，其成熟阶段并不像百度那么成熟，
单个会员价值按照今日头条的注册计算为 70 元 / 人，会员新增 12 人，创造的
价值为 $12 \times 70 = 840$（元）。

2. 粉丝价值

新增 43 名粉丝，其中 12 人注册，那么相当于约 30% 的粉丝会注册，可以
把粉丝价值折算为会员价值的 30%，所以一个新增粉丝的价值是 $70 \times 30\%$，是
21 元，正好是 B2C 新增粉丝普遍成本的 3 倍。新增粉丝价值是 21 元，乘以新增
43 人，结果是 903 元，但其实粉丝新增总价值并不是 903 元，严格上说要减去
新增会员里面的重复计算，真正的粉丝新增数量是 43 − 12=31（人），所以粉
丝新增总价值是 31 人 $\times$ 21 元 =651（元）。

3. 阅读量价值

阅读量分为进攻型与防御型两种，进攻型阅读主要以新增粉丝 / 潜在用户为
目的，防御型阅读则是为了增强现有粉丝 / 潜在用户的信任度。

（1）进攻型阅读价值。

阅读量为 690，带来新增粉丝 43 名，那么约 6% 的阅读量会带来一个新粉丝，
所以粉丝新增总价值是 $21 \times 6\%=1.26$（元），是一个合理的高客单价阅读价格。
这里面依然要去掉 43 个新增粉丝带来的阅读量，所以粉丝新增总价值为 $1.26 \times$
（690 − 43）=815（元）。

（2）防御型阅读价值。

内容除了进攻型（涨粉）的作用外，还有防御型（增强现有粉丝 / 潜在用户
信任度等）作用。如内容发出去后，被现有用户看到，虽不涨粉，但这对公司
是有价值的，所以按照进攻性估值换算并不合理，防御性价值体现在现有粉丝 /
会员的触达数量，粉丝的到达率不是 100% 的，甚至现在连 10% 可能也做不到，

所以这种防御性怎么计算呢？

这里可以按照总概率来计算，就是不计算每次的到达率，而是把正常推送看成是日常运营，假设正常运营粉丝的成本为10元（一个新增粉丝成本是21元），一个会员的运营成本是30元，平摊到一年50次推送，那么防御性阅读价值为：300会员×30/50+（1 400粉丝 − 300会员）×10/50=180+220=400（元）。

阅读量价值＝进攻性阅读价值＋防御性阅读价值＝ 815+400=1 215（元）。

计算到这里，此篇高客单价行业文章目前创造的价值＝会员价值840元＋粉丝价值651元＋阅读量价值1215元（进攻性＋防御性）=2 706（元）。

4. MQL价值、SQL价值、签单价值

这3个价值的产生需要经过2~6个月的周期，正因为较慢且难追踪，所以往往就被忽视掉了，但如果忽视掉了，就会发现很辛苦准备的一篇服务号推文，连自己的工资都赚不回来，更别谈为公司创造更大杠杆率的市场价值。

市场认可线索MQL（marketing qualified leads）：从注册产生的众多线索中，能被市场部转给销售部的只是少数，虽然不同公司对MQL的阶段定义有差异，但计算方式为MQL转为SQL的概率×SQL的价值。

销售认可线索SQL（sales qualified leads）：市场部输出MQL后，销售部会跟进并确认其中觉得不错的，这就是SQL，在销售SCRM体系中建立对应的商机OPP.（opportunity，商机），SQL的计算方式=SQL的成单概率×平均客单价/合同额得到。

签单价值：当内容所产生的线索最后被监控到签单后，那么这个成单金额本身将直接成为这篇内容的产出。

第一，不注重市场漏斗获客管理的内容营销团队，如果只计算阅读量、新增粉丝数、注册数，无法证明自己的团队在业务上的价值，建议一定要通过致趣百川营销自动化系统把市场漏斗管理起来，做到对内容营销获客的长期追踪以及价值计算。

第二，内容生产成本真的很高，如果内容不被大量复用，本身是很亏的，一定要把图文再次加工为电子书供下载产生注册、做成PPT产生直播内容，吸引更多更深市场漏斗的线索，通过致趣百川自带的内容（电子书、直播等）生产工具放大内容的杠杆率。

第三，内容本身就像做出来的产品一样，创造的利润跟卖出去的产品成比例，所以建立渠道卖得好很重要，当自有渠道足够强大时，内容就会显得划算，因为产品做出来就能卖出去。作为市场部，应该充分扩充自身的渠道资源，要看到高客单价（含 B2B）行业的一个黄金内容渠道就是自己的员工与渠道，特别是高管团队、销售团队、代理商，通过致趣百川 SCRM 营销自动化自带的全员营销功能，公司的重要角色都能成为自身市场部内容的渠道资源与品牌获客节点。

内容价值测量

根据 CMI 数据，62% 的营销人通过网站流量评估内容效果，但因为数据造假和数据无效普遍存在，往往意义不大。最终肯定根据销售达成来评估。此外，用网络口碑声量来评估也比较科学。在具体操作中，可以通过剖析内容价值来进行分析，如图 2-35 所示。

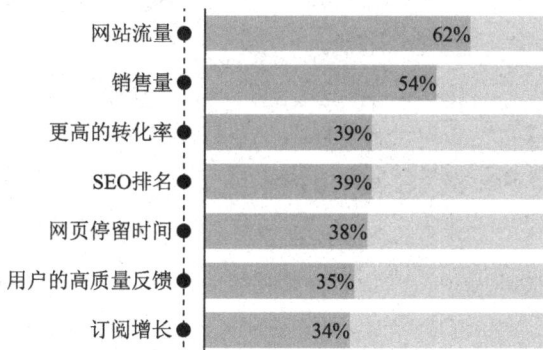

图 2-35　内容效果评估因素

资料来源：《2014 年内容营销协会营销报告》

帕姆狄勒在《首席内容官》中，将内容价值定义为发挥组织性影响的内容使用，具体可分为 3 类：增长、前瞻、服务。

1. 增长：驱动经营绩效。

将内容评估置于相关背景之下，联系目标，分析"如何做到"。对于内容而言，不能孤立地评估，而应将其作为某一功能来评估，如图 2-36 所示。

目标	内容策划	内容评估
提高产品认知度	利用付费媒体推广公司及内容	分享 + 点赞次数
	付费媒体 + 社交广告	转化率

图 2-36 联系目标的内容评估

通过增长测量，提高用户忠诚度，追加销售，交叉销售，用户教育及用户认知度，销售支持度。相关的评估指标如下。

（1）获取用户及用户维系指标。

潜在用户转化需要借助 SCRM 营销自动化、社交倾听工具的帮助。根据销售情况、影响力指标以及成本花费进行对比。

促进每次下载的花费，预计下载量。

每个内容订阅成本。

内容吸引潜在用户点击购买按钮，每次点击带来的销量以及花费的成本。

内容引导用户拨打 400 免费电话带来的销量以及花费的成本。

网络研讨会或赞助活动带来的销量以及花费的成本。

（2）用户教育及用户意识指标。

教育内容占整体预算的比例。

竞争对手的教育内容投入比例。

（3）销售支持指标。

内容下载量。

针对目标用户及细分市场的相关内容及消息数量。

产品上市前，接受过营销培训及新产品培训的销售人员数量。

对比开展内容营销前后给销售团队带来的变化。

2. 前瞻：内容质量优化

对内容的优化，可以利用大数据进行预测分析，寻找传统分析中不明显的数据关系。其中，评估指标取决于需要优化的内容，取决于需要使用大数据进行分析的问题。通过数据分析，回答以下问题：媒体计划是否有效？能否预测目标用户即将消费的内容？什么样的头条发出来效果更好？一周中哪天发布效果更好？内容优化评估指标主要包括内容质量评估指标和内容布局评估指标。内容质量评估指标包括内容长度、标题 A/B 测试、格式选取、搜索引擎；内容布局评估指标包括官网登录页面布局、自媒体页面布局、付费媒体的预算分配。

3. 服务：内部群体利用效率

要展现内容的整体价值，不能忽视内容无形的方面，如体现近来内容给组织带来了什么贡献？相关的评估指标包括内容沟通角度评估指标和用户服务角度评估指标。内容沟通角度评估指标，包括用于内部沟通的内容数量、支持其他部门的咨询内容数量、用于主题演讲的内容数量。用户服务角度评估指标包括用于培训用户服务代表的内容、转发给用户的内容，为用户服务的一部分。

4. 指标：内容测量指标示例

内容测量要关注的数据需要注意以下 3 点：第一，关注与内容直接相关的数据，比如 UV（unique visitor，网页浏览自然人）/PV、点击率、互动数、转发数、人均访问页面、访问时长等，这些都是非常基础的数据，要有日常的监控和概念。第二，关注产品的数据，比如 DAU（daily active user，日活跃用户数量）、留存或整个栏目的 UV、点击率。因为内容运营是为了服务产品，所以要通过数据寻找内容对产品的拉动。第三，放在较长的时间段里看数据，这点是最关键的。通常情况下，内容运营对产品数据的拉动是有一个过程的，是缓慢的。因为用户的认知需要培养，优质内容被发现和扩散需要时间。

虽然有时会有 1 篇爆款的文章出现，让产品数据暴涨，但这种情况通常是短暂的，重要的还是看留存。况且爆款文章很难复制，影响其出现的原因有很多。关注一个模块、一个区域或内容的整体数据效果，要看一段时间内的趋势，比如在 1 个月内是否呈上涨趋势，尤其是在整体疲软的情况下（如春节放假），内容是否有助于提升产品数据。这是证明内容运营收益的最有力依据，体现了内容的价值。

对于内容价值的衡量，可以重点从以下 2 个指标着手。

（1）ROI。

ROI，即投资回报率（return on investment）， ROI=(投资获得的收入 − 投资的成本) ／ 投资的成本。

ROI 评估的是财务结果，而内容效果并不能直接影响损益。如图 2-37 所示，内容效果的 ROI 衡量，在与损益表相结合时，需要进行下列转化：公司将资金转换为资源，资源再转换为内容，内容被转换为品牌与用户之间的互动，互动再转换为非财务结果（粉丝、评论、分享、下载），非财务结果的变化可以表现为熟悉程度、认可、喜好以及最后购买习惯的转化，最后，非财务结果转化为财务结果。

图 2-37　投资回报关系

（2）F.R.Y.。

F（frequency）：频率，也称为购买率。让已有用户更频繁地购买产品。

R（reach）：到达率，即转换的新增用户。让更多的人购买产品。

Y（yield）：收益，每次交易的平均金额。对于已购买的用户，不需要经常购买，但每次购买时会花更多的钱。

内容价值测量实践及策略优化

1. 内容价值测量实践

内容营销往往是与活动等其他营销方式一起发挥作用，在计算内容营销价值时，就面临内容营销占比的问题。另一方面，在用户的整个购买过程中，发挥作用的先后顺序也不一致，而触点的先后直接决定着价值的大小。

（1）内容与渠道的价值比重。

关于内容与渠道的价值比重分配，需要做出具体划分，才能真正明确内容营销的价值。以市场活动与内容营销搭配为例，市场活动如果用的是内容团队提供的 PPT，要计算一部分贡献到内容团队，具体要根据不同活动和内容生产的难度系数，即要根据到底是内容更难还是新开发渠道更难，做出的贡献比例计算。

> 新内容、老渠道，显然新内容的价值更大。新内容占 75%，老渠道占 25%。
>
> 老内容、新渠道，显然新渠道的价值更大。新渠道占 75%，老内容占 25%。
>
> 新内容、新渠道，最有价值，各占 50%。
>
> 老内容、老渠道，显然这会被用户放弃，不予采用。

要明确不同营销活动所发挥的作用，就需要汇集用户在不同渠道的行为，并基于对海量的用户信息进行分析挖掘，从而展开后续的运营和营销工作，促进用户注册及产生购买。基于这两个关键点，致趣百川认为要立足 SCRM，因为在中国最有效的触达渠道是微信，同时又不应局限于微信，还要能够与官网、邮件、电话等多种触达渠道打通。

计算出内容营销真正的价值，更利于建立合理的市场激励体系，充分调动市场的工作积极性。以致趣百川在 2017 年 11 月签单的某教育机构为例，最后成单的记录是百度 SEM 带来的潜在线索，如果没有明确的潜在用户行为记录，就会将 100% 的市场激励给到 SEM 团队。但是，根据明确的全渠道潜在用户行为记录，用户在 8 月上旬报名了内容营销团队主办的"内容营销系列直播课程"，在 8 月下旬参加了与腾讯合办的线下活动，9 月用户在百度搜索"营销自动化"发现致趣百川是国内领先厂商，便主动与之联系。可见，此次签单成功是内容营销团队、活动团队与百度 SEM 团队共同努力的结果，在贡献分配上应该分别为 30%、50%、20%，当潜在用户行为能够被明确追踪到，内容营销的价值才能被真正体现出来，多劳多得，积极性也就随之上升。

（2）不同购买旅程触点的内容营销价值。

用户成单的市场接触点在不断增加，如活动、博客、营销自动化、邮件、社交分享等。在计算最终的成单贡献率时，有的将贡献率直接归为首次接触，有的归为最后一次接触，有的则将所有的接触点都计算在内。

致趣百川认为，越早触达潜在用户，价值越大，比如第一次触达用户的价值就要比第二次大，这和新签用户的提成一般都要比续约的提成高是一个道理；越能见到高层决策者，进行当面交流价值越大，比如线下活动的价值就比只在官网浏览过的价值更大。如果只有一次接触，计为100%；如果既有第一次接触，也有面对面接触（面对面接触包含最后一次接触），则各占50%；如果有第一次接触、面对面接触，还有最后一些接触，则按照50%、35%、15%的比例分配。

2. 内容营销策略优化三原则

（1）衡量要抓重点，让优化有的放矢。

对于B2B企业，最重要的是两端：一是管理层想做什么；二是用户要听什么，用户想知道什么。中间层级较多，不同的业务有不同的诉求，如果不过滤掉，可能会扰乱视听。管理层关系直接与战略相关，用户则是衣食父母，内容决策需要抓住这两点。

第一，管理层关心的内容。

排出3 ~ 5个最能吸引潜在用户的内容及原因。

> 除策略外，哪些渠道带来了大量浏览量？
> 对于培训内容库的建设。
> 一些用户在消费后发布的有趣反馈或评论。
> 处理评估指标的冲突。

第二，用户期望的内容。

通过每次内容复盘，进一步清晰自己的用户画像，明白他们的痛点，分析他们的兴趣点，关注他们近期兴趣的变化。

> 是否以用户为中心，提供了有价值的、相关的内容？
> 内容是否与目标用户相关，具体到某个场景？
> 是否有明确的行为激励，指导用户的下一步行动？

（2）确保内容与既定目标一致。

内容营销策略应确保其内容随时间而成熟，始终与每个阶段设定的目标和 KPI 保持一致。要衡量内容营销策略的效果以及它是否符合你在第一阶段设置的目标和指标，以防止忘记初始目标以及为策略的每个阶段设定的原因。例如，如果你创建了一本电子书来获得订阅者并产生潜在用户，但是注意到它最终带来了大量的社交提示，而没有获得所需的潜在用户，那么你的努力就不能被认为是成功的。这可能是由于错误设定目标、错误分配、错误的观众，因此需要重新评估你的策略，使你的期望与内容营销活动的结果保持一致。

（3）内容金字塔要以用户为中心。

根据《2015 年数字营销人工作生活现状报告》，"面面俱到"的每位数字营销人平均要关注工作中的 3 个方面，按比重依次是用户行为习惯占62.90%、用户需求占 57.59%、产品和服务占 46.30%，如图 2-38 所示。对"用户行为习惯"和"用户需求"的把握，其实就是对如何做好用户洞察的关注。B2B 营销人面对的是一个组织而不是个人，产品或服务会提供给一个团体。同时，B2B 决策周期长，持续的内容是联系彼此的很重要的方式。最好的内容往往是从目标用户出发，需要随时关注用户的信息反馈，善于倾听，并根据结果做出相应调整，如图 2-39 所示。对于 B2B 用户，时间是很宝贵的，他们希望用最少的时间来找到促使他们进行购买决定的内容。

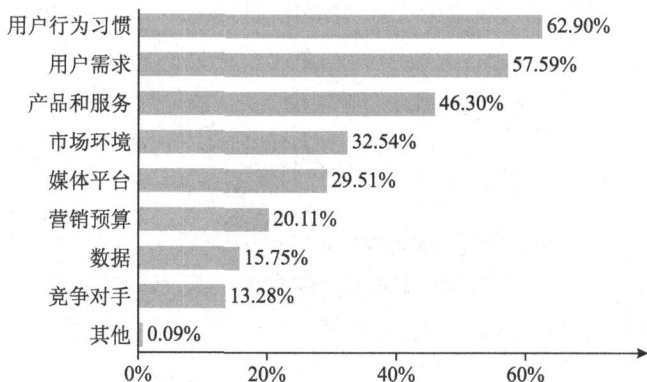

图 2-38　每位数字营销人要关注的工作项目

资料来源：《2015 年数字营销人工作生活现状报告》

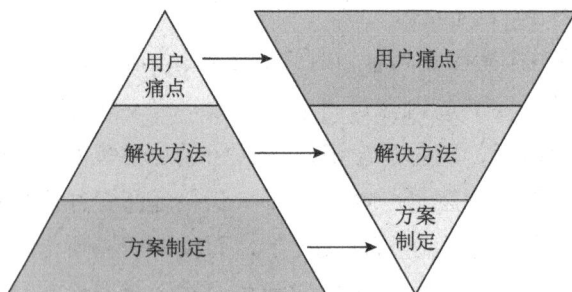

图 2-39 内容要从用户痛点出发

马跑得比骆驼快,但骆驼一生走过的路却是马的两倍。内容营销也是如此,通过内容累积与规划,将琐碎的内容堆砌起来,为最终目标服务。

案例:教育行业内容营销策略

在教育培训行业,学生和家长借助互联网和社交媒体扩大知情权,在最终目标清单中只列出 3 所学校,以高等教育为例,72% 的学生在主动联系学校招生代表之前就选好了志愿学校,93% 的学生最终选择了其目标志愿中的学校,通过内容营销,尽早进入学生选校的生命周期,打赢社交战,对于教育培训获客有着重要的意义。图 2-40 所示为致趣百川内容营销三维象限图。

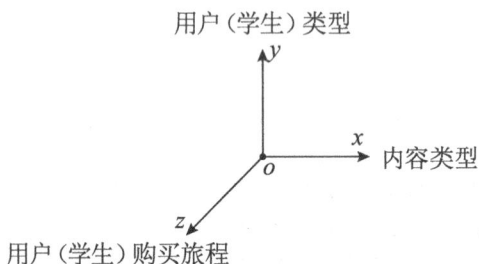

图 2-40 致趣百川内容营销三维象限图

内容类型

内容营销关注整个用户购买旅程,同时应根据不同用户画像做出区分,促进用户沿着销售漏斗不断推进。在内容层面,需要回答以下问题。

如何创造一个目标学生不得不关注的话题？

如何通过一种手段，实现线上与线下相互导流？

如何设计微信内容，让学生既能参与到活动中来，又能成为活动传播者？

如何实现家长—学生—学生的同学—同学的家长的关系链传播，从而形成裂变？

如何通过微信传播，获取大量意向学生名单，同时促进学生到店咨询？

1. 内容生产

内容营销中的"内容"，往往是大多数机构的痛点，而教育培训机构往往有着丰富的内容。在教育行业的内容生产中，难的不是内容源头，而是"内容策略"问题，即让学生 / 家长知道"你的问题，我可以帮你解决"的需求激发与满足。图 2-41 所示为致趣百川内容发力的需求三角模型。

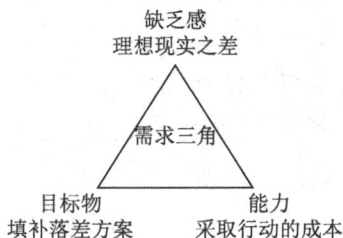

图 2-41 致趣百川内容发力的需求三角模型

（1）通过内容激发需求。

内容营销的目标是促进用户需求的增长。别人越需要，营销就越成功。内容营销直接作用于学生 / 父母的缺乏感，激发需求。具体可以从 2 个维度着手：时间维度和空间维度，如图 2-42 所示。其中空间维度又可分为自我维度与外部维度。

第一，时间维度。如尚德教育的营销语"曾经错过大学，别再错过本科"，利用了人在时间坐标上产生的情绪。

第二，空间维度——自我。自我视角往往可以从人性角度出发，如制造恐惧、攀比等情绪："别人家孩子已经可以流利地用英文对话了，你的孩子还停留在学 ABC？""小升初冲刺，娃离名校还差几节课？""同样每天玩手机，同事竟然考取了本科，升职了！"

第三，空间维度——外部。群体视角，关注周围人群的看法，如当班级上培训班的人数达到 80% 以上时，为了合群，也会产生教育培训的需求。

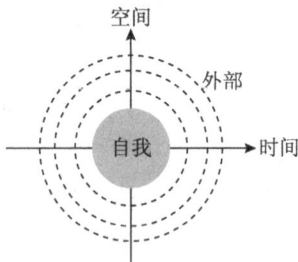

图 2-42　致趣百川激发需求的 2 个维度

（2）通过目标物，提供填补缺乏感的方案，迎合需求。

一个产品可以满足不同的缺乏感，比如教育培训，既可以解决孩子的教育问题，也可以满足扮演好父亲、好丈夫的关系需求。

填补缺乏感，要做到恰好符合人们认知的匹配，认知是既有的认知，通过内容营销，发现已经存在的事实，而非发明尚不存在的认知，发现而不是发明。

迎合用户需求，如"每天 25 分钟，甩掉字母看美剧""雾霾天，足不出户 1 对 1 家教课"。同时，不断给出愿景，如"学好英语，被追求！"

（3）跨越成本门槛，把动机最终转化成需求决策。

通过内容营销给用户赋能，刺激其做出决策。可以使用憧憬法，如"每天 10 个小单词，感受时间大不同"；奖励法，如"0 元入学，先就业后付款"。

2. 内容传播

（1）注意传播时媒介间的影响波纹效果，如图 2-43 所示。

教育行业的消费决策，往往发生在人生的转折点，预期高，决策周期长，除了个人外，受宏观的人际、组织、系统、社会的影响也比较明显，在传播时要注意相互之间的波纹依赖关系。

第一，个人：用户行为不断变化。

2015 年 8 月《中国移动社群生态报告》指出，95 后基本不用微信，98% 的微信用户都是成年人，而 QQ 社群中，10~29 岁的用户占比达到了 80%。学生更愿意使用 QQ 而不是微信，但家长更愿意使用微信。针对不同阶段的家长、学生兴趣点，在不同渠道持续提供内容。

第二，人际：社群运营降低招生成本。

在教育行业，存在学习流程复杂、结果不可控、信息不对称以及一些天然需要群聚效应的用户场景，社区聚拢了一大批目标学习用户，为后续其付费转化源源不断地提供流量。社区论坛可以大大降低招生成本：总流量成本更低，流量的自增长与流量转化率高。太傻留学（留学咨询服务中介机构）正是利用论坛模式，极大地降低了流量获取成本，使其在出国咨询领域获得快速增长并成功上市。

第三，组织、系统、社会：持续优质曝光，打造品牌形象。通过内容营销，保证持续不断地影响用户的感知，不断强化品牌形象。

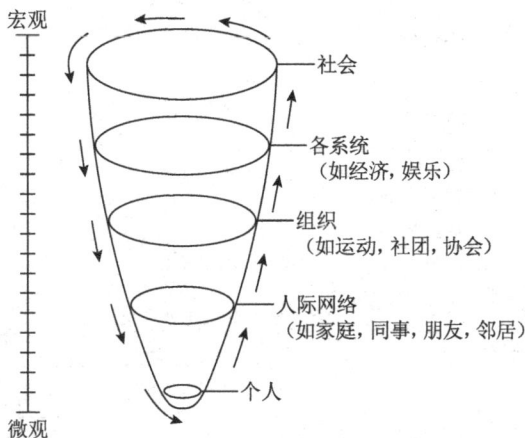

图 2-43　内容传播时媒介间的影响波纹效果

（2）确定重点推广时间段。

工作日，早 8 点到晚 10 点，由于用户大多为学生，而为学生选择教育产品的人则是学生的父母，这些人群的上网时间大多在早 8 点到晚 10 点之间。且由于移动端的迅猛发展，晚 6 点到 10 点期间，移动端的流量呈上升趋势；节假日，可适当放宽时段，以适应用户人群。

用户（学生）生命周期

用户（学生）生命周期一方面受行业淡旺季的影响，如图 2-44 所示；另一方面，在整个认知—了解—选择的过程中，也有着明显的生命周期痕迹。

（1）教育行业淡旺季营销重点。

教育培训根据学生的学习生活而被划分成淡季和旺季，A 课程暑假阶段报名多，B 课程春节之后报名多。招生旺季来得猛但时间短，这是其最显著的特点。不打无准备之仗，内容营销在淡季和旺季的侧重点，也应有所区分。

行业淡旺季												
行业	Q1 1月	2月	3月	Q2 4月	5月	6月	Q3 7月	8月	9月	Q4 10月	11月	12月
早教				春季温度适合出门				冬季太冷 秋季合适				
家教	期末冲刺	寒假补习	开学季	期中考		期末考冲刺	暑期补习	暑期补习	开学季	期中考		期末冲刺
语言培训	寒假补习,职称英语备考		职称英语3月考试		暑期上培训班							职称英语12月底报名
出国留学			留学展		高考不利和就业困难 寻求出国较多					留学展		
高教自考		为4月高考做准备			为10月自考做准备							
职业教育		年后,学一技之长			选择职业教育							
IT培训		年后,学一技之长			大学生暑期学习							
研究生高教	1月在职研究生联考	为5月同等学历申硕做准备		5月同等学历申硕	暑期考研和MBA辅导					MBA辅导		
认证培训				大部分认证考试时间集中在这几个月								
公务员培训	为3月考试做准备		某些省份3月考试	某些省份4月考试	省考面试	省考面试				前一年10月报名	当年11月国家公务员考试时间	国考面试
企业培训			天气温暖的时候适合组织外出活动和培训									

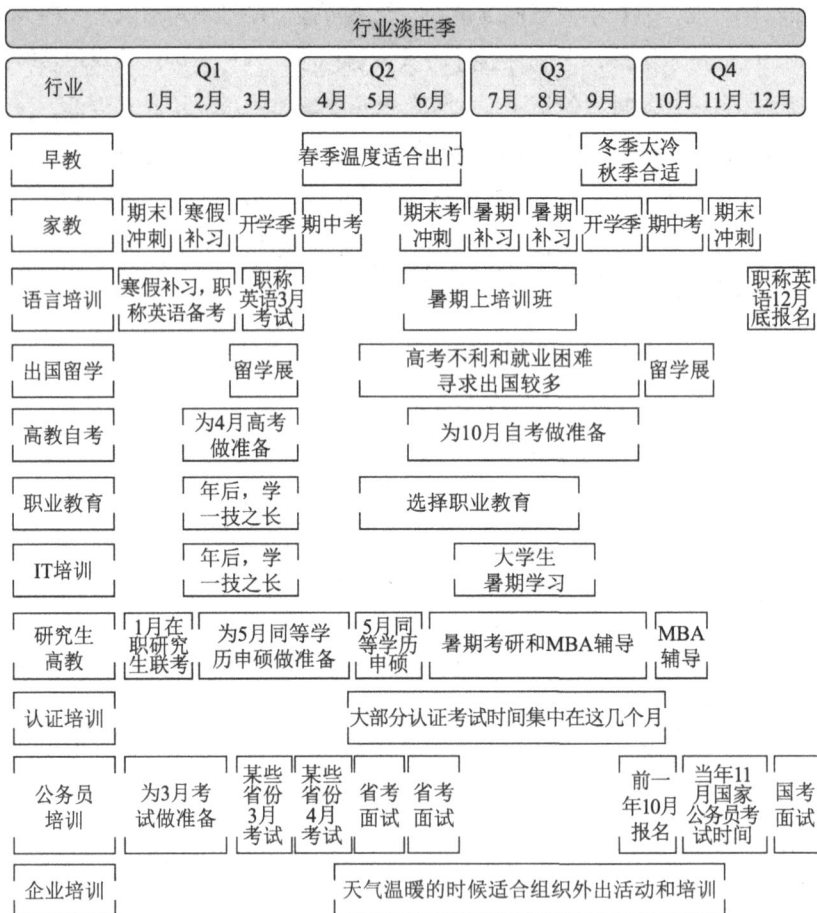

图2-44　教育培训行业淡旺季分类

淡季内容营销应取势留人：市场没有绝对的淡旺季，内容营销要注意激发需求，同时注重整体品牌营销打造，提高服务质量，更好地留住人。

旺季内容营销应取利获客：内容营销直接转化为服务，促进"未知流量—已知注册—意向培育—报名"的漏斗演进，更好地招新、获客。

（2）确定用户转化路径，提供各阶段最关注的信息。

用户在转化过程中，不同阶段其关注的信息也会有所不同。以高等教育为例，在决策过程中关注的信息也会有所变化，如图2-45所示。

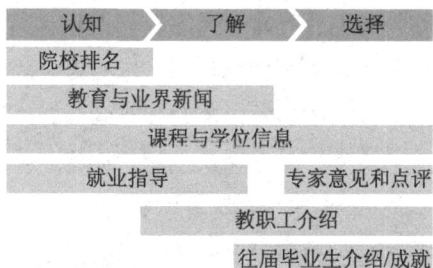

认知	了解	选择

院校排名

教育与业界新闻

课程与学位信息

就业指导　　　　　专家意见和点评

教职工介绍

往届毕业生介绍/成就

图 2-45　高等教育行业信息决策变化

在营销漏斗顶端提供低门槛内容（例如无需注册即可访问的一般内容），而对已接近转化的人群提供高门槛内容（例如需要注册才能访问的内容或具有高度针对性的信息）。在教育培训中，整个用户购买旅程都要注意口碑和师资力量的内容侧重。同时在不同的周期要匹配不同的内容营销策略。例如，触动需求：突出效果、性价比；迎合需求：突出干货，解决痛点，带入情景；刺激决策：突出优惠、课程质量。

用户（学生）类型

营销最终还是要落到人的身上。如何吸引目标学生的注意力？如何有效地传递信息？如何与他们建立深层连接？如何提高报名率并且强化品牌忠诚？这都需要对目标学生有清晰的认知。致趣百川建议从学生画像和学生生命周期两个方面着手，既抓住静态的个性化，也要让内容营销随着学生生命周期的变化而有所区别。

"当你和一个人交流时，如果你用了他熟悉的语言，那么他会明白你的意思；如果你用了专属于他自己的方式，那么他会把你记在心里。"探寻人群画像的目的是为了找到"品牌想说的"与"用户想要的"之间的交集，如图 2-46 所示，通过人群画像，去找到可以实现双赢的着力点，直接把话说进他们的心坎，找到他们圈内的语言和符号，加入他们，再施加影响。

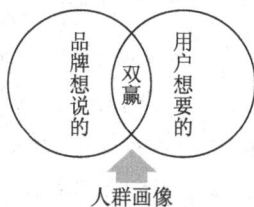

图 2-46　人群画像

同时，用户画像的明确也意味着自身定位的清晰，目标确定了，整体运营方法和产品设计就更清晰了，更有针对性了。以青藤为例，它最初定位"我要做奥数"，所有小学生都是它的目标，但勉强一年后，发现在锦州当地真正的用户并没有那么多，这才明确了目标家长的用户画像：中产，有大城市教育或工作背景，孩子成绩非常好，对孩子学习非常关心。

在内容营销中，在合适的时间对合适的人说合适的事情，需要明确用户名片、用户标签、用户触点行为，对这3个方面要有明确的认知。第一，用户名片。从人口统计学、兴趣偏好、活跃度、用户阶段维度绘制用户全景画像，打造用户名片。第二，为用户打标签。SCRM 营销自动化给用户打上多个标签，以用户身份识别码作为用户 ID，记录其消费行为数据，还原用户画像；建立用户身份唯一识别码，以便与跨平台的用户数据匹配，包括邮箱、手机号、微信开放 ID、Cookie（用于身份识别并跟踪的终端数据）等。第三，明确触点行为时间轴，伸缩查看历史记录。可查看即时行为，也可查看历史行为。

致趣百川 SCRM 通过明确用户画像，建立统一用户池，筛选高意向用户提炼商机，高效盘活用户资源，批量、高效地跟进用户，自动记录与跟进业务流程，实现了多校区商机统一管理与分配。

（1）用户名片。

一个代表典型用户的用户名片有性别、年龄、收入、地域等自然人属性，也包括接触点偏好、营销创意偏好、社交传播影响等。用户画像主要分为 6 类，如图 2-47 所示。

> 自然人属性（human）：包括用户的人口统计学信息、兴趣爱好、消费力情况。
>
> 接触点偏好（channel）：用户与品牌进行接触时的媒介渠道。
>
> 品牌联系强度（relationship）：用户与品牌的关系，以及用户对品牌重要性的综合评估。
>
> 营销创意偏好（advertise）：用户在与品牌沟通时，偏好的形式、主题等。
>
> 产品需求偏好（product）：用户喜欢的品类、产品。
>
> 社交传播影响（Influence）：用户帮助品牌传播的意愿、传播的内容、传播的影响范围。

自然人	接触点偏好	品牌联系强度	营销创意偏好	产品需求偏好	社交传播影响
人口属性	渠道偏好	生命周期	主题偏好	产品属性关注	传播意愿
家庭信息	接触时间	用户价值	利益偏好	价格敏感度	传播影响力
兴趣爱好		用户活跃度			传播渠道
		用户关系分群			传播内容

图 2-47　致趣百川用户名片的 6 种分类

在教育行业，最需要重视的用户名片为自然人属性和社交传播影响。

第一，自然人属性（human）。

在教育行业，决策群体、付费群体和消费群体不一致，人口属性、家庭信息的重要性比较突出，如图 2-48 所示。如在做出消费决策时，妈妈占比为60.4%，爸爸占比为 22.28%，且对"成绩"比较重视。不同阶段这一比例会出现变化，关注孩子早教的用户中女性占比为 58.5%，可见妈妈掌握着孩子早教的话语权；而小初高教育阶段，父亲的参与度增加并成为教育消费的决策者。而孩子在选择时，58% 因为对课程感兴趣，50% 为提高学习成绩，10% 因为同学参加了同样的课程。

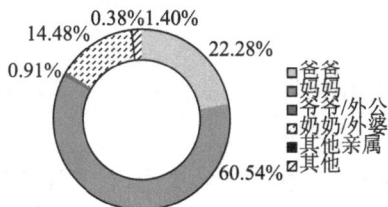

图 2-48　教育消费决策者占比[1]

不同年龄段的家长需求偏重也会不同。根据调研数据，对孩子道德品质的塑造和生活习惯的培养是各年龄段家长共同看重的。90 后家长因为孩子尚小，对学习成绩等方面关注度不高，80 后家长对孩子沟通表达能力的培养显著高于其他年龄段父母，70 后家长对孩子学习成绩和动手操作能力的重视度最相近。针对营销影响的方向进行传播内容策划，既要区分家长与学生的关注方向，也要根据家长关注点有所区分。

第二，社交传播影响（influence）。

在家长用户信任的广告信息渠道中，熟人推荐位居第一，占比为 56.2%。[2]

① 资料来源：《2017 年全国中小学课外培训调查报告》
② 资料来源：《2016 年中国家庭教育消费者图谱》

用户最信任的是从"别人"那里获取的广告信息，熟人推荐最好，网络社交工具和社区论坛等网络社交渠道也会认真考虑。教育成果难以被量化，是非常注重体验的生意，所以有过切身体会的身边人的意见会很被重视；三线及以下城市更依赖社交渠道，居民彼此之间相识的概率越高，人情和关系在社会运转中的作用越大，家长对社交渠道的依赖性也越强。图 2-49 所示为 2017 年中国教育培训家长信任的广告信息渠道。

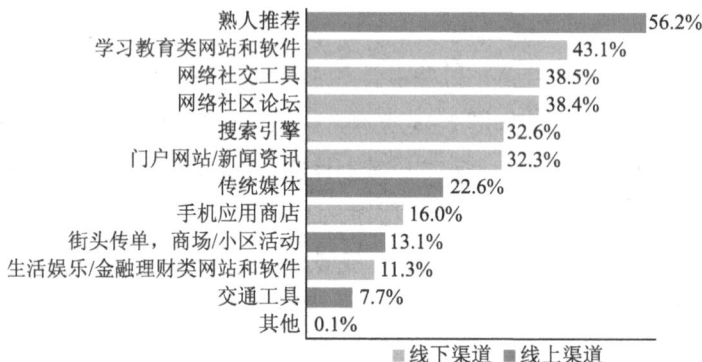

图 2-49　2017 年中国教育培训家长信任的广告信息渠道

（2）自动化标签。

将用户信息、行为数据标签化，方便查询和检索。

第一，运用全面的标签模型。

运用全面的标签模型进行精准的学员管理，用标签分组功能分类学员，对不同课程、不同意向、不同跟进阶段的学员清晰分组，并针对性地批量制定趣百川销售计划，批量跟进学员，在很大程度上缩短了销售周期，销售效率提升看得见。教育行业，用途最广的为事实标签和群组标签。

> 事实标签：什么用户，在什么时间、什么地点，做了什么事。如参加某次活动或者下载某处学习资料的行为标签。
>
> 群组标签：针对符合某种特定行为或背景信息的用户，进行归类处理，是用户分群的手段。如只针对"北京"标签群组推送相应的线下活动。

第二，自定义建模，根据规则自动给用户打上标签。

将用户的浏览行为、互动行为等所有数据标签化，使用者可随时查询和检索。标签既可以自定义建模，也可以根据规则自动打标。具备相似特征的用户系统根据规则设定自动分组，方便开展有针对性的营销活动。如在后台做相关设置，当学生参加"英语游戏"学习"英语单词"时，则会自动打上"英语"标签。

（3）触点行为时间轴，伸缩查看历史记录。

关注行为轨迹，是为了真实了解用户行为。还原用户的行为轨迹，有助于关注其实际体验、发现具体问题，更合理地明确学生的兴趣情况。同时在致趣百川 SCRM 直播场景中，在后台可以明确看到直播的参加人数以及每个人的观看时间段，从数据推及用户兴趣度。

不同企业类型的内容营销策略

1. 内容是有维度的

内容是有维度的，一是用户参与的黏度，二是表现层次，如图 2-50 所示。用户参与的黏度：如果只是一篇微信图文，用户参与的黏度比较浅；如果愿意同步下载资料，有自发行为，则黏度增加；若参加线上的直播，需要花费 10 分钟进入情景，成本提高，用户参与度也会增加。表现层次：越向下，表现形式越丰富。

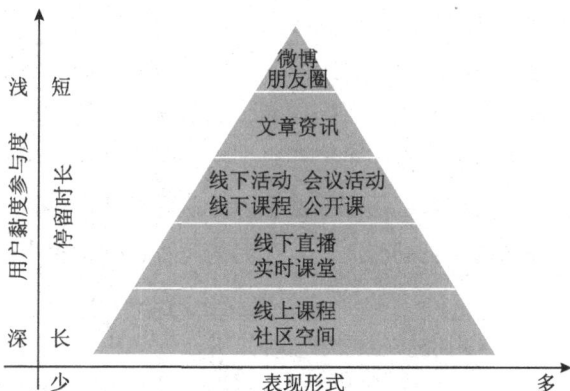

图 2-50　致趣百川教育行业内容维度图

朋友圈的表现形式为文字、图片、语音、短视频。同步有点赞、转发。

线上直播的表现形式为详情、图文介绍、视频介绍，同步有报名、提醒、直播、讲稿下载、投票、聊天、咨询、回放、点赞、评论、转发。

线上课程＋社群空间的表现形式为详情、图文介绍、视频介绍、试听章节。同步有报名、提醒、打卡、学习计划、日程、章节课件、直播、实时互动、课堂练习、作业、考试、评测、问卷调查、论坛、答疑、咨询、点评、笔记、转发、拼团、助力、排行等。

2. 场景要用高频打低频

抢占高频场景，依然是各家公司需要做的。背单词、做题、读绘本、公开课这种高频场景，依然是占领学习场景的流量高地。

3. 不同用户购买旅程的内容营销策略

以学而思优质内容为诱饵的获客策略为例，第一步，优质内容，社群引流；第二步，通过线下活动区分用户类型，根据不同内容进一步培育；第三步，降维打击，用优质生源塑造好口碑，以老带新。

第一，优质内容，社群引流。小升初考试结束后，收集小升初的试题，归纳整理后给出答案，设计传单，供城市运营者到学校门口宣传。告诉家长论坛里有小升初的真题。论坛中，继续炒热小升初的话题。顺势推出讲座活动，解读小升初考试。

第二，通过线下活动区分用户类型，根据不同内容进一步培育。线下活动将家长与学生分开，一是家长听讲座内容，二是孩子做测试题。家长听老师讲小升初的知识、注意事项，孩子进行测试。家长讲座结束，学生测试完成，老师同步给出专业的测试报告，树立权威性。论坛里继续炒热，同步在公众号、微信群传播论坛中的内容，同时匹配要报名的课程，促使报名，完成第一批用户的转化。

第三，降维打击，用优质生源塑造好口碑，以老带新。老师拼命对第一批用户好，提供超出预期的服务，家长感觉超值。于是，口碑就产生了，老生介绍新生。成绩落后学生的提分并不是一件容易的事，从成绩优异学生着手，维护好这批成绩优异学生的家长。成绩优异学生的家长是教育培训机构的 KOL，有一大批追随者。当被问到孩子成绩为什么这么厉害时，KOL 家长会告诉他们，我们在×××机构学习，你们也去吧。以老带新，口碑传播，获客效果稳步提高。

通过 SCRM 建立全渠道流量池

03

如果用捕鱼来理解获客，内容是捕鱼的饵料，而捕鱼动作的发出，则需要获客策略助攻。2016 年，获取流量和潜在用户线索成为了营销人员面临的第一挑战。之前，"证明营销活动的 ROI"和"确保足够的营销预算"一直稳居营销人面临挑战的前两位，如图 3-1 所示。

排名	2016 年	2015 年	2014 年	2013 年
1	获取流量和潜客线索	证明营销活动的 ROI	证明营销活动的 ROI	证明营销活动的 ROI
2	证明营销活动的 ROI	确保足够的营销预算	确保足够的营销预算	确保足够的营销预算
3	确保足够的营销预算	管理网站	控制技术或网站	控制技术或网站

图 3-1　2013~2016 年营销人面临的挑战

资料来源：《2016 年集客营销现状》

互联网发展到下半场，营销渠道、营销成本都已经发生了巨大变化。以线上流量为例，2015 年百度广告的平均消费额比 2011 年增长了 200%；广点通和今日头条 2016 年 CPC（每次点击付费广告）分别比 2013 年上涨了 260% 和150%。花一样多的钱，获取的用户数量越来越少，没有新客来源，就无法转化更多收益。寻找更有效的获客方式成为了迫切需求，如图 3-2 所示。战略性开发潜在用户的公司，销售收入增长了 133%；78% 的营销人认为最大的挑战是开发更多的潜在用户，76% 的营销人则认为是提高潜在用户的质量。具备成熟潜在用户开发策略的公司，销售人员将 73% 的时间花在推销上，不具备成熟的潜在用户开发策略的公司，这一数字仅为 57%。

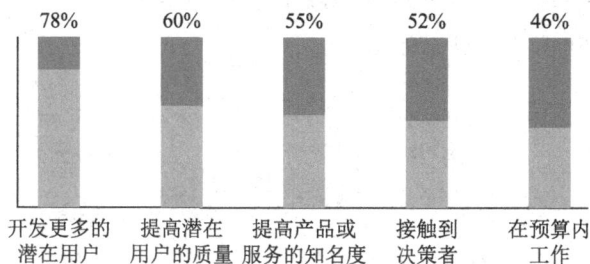

图 3-2　开发更多潜在用户是 B2B 营销人面临的最大挑战

资料来源：Kissmetrics 官网

不难看出，通过使用更成熟的潜在用户开发技术，能够增加销售额并获得更多收益。但数据显示，大约 96% 的网站浏览者没有准备购买，如图 3-3 所示。这意味着仅有 4% 的浏览者准备购买产品或服务。如何才能将这 96% 的人转变为付款的买家呢？推动潜在用户进入开发漏斗，需要艺术，更需要技术，需要以系统的方法、严密的流程、最佳的实践、持续不断的测验和提高为基础。

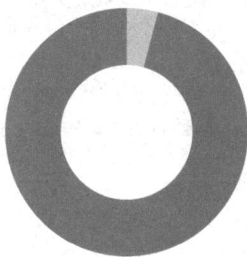

图 3-3　96% 的网站浏览者没有准备购买

资料来源：《获客指南》

1. 什么是线索

线索（潜在用户）指对销售产品或服务感兴趣，且自愿提供联系方式的用户。只有当网站浏览者有以下行为之一时，才会成为潜在用户，如注册获取免费试用、产品演示或参加在线会议；填写潜在用户信息采集表，并自愿提供联系方式；通过电话或电子邮件建立联系，以获取更多产品、服务或其他信息。

2. 如何定义线索获取

线索获取（潜在用户开发）是一整套协作流程，包括吸引陌生人浏览网站、将他们作为潜在用户来预热，并促使他们购买产品或服务，以提高转化率。提高转化率,离不开潜在用户开发策略,以保持自己的潜在用户开发漏斗顶部充盈,以此来避免浪费时间和金钱,如图 3-4 所示。

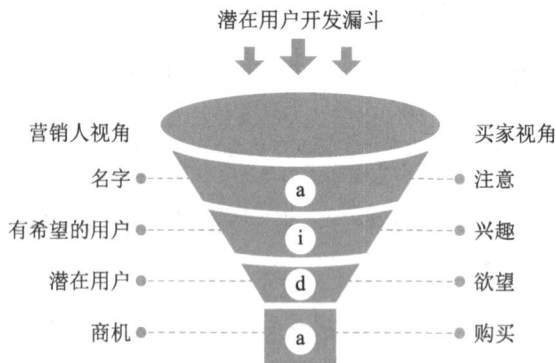

图 3-4 潜在用户开发漏斗

在市场营销情境中,潜在用户开发包含以下流程。

吸引浏览者访问网站,使他们对提供的产品或服务感兴趣,并劝说他们提供联系方式。

用户进阶流程:询问—有希望的用户—营销合格的潜在用户—销售合格的潜在用户—销售接受的潜在用户—真正的用户。

开发流程:识别需求—研究解决方案—生成候选名单—评估解决方案—购买。

图 3-5 所示为潜在用户开发模型。

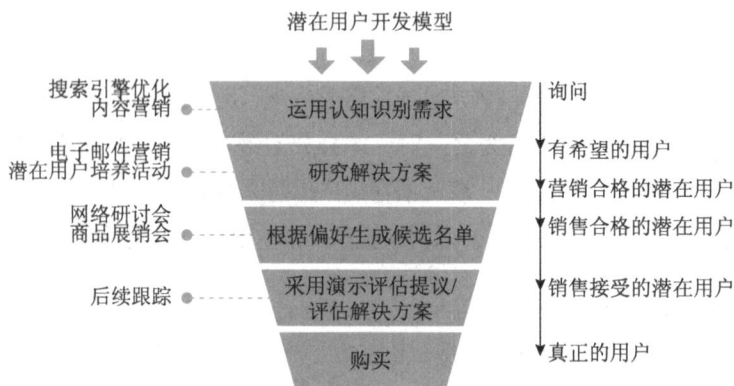

图 3-5 潜在用户开发模型

目前，与潜在用户获取相关的领域主要有 3 个——集客式营销（inbound marketing）、目标客户营销（account-based marketing）和营销自动化（marketing automation tech），后文会重点论述。

3. 怎样获取线索

以捕鱼为例，当撒网捕鱼性价比越来越低时，要提高捕鱼量，有 3 种方法可选：第一种，让鱼主动找上来，即集客式营销；第二种，用鱼叉来捕鱼，一开始就先确定目标，只瞄准你想要的那条"鱼"，精准捕鱼，即目标客户营销；第三种，提高捕鱼效率，营销自动化助力线上线下获客、转化，同样的投入，捕获更多的鱼，养大更多的鱼。

制造流量：集客式营销，让用户主动找上门

集客式营销（inbound marketing），可以理解为制造流量的营销方式。在信息爆炸的当前，用户接收到的信息越来越多，用户主动寻找并选择商家而产生的集客式营销越来越多，集客式营销优势日益凸显：92.8% 的公司通过集客式营销，实现了线索的增长；83.9% 的公司通过集客式营销，在 7 个月内实现销售线索数量的增长，如图 3-6 所示；49.2% 的公司通过集客式营销，实现了从线索销售成单的转化率提升，如图 3-7 所示。

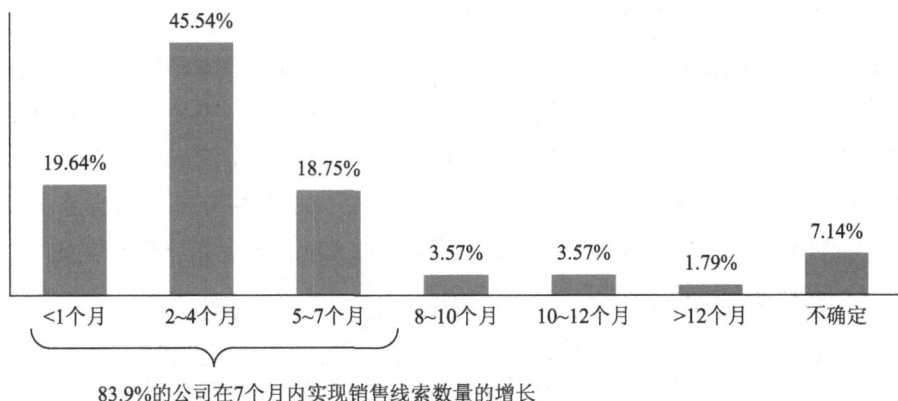

83.9%的公司在7个月内实现销售线索数量的增长

图 3-6　集客式营销对销售线索数量增长的营影响（多久能看到销售线索的增长）

资料来源：《HubSpot 集客式营销 ROI 报告》

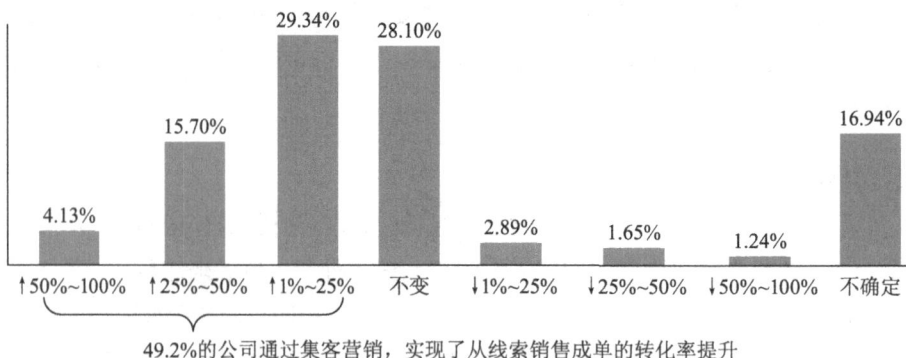

49.2%的公司通过集客营销，实现了从线索销售成单的转化率提升

图 3-7　集客营销对线索销售成单转化率的影响（销售线索成单的转化率提升多少）

资料来源：《HubSpot 集客式营销 ROI 报告》

集客营销和推式营销

集客营销也叫拉入式营销，是企业基于多种接触点，包含搜索引擎、社交媒体、官网、新闻、电子邮件、线下活动等，利用内容营销、自媒体、SEO、社交媒体、社群营销、营销自动化、数据分析等营销方式吸引潜在用户关注企业品牌、产品或服务，最终实现用户对于产品或者服务的购买。简而言之，集客营销是一种用户主动选择商家而发生的营销行为，以满足用户需求或者解答其问题为核心，比较容易掌控，性价比相对较高。

1. 推式营销成本走高，ROI 却令人担忧

传统的推式营销是企业通过大众传媒或渠道（如报纸、杂志、电视广告、户外广告、会议活动等），向用户推送品牌及产品信息，从而达到推广目的。研究机构 eMarketer 曾在一份报告中指出，越来越多的品牌主都存在这样的困境：重金投入的广告很难获得原本期望的价值。如今通过数字渠道投放的广告，每 10 000 人中只有 4 人会点击，而在 1994 年时，100 人中就有 44 人会点击网络上的横幅广告。伴随着点击率下降的问题，推式营销的成本却在大幅提升。图 3-8 所示的是集客营销和推式营销的对比。

	推式营销	集客营销
用户	用户被商家选择而被动接受的营销行为	用户主动选择商家而发生的营销行为
营销反馈	由用户来决定是否看、听或者反馈，黏性较低	用户会主动寻找需要的信息，从自己的兴趣角度出发，黏性较高

（续表）

	推式营销	集客营销
沟通维度	线型，一次或周期性	全方位，长期投入
沟通方式	主动传达，简短易懂，打动人心	教育型，以满足用户需求或者解答其问题为核心
营销投入	一般需要租用第三方的资源用以投放，因此较为昂贵	自己可以掌控的营销渠道，因此往往会比较便宜并且容易衡量
营销要求	营销内容精练，方案抓人眼球，用户定位准确	以用户为中心的内容体系，有良好的网站架构营销互动等
营销手段	搜索广告、非订阅直邮、路牌广告、媒体宣传稿、视频广告、付费讨论营销、应用商店付费展示、推式电话营销	搜索引擎优化、订阅直邮、博客营销、内容营销、视频内容、口碑营销、应用商店自然展示、拉入式电话营销

图 3-8　集客营销和推式营销的对比

2. 集客营销线索质量高

反观集客营销，其不仅成本低，而且线索质量也更高，如图 3-9 所示。2016年，集客营销提供了 59% 的高质量的线索，而推动式营销仅提供了 16% 的高质量线索。相比 2015 年高质量线索提供的比例，集客营销在不断提高，2016 年上升了 7%，而推动式营销刚持平。

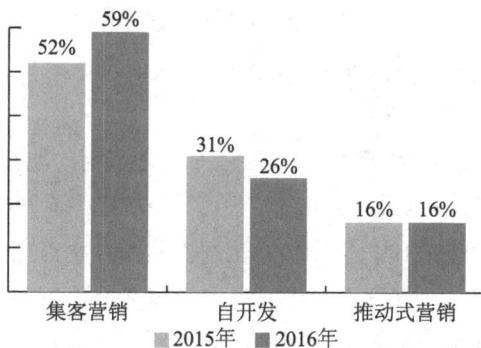

图 3-9　集客营销提供的线索质量更高

资料来源：《2017 年集客营销现状》

如何进行集客营销

如图 3-10 所示，集客营销获客贯穿于整个购买旅程，通过吸引、转化、成交和提升 4 步获客。在不同购买旅程，指导方法论不同，采用的营销策略也会有所差异，如在吸引、转化阶段，营销策略倾向于社交和SEO；在成交和提升阶段，营销策略倾向于SCRM。值得一提的是，营销自动化贯穿于整个获客旅程，起到助力作用。

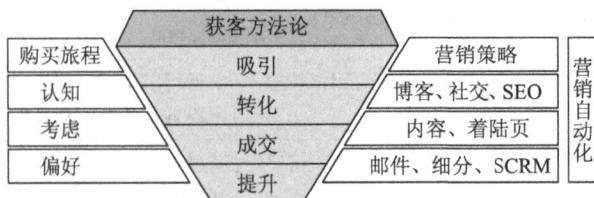

图3-10 集客营销获客方法论

1. 吸引：通过优质原创内容，吸引潜在用户

集客营销的核心基于优质的原创内容，通过全渠道传播到潜在用户当中，与潜在用户建立连接，并促进转化。根据笔者的经验，最有效且最容易上手的3种方法如下。

（1）加大微信服务号原创内容资产建设。

把微信服务号打造为超级移动官网。一方面，因为超过1/3的搜索都是用户在移动社交端产生了兴趣后做的搜索行为；另一方面，通过微信足够多的服务与用户形成足够多的品牌与营销接触点，对于后文谈到的获客与潜在用户培育来说，具备不可替代的意义，在国外是通过电子邮件来实现营销自动化的，但在中国，微信就起到了"社交 + 电子邮件"的双重效果。

（2）搜索引擎优化（SEO）。

SEO的好处就是让自然搜索排名出现在尽可能靠前的地方，且不需要对潜在用户的每次点击付费，比如致趣百川的用户皇家加勒比，是全球最大的游轮公司。

搜索"油轮豪华游"时，皇家加勒比的自然排名是第二，如图3-11所示。你可能已经注意到了，"油轮"的"油"在这里是个错别字，这就是SEO应该考虑到的，用户很可能会输入错误，即使是近义词，也要保证排名靠前。

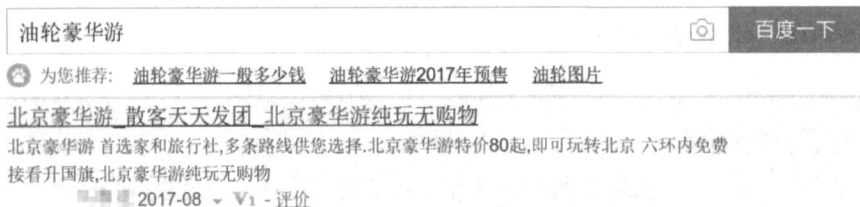

图3-11 相关搜索排名

虽然自然排名第一的是携程，但点击后，内页排名最靠前的是皇家加勒比，这并不算传统模式的 SEO，而是站内排名，但这在笔者看来也是 SEO 的延伸，因为站在用户的角度来看，这就是一个正常的用户行为路径，如图 3-12 所示。

图 3-12 SEO 延伸

为什么？因为当一个购买者对某个产品或者服务产生需求的时候，第一反应一定是通过搜索引擎（如百度、360、搜狗等）进行关键词搜索，主动获取信息。在这个阶段，这些群体身上的"反营销"属性就会降低，而这个时候也是企业与用户之间建立联系的最佳时刻，企业需要展现在用户"反营销"属性降低的尽可能好的触点上。那么 SEO 具体怎么做呢？可以通过关键词选择策略、网站代码结构策略、站内 + 站外链接策略达到目的。

第一，关键词选择策略。

核心关键词选择指企业根据自己的产品及服务，分析潜在用户的需求，同时参考竞争对手的关键词，来进行关键词的调研，列好关键词清单之后，根据百度指数的数据，确定好核心关键词。拓展关键词选择指确立好核心关键词之后，需要进行关键词的拓展，有两种方法：一种是通过关键词工具，如谷歌趋势或者百度指数，进行相关关键词的拓展；另一种是使用搜索引擎的相关搜索来拓展。

第二，网站代码结构策略。

清晰合理的网站导航、扁平的树状网站结构，可以让搜索引擎蜘蛛更方便快捷地抓取网站内容。网站导航应尽量不要使用动画或图片、内嵌框架，纯文本导航更有利于搜索引擎的爬行、判断。避免冗余代码，精简页面多余无效代码，使页面能被浏览器快速读取，同时也优化了页面打开速度。

第三，站内 + 站外链接策略。

站内链接有助于让站内页面实现互联互通，提升搜索引擎蜘蛛对网站的爬行索引效率，增强页面收录，同时也有利于权重值的传递。站外链接最主要的原则是数量与质量兼并，链接文字中尽量包含关键词，内容与网站主题相关，尽量保证外链来自真实的推荐等。最后要提醒一下，SEO 的见效周期在 3~6 个月，切不可指望瞬间见效。

（3）搜索引擎竞价（SEM）。

在搜索引擎端，除了需要进行 SEO 之外，SEM 由于具备看起来短平快、高 ROI 的特点，也成为了企业集客营销很重要的选择。可能你会诧异为什么说"看起来"？

第一，SEM 并非短平快。虽然 SEM 确实有投放就有注册的效果，但是，营销的目标是为了成单，低客单价的产品很少投放 SEM，就高客单价的行业而言，注册仅是进入了市场漏斗的第一步，从找到正确的投放词汇、匹配合适的创意文案、匹配正确的落地页，到注册进来后应该用什么销售话术、推荐产品等，这个过程短则 3 个月，大则 6 个月，笔者身边有很多刚出道的 CMO，他们认为 SEM 很快，这真的是个很大的误解，误解了 SEM 终究是为成单而生。

第二，SEM 容易有瓶颈。致趣百川的用户们常常爱将 SEM 比喻为养鱼的鱼池，这个鱼池是有限的，当增加 SEM 的预算并不会带来新的业绩增长时，就要好好考虑是否遇到瓶颈了，当遇到瓶颈时就要增加第三种集客营销方式，去打开市场漏斗中的 AIDAS 中的认知（awareness）与兴趣（interests）部分。

第三，SEM 的重要性到底有多大是值得思考的。前面的市场营销工作做了很多，就像用户知道沃尔玛在哪儿了，然后决定去购物，等到了大概地点后，询问旁边的保安沃尔玛在哪儿，保安说往前 100 米左转即可，大家觉得这个用户是这个保安的业绩吗？显然不是，但很多时候 SEM 就是起着这样的作用。所以营销很有意思的部分就在于要懂得搭配使用各种营销手段来最大化市场漏斗。

提醒完了，那如何通过 SEM 实现更好的集客及转化？

首先，设计合理的账户。

① 账户结构。通常来说，一个企业的 SEM 账户结构包括以下 4 种：品牌词、产品词、通用词和竞品词。以前经常讲人群词，但从近几年开始，人群词由于转化率偏低，已经提得比较少了。

> 品牌词：公司名称、专属产品名称等。
> 产品词：产品类型名称。
> 通用词：行业内模糊搜索关键词，比产品词的范围更大一些。
> 竞品词：竞争对手的品牌词。

② USP（unique selling proposition，独特的销售主张）。市场人员所说的 USP，其实简单来说，也就是核心卖点的提炼，表示产品独特的销售主张或独特的卖点。USP 策略以商品分析为基础，并以广告商品在功能上有明显差异为前提进行广告传播的策划。这就要求 SEM 人员了解行业以及产品。

为了更好地把握核心卖点，SEM 人员需要多问，问网络，问同事，当然最有效的方式是问目标人群，了解目标人群的需求点，标签化人群，匹配投放渠道及关键词。在工具方面，可参考百度指数、百度司南、艾瑞报告。

③投放策略。投放策略主要包括预算分配、推广时段选择、推广地域确定、推广设备确定。

> 预算分配：针对不同的单元，分配不同的预算。
> 推广时段选择：根据时段的转化率，进行时段设置，也可选择同行投入比较少的时段来加大推广力度，制定更为精细化的推广策略。
> 推广地域选择：对于在多个地区推广的账户，可以根据同行的投放情况来做差异化的调整，例如分地域推广，再根据不同地区的竞争情况，按照地域错开设置投放计划。
> 推广设备选择：如今无线市场进一步扩大，针对行业用户的活跃程度，在 PC 端及手机端的投放可以单独进行。

其次，搭建账户。

①拓词。一般来说，根据本行业的核心关键词，搭配百度关键词规划师，进行关键词的拓展即可。但是有的行业面可能涉及范围比较窄，关键词规划师无法给到足够词量的时候，还需要搭配百度下拉及相关搜索进行拓展。

②创意撰写。针对不同的计划单元，提炼核心卖点，除了常见的普通创意外，还包含高级样式、闪投样式及其他样式。

最后，SEM 和 SEO 二者该如何进行互补？ SEO 针对行业词、长尾词、品牌词来布局，SEM 针对核心词、品牌词来布局；SEM 中单价较高的关键词，通过 SEO 优化来降低成本；竞争激烈的关键词、品牌词、行业词、产品词要做 SEM。

2. 转化：潜在用户转化线索

潜在用户进入官网及公众号之后，企业需要引导潜在用户留下线索，按照场景，分别对应官网集客和公众号集客，但在笔者看来，其实这两种方式实为一种。

核心逻辑就是要给予用户注册的理由。很多公共账号阅读量还行，但是注册量上不去，核心逻辑就是公共账号没有提供合理的内容层次，一般来说，在高客单价行业，最容易让用户注册的理由是如在线会议、视频、电子书、案例等看起来比图文更深一层的内容，而且注册量 / 图文阅读量要大于 3%~4% 才会比较合理，而官网的注册率在 5%~6% 比较合理，因为官网是在漏斗的更后端。关于微信服务号与官网的整体内容资产建设，建议还要有两条渠道统一的数据汇总，这就是 SCRM 后台的作用，即通过 SCRM 将多渠道数据统一打通。

3. 成交：线索转化成单

营销自动化不仅能降低运营成本，更能有效提升转化率。集客营销在国外已经被证明是一个系统有效的营销策略，但这也意味着大量而烦琐的工作任务量。通过集客表单（官网 / 社交媒体），企业实现将流量转换成销售线索，而下一步就是把销售线索转化成真正的销售订单，如图 3-13、图 3-14 所示。销售人员在执行过程中需要付出很多的精力，营销自动化与智能化可能是帮助高效执行这些费力任务并解放双手的最佳方法之一。

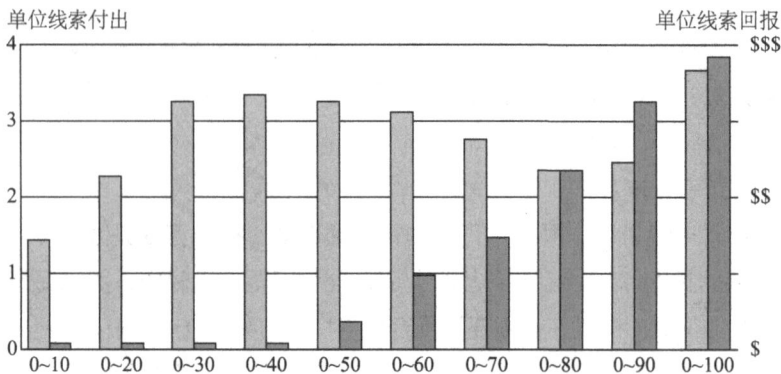

图 3-13　线索转化成单 1

单位线索付出

单位线索回报

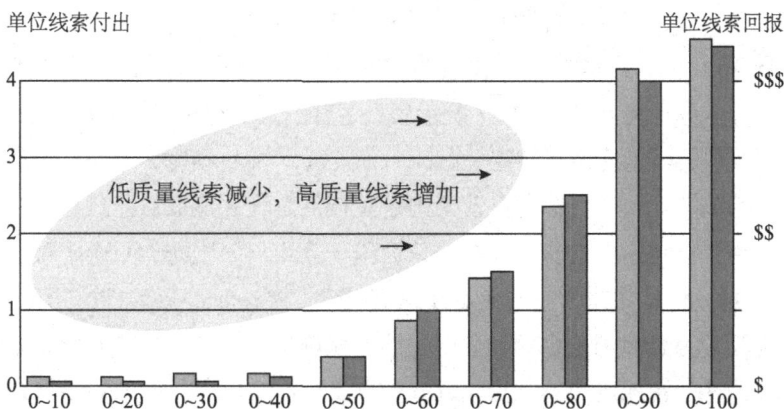

低质量线索减少，高质量线索增加

$$$

$$

$

0~10　0~20　0~30　0~40　0~50　0~60　0~70　0~80　0~90　0~100

图 3-14　线索转化成单 2

过去，面对大量的市场线索我们统一分配精力，但这从销售产出的角度来看其实并不合理——营销部应该将精力分配在质量更高的线索上，从而实现更好的转化结果。现在，营销自动化就可帮助企业将所有线索按照线索打分规则进行打分，形成潜在用户的商机列表，同时跟进每个用户的行为记录进行打分，比如报名参加某场线下活动可进行加分处理，而对未提供企业工作邮箱的用户进行减分处理，企业可根据自己的行业或者需求设置打分规则。系统根据线索的不同分值阶段，进入不同商机培育阶段。

对于已成熟的线索，则自动转出由销售进行跟进。在不同的线索阶段销售或电销人员与用户之间通过电子邮件、短信、电话等方式互动，这些互动记录需要有序管理，这能大大降低人工运营成本，并提升线索转化率。对于企业来说，开展集客营销，除了通过渠道加强企业数字内容的生成、展示与优化外，更重要的是调整企业现在的营销思路，并且要通过工具或者产品去解决企业所面临的问题。正如 Hubspot 联合创始人 Dharmesh Shah 所说，集客营销是否成功，并不取决于资金的多少，更多的是在于头脑的容量。

精准获客：目标客户营销，精准捕获想要的 TA

目标客户营销（account-based marketing，ABM），又称基于用户营销或账户营销，是指把目标用户的特征定位以及联系方式等信息的获取放在整个流程的首位，之后，使用内容营销等手段来与这些更精准的潜在用户进行互动。Jon Miller 将目标客户营销目标比喻为" fishing with spears，not net（用鱼叉来捕鱼，而不是撒网），"图 3-15 所示为目标客户营销与一般获客营销的区别。

比较典型的需求挖掘，往往是撒开一张大网，将打捞物筛干净，才能找到你想要的那条"鱼"。目标客户营销则是直接用鱼叉去插取目标对象。目标客户营销适用于指定用户的营销，并非只适用于大用户，比如你知道要拿下化妆品 TOP 100 的用户、河南省制造业 TOP 50 的用户、财务 SaaS 公司 TOP 10 的用户、A 轮融资前后的 B2B 创业企业，你一开始就先确定了目标，只瞄准你想要的那些"鱼"，这种目标明确的方法极具商业意义。这实际上与标准的集客营销转化漏斗路径是相反的。

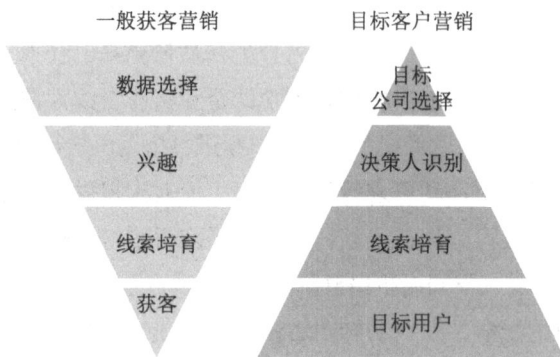

图 3-15 目标客户营销与一般获客营销的区别

目标客户营销的支持者，Terminus 公司的联合创始人兼 CMO Sangram Vajre 甚至提出了"Flip My Funnel（翻转漏斗）"的口号，认为营销自动化的目标应该更聚焦在最有价值的潜在用户身上。B2B 营销追求定位目标用户和个性化互动，正是目标客户营销所强调的：第一，营销和销售职能的协调围绕用户定位这一共同目标开展；第二，个性化互动必不可少。其中，目标客户营销中的用户即指企业，目标客户营销是针对企业用户水平的整体分析和营销，而不仅是针对具体的联系人。

如何实施目标客户营销策略？

实施目标客户营销策略主要有 3 步：第一步，目标用户的特征确认和信息获取；第二步，个性化精准内容触达，制作能够促进目标用户参与度的内容；第三步，收益回报衡量，如图 3-16 所示。

目标客户营销实时策略		
用户特征确认和信息获取	精准内容触达	收益回报衡量
明确目标用户（公司） 确定有决策权的角色 洞悉公司和决策人需求 明确获客场景，精准叉鱼	谁来说：内容生产者 对谁说：内容接受者 说什么：内容 通过什么渠道：渠道	影响 覆盖度 知名度 触达 参与度

图 3-16　目标客户营销策略

1. 目标用户的特征确认和信息获取

目标用户特征的确认和信息获取，是目标客户营销策略中连接销售目标与营销活动最核心的步骤。根据数据选择和识别关键用户，在数据基础上，获得对潜在目标用户的深入洞察，为下一步的沟通制定有效策略。这具体要分 4 步完成：第一步，明确目标用户（公司）；第二步，确定有决策权的角色；第三步，洞悉公司和决策人两个方面的需求；第四步，明确获客场景，精准叉鱼。

（1）明确目标用户：用户的选择和优先级的确定。

目标用户的选择范围广，在定义目标用户时，先思考以下这些问题。

> 过去我们最好的销售业绩来源是什么？
>
> 哪种用户对公司来说最具盈利潜力？
>
> 应该排除哪些特征的用户？
>
> 我们当前与哪些子行业合作？
>
> 哪些特征最能预示销售的成功？
>
> 哪些因素与我们的产品最为契合？
>
> 哪些类型的用户最利于我们发挥自己的独特优势？
>
> 我们在哪些用户中已经占有优势？
>
> 哪些用户最具价值（包括战略价值）？

（2）确定能够影响采购决策的角色或部门。

目标客户营销的对象，并不是公司，而是其中涉及的人。采购决策的角色或部门，是指目标公司中所有可能参与购买决策的具体员工，需要确定应该关注目标公司里的哪些人，要知道谁是这家公司的决策者和影响者。要注意的是，B2B 营销面对的是用户中的"岗位"，而非具体的"人"，这一点在每年人员流动率超过 30% 的中国尤为明显。

第一，确认采购决策链上的核心职位。需要结合调研和行业专家的输入，找到采购决策链中正确的部门和有决策权的正确职位。需要提醒的是，不同级别的职位有不同的审批权，级别高的联系人的营销价值，不一定优于级别低的联系人。在确定这些核心职位后，可以把已掌握的联系人数据匹配进去，了解已有联系人数据的价值，作为后期数据清理的优先级，同时，也能知道缺失的重要职位联系人数据，通过外部采购进行补充。

第二，职位标准化标签的建立。不同行业的同一职权，往往有不同的称谓，以 CIO 为例，首席信息官、信息中心主任、科技处处长、信息化工作办公室主任、IT 部总经理在企业采购决策链中的作用和营销价值是与 CIO 一致的。为不同的联系人打上的标签同样需要结合调研或者行业专家的输入，了解这些关键角色在不同行业的称谓，比如上文提到的不同行业的 CIO 称谓。

第三，通过行为解构，形成完整的用户画像，明确职位信息。在网络环境下，行为往往能够反映背后的动机。致趣百川 SCRM 通过解构用户行为来回溯行为背后的动机。行为标签 + 职位标签能形成更加立体的目标用户画像。致趣百川 SCRM 系统在重点节点给粉丝贴上多样标签，如性别、年龄、城市、关注时间、来访次数、沟通次数、关注什么产品等，可利用这些行为，不断完善用户画像。

（3）洞察公司和决策人 2 个维度的需求。

洞察公司和决策人两个维度的需求，可以通过以下 4 个步骤进行。第一步，从一组已经确定的目标用户名单开始。在一组圈定的用户企业名单基础上，收集更多关于这些用户的外部数据和信息，形成深入洞察，然后制定后续更个性化的互动和营销策略。第二步，扩大范围，寻找与目标用户相似的潜在线索。当企业对自己的理想目标用户属性 (ICP, ideal customer profile) 有了比较完善的理解后，比如成交用户公司的规模行业特征、购买决策人的职位特征等，就可以通过数据供应商匹配出更多具有相似特征的潜在用户线索。第三步，行为数据识别用户购买意向。加入潜在用户联系人的行为数据来判断其购买意向，比如搜索关键词、社交媒体互动、网站访问行为、内容浏览数据等。同时也可以根据成交用户的历史数据分析目标用户的行为特征，从而通过数字行为识别出更多可能的潜在线索。第四步，机器学习和预测型分析技术。数据积累非常完备的企业，可以尝试目前最高级和复杂的预测型分析产品，来确定和拓展自己的理想潜在用户池。

（4）明确获客场景，精准叉鱼。

触点即场景，能够接触到用户点的都有可能成为获客的场景。在中国最有效的触达渠道是微信，但不应该仅局限于微信，还要能够与官网、邮件、表单、二维码、线下活动等多种触达渠道打通。

在众多场景中，能够精准获客的场景一般有两种：一种是自带精准属性，如提前知悉用户信息的行业赞助会议。另一种是通过营销自动化，在关键时期，精准识别目标用户。在这两种情形下，该如何找到目标用户？

场景一：行业赞助会议精准获客。行业赞助会议，在会前一般会明确知道到会的用户情况，目标用户明确后，便可进行精准捕鱼：如演讲 PPT ／优质报告，引出注册表单，并触发智能邮件。在做会议时，也许听众不会那么认真听演讲，但一定有想要演讲 PPT 的刚需，此时就可以利用这个用户习惯，为现场的用户提供可以下载的优质报告或演讲 PPT，从而让用户扫描已准备好的二维码，填写表单提供邮箱等信息，而这时，致趣百川系统可以自动触发一封提前设置好的电子邮件给用户，电子邮件内给用户提供文档的下载链接。这样不仅可以将现场所有用户引流到企业自身的微信公共账号上，还可以在 SCRM 营销自动化的支持下，产生并开始线索培育工作，判断这场行业会议获取的精准用户什么时候值得被转出与适当跟进。

场景二：全渠道线索打分，即刻识别大鱼。潜在用户从刚刚进入销售通道到完全成为付费用户的这段时间内，平均会收到 5~10 次接触机会，这可能发生在官网、邮件、微信、会议活动等，甚至可能是看了公司销售的朋友圈的某篇文章。能否抓住转瞬即逝的机会，尤为重要。致趣百川提供的自动化营销工具，可追踪用户全渠道的线上线下行为及传播路径，自动推进潜在用户的市场漏斗层次，不间断进行用户行为预测，自动触发有针对性的营销动作，当大鱼出现时，能够即刻反应，不让大鱼溜走。

2. 个性化精准内容触达

在采购决策链上的各个角色有不同的痛点，如果营销只是一味介绍产品本身的优势并不能打动所有的角色，B2B 营销如果有针对性，将更能打动用户。

使用方：介绍产品简单好用。

实施和维护方：介绍产品易于维护，故障率低。

财务方：介绍价格优势（低价）或者长期保值（高价）。

决策方：介绍行业案例或者企业战略上的作用。

为特定的用户设计制作个性化的沟通内容，并在正确的营销和销售场景中触达用户，具体可从以下 4 个方面着手：谁来说（内容生产者）、对谁说（内容接受者）、说什么（内容）、通过什么渠道（渠道）。

（1）谁来说：营销团队与销售团队紧密配合。

营销团队要与销售团队紧密配合，不仅负责初步接触潜在用户，也要负责将其转化为销售机会。双方要不断深化关系，及时互动。为此，需要汇总所能收集到的关于每个用户的所有洞见和信息，可涵盖以下内容：用户概述以及采购委员会每位成员的角色概述；目标用户和企业之间最新的互动情况；独特的价值主张和相关的内容，包括使用内容的时机和对象，比如你必须能够到营销部去询问企业那边现在有没有我们需要响应的问题，营销部需要给出令人满意的答复。同样，销售部也必须能够回答传统的营销问题，比如我们要使用哪些内容？我们下一次活动是什么？我们如何能与这个品牌不同级别的人员互动？

（2）对谁说：横向和纵向 2 个维度触达目标用户。

视行业不同，一个公司中除了主要的采购部门以外，还有 3.1~4.6 个其他部门能够影响购买流程。营销人员和销售人员需要教育的对象要包括横向和纵向 2 个维度：横向的影响者，在早期，采用普遍策略；纵向的决策者，在后期，采用针对性策略。要先在目标用户公司引起广泛关注，因为一开始还不知道究竟哪些人能够影响交易。之后再投入更多资源，主攻关键人员。可以在购买周期的早期阶段采取普遍策略，在后期阶段采取更有针对性的策略，进而触达整个购买周期中的各位影响者。

（3）说什么：根据用户需求和特征生产个性化内容。

生产有说服力的互动内容，为用户采购委员会中的成员带来价值，同时提出一些将这些利益相关者凝聚在一起的关键战略性业务提议。

第一，重新构建现有内容。重新构建现有内容，是大规模创建个性化内容的好方法。首先，重新审视内容库，将内容归类、整理，使内容更加系统，在遇到问题时，可以随时提取相关内容，整理加工即可个性化使用。其次，增加行业内容，以行业切入。同行业的用户会有共性问题，在内容生产时，可以针对共性问题，深入调研，生产行业权威内容，再由面到点，与具体的公司进行沟通。

第二，创建适合目标账号的新内容。一方面，应考虑创建适合关键账户和其他个人的新内容；另一方面，发布了内容之后，还需要根据目标用户的变化，进行内容迭代。不管是内容的迭代还是新内容的生产，都要密切关注数据波动，明确以下问题。

> 为什么有的内容吸引了用户的关注？
>
> 为什么有的内容不受用户关注？
>
> 哪些渠道带来的流量是最多的？
>
> 哪些渠道的效果不太理想？怎样针对这个渠道的用户调整内容？

然后向着有效的方向进行迭代。迭代的工作做多了，自然能够整理出一套最佳模板，也能为后续的重复工作省下很多时间。

（4）通过什么渠道说：渠道互动。

渠道互动不能忽视数字化媒体，更要重视全渠道获客的力量，特别是员工和用户的传播力。

一方面，数字化媒体渠道不可忽视。2017 年，48% 的营销人会增加数字化媒体的预算。其中，付费媒体预算占 51%，社交媒体占 50%，自然搜索占 43%，如图 3-17 所示。在制作和发布各种内容时，一定不要忽略社交媒体的力量。领英的研究表明，社交媒体贯穿购买过程的各个环节，包括从初步了解到筛选，再到实施。

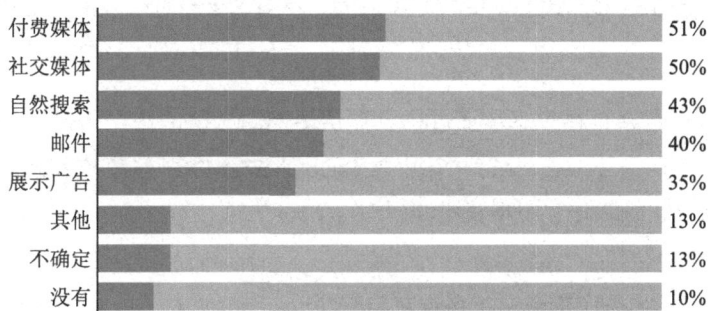

付费媒体	51%
社交媒体	50%
自然搜索	43%
邮件	40%
展示广告	35%
其他	13%
不确定	13%
没有	10%

图 3-17　营销人会增加数字化媒体预算的比例

资料来源：《2017 年 B2B 数字营销报告》

通过社交平台获客，要避开这些雷区：第一，不要让你的行为打扰到用户。每次互动都需要体现你的价值。想想对方有可能会需要什么帮助或建议？找到这些点，把你的解决方案告诉对方。要从对方的角度出发，给用户想要的，如此建立联系会顺利得多；第二，粉丝数不是唯一的衡量指标。

关注者的数量与新用户转化没有绝对关系。即使你有 10 万粉丝，也不一定会有 1 000 个新用户。然而重要的是，你和这 10 万粉丝的互动，会让所有围观者对你的品牌产生新的感知，这会促进新用户产生。

另一方面，要重视全渠道获客的力量。随着社交端用户的不断增加，能否全线布局社交端，直接关系到获客的效果。同时，除了社交平台，致趣百川也把百度、线下办会、官网、员工、用户等渠道接入到产品中，打通全渠道，助力获客成功。触点即渠道，万物皆媒体。在全渠道获客时，要重视用户和员工的重要性。第一，将用户变成传播的使者。以苹果为例，每当有新的 iPhone 上市时，我们都无法忽略那些彻夜在苹果店外排队的粉丝们，即使这版苹果只是在去年旧款 iPhone 的基础上做出了一些小小的改进。可以肯定的是，他们不是为了一部手机等在那儿的，他们是站在那里表达自己对苹果的支持，就像球迷在钟爱的球队比赛前会身着球队的队服一样。苹果手机的粉丝们不认为自己是用户，他们更认为自己是传播的使者。第二，员工的能量超乎想象。员工则是接触到目标用户的最佳途径。这可以从两个层面来理解。一是在美国，根据领英的一项研究，如今的年轻员工在毕业后头 10 年里平均会换 4 次工作，不过不一定是改行。对于在同行业辗转的员工，自己的人际关系中也或多或少会有公司的潜在用户。如公司销售人员将公司准备钓鱼饵料的内容转到朋友圈时，自己朋友圈的潜在用户则可能注册并经市场部逐步培养成为市场合格的线索。二是员工自带企业的信任背书，更可信、可靠，更有助于打造企业的专业形象。

3. 衡量影响

目标客户营销，在于不断通过一系列活动推动高价值账户的转化。通常其效果的测量评估需要依赖一系列指标。Engagio 的 Jon Miller 推荐了影响、覆盖度、知名度、触达、参与度 5 个衡量指标。

（1）影响。

营销计划的价值（通常使用多点归因方法论，通过所创建的销售渠道来衡量）是什么？通过分析在营销周期瀑布流程中各个阶段的影响，衡量营销计划对新销售机会和营收的总体影响。图 3-18 所示为营销周期瀑布流程。

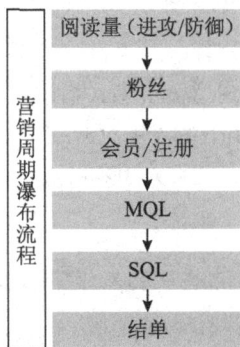

图 3-18　营销周期瀑布流程

以一篇微信图文的影响为例，真正的内容营销的价值总和 = 阅读量价值 + 粉丝价值 + 会员价值 + MQL 价值 + SQL 价值 + 签单价值。

阅读量：分为进攻型与防御型两种，进攻型阅读主要以新增粉丝 / 潜在用户为目的，防御型阅读则是为了增强现有粉丝 / 潜在用户的信任度。阅读量价值 = 粉丝数 / 阅读量 ×（阅读量 − 粉丝数）+ 防御性价值。

粉丝：阅读吸引，成为微信粉丝。可以把粉丝价值折算为会员价值的 30%，粉丝价值 = 会员价值 ×30%。

会员 / 注册：粉丝进阶，注册成为会员，留下联系方式。单会员价值按照今日头条的注册计算，即 70 元 / 人，会员价值 = 会员个数 ×70。

市场认可线索 MQL：计算方式为 MQL 转为 SQL 的概率 ×SQL 的价值。

销售认可线索 SQL：市场部输出 MQL 后，销售部会跟进并确认其中靠谱的线索作为 SQL，SQL=SQL 的成单概率 × 平均客单价 / 合同额得到。

签单价值：当内容所产生的线索最后被监控到签单后，那么这个成单金额本身将直接成为这篇内容的产出。

具体的计算方式，参考本书第二章第六节"内容效果评估及优化"。

（2）覆盖度。

是否知道一个用户中正确的目标对象是谁？ 企业的资源是有限的，企业服务要对准有购买力的需求，也即目标用户 = 需求 + 购买力 + 企业服务对象。在不同行业，有决策权的目标对象有所不同，比如零售行业可能是 CMO，证券行业就是 CTO，教育行业就是分区的校长。

（3）知名度。

在所有的目标用户中，有多少目标用户知道我们的公司和品牌？例如，可以通过你的网站流量来衡量这一指标。知名度作为品牌资产的一部分，可以为用户和企业都创造价值。一是为用户增值价值，帮助用户理解、处理并存储大量的产品信息和品牌信息，同时影响用户再次购买产品时的信心。二是为企业创造价值，一方面提高营销效果，吸引新用户，夺回老用户，另一方面提高忠诚度。

（4）触达。

假设你举办一场活动，出席活动的人当中有多少人是目标用户中应该关注的人群？线下活动由于时间有限，不易把控。致趣百川建议，将线下转移到线上，通过在线直播SCRM营销自动化，可以明确知道是谁参加了活动、累计观看时长、除参加直播外是否有点击菜单等行为，可以更精准地了解对方是否是目标用户中应该关注的人群。

（5）参与度。

潜在用户花了多少时间浏览我们的网站，或参加我们的在线研讨会，或出席我们的活动？某个用户总体的参与度如何（如网站流量、在线互动、出席活动人数等）？

什么样的企业适合目标客户营销？

目标客户营销策略的应用对象，已经不再局限于大型企业用户。其中77%为指定用户，58%为大型用户，48%垂直用户，39%基于细分市场的用户，如图3-19所示。具体是否合适，可以参考目标客户营销的优势和缺点，扬长避短，有所取舍。目标客户营销的五大重要优势：明确的ROI、减少资源浪费、个人化和最佳化、明确的跟踪目标和效果测量、让营销与销售更紧密。

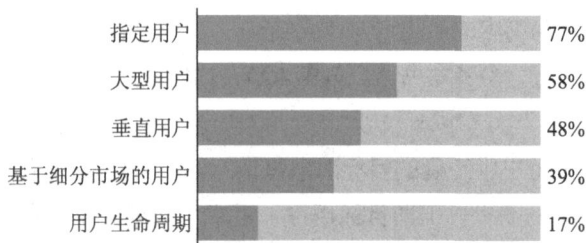

指定用户 77%
大型用户 58%
垂直用户 48%
基于细分市场的用户 39%
用户生命周期 17%

图3-19　现有的基于目标用户的营销分布

资料来源：领英官网

（1）明确的 ROI。

有效的目标客户营销能驱动清晰的业务结果。2014 年 ITSMA 目标客户营销的调查发现，"目标客户营销是投资回报最高的 B2B 营销策略"。对于用户营销、翻转漏斗而言，需要有明确的指标，如周期、成员、交互形式、交易目标，同时 ABM 涉及整个公司到最高管理者的程序，有助于维系终身价值高的用户。

（2）减少资源浪费。

明确重要联系人和决策人后，在其产生需求前，就直接提供相应内容。举例来说，当一个人渴了，但是还没有意识到要喝水，目标客户营销就已经提供了一瓶水给他，先于他的困惑提出了解决方案，减少了资源浪费，提高了效率。因为目标客户营销具有高度针对性，营销人在整个决策过程中，有效集中资源，专门为目标用户定制优化的营销计划，有利于节约资源。

（3）个人化和最佳化。

因为目标客户营销本质上具有私人化、个人化的特点，目标客户营销活动也将自动优化送达到正确用户。目标客户营销不仅高度匹配销售营销努力和特定用户，也需要个性化消息传递并与特定用户进行沟通，从而使营销活动与目标用户产生共鸣。

（4）明确的跟踪目标和效果测量。

无论是电子邮件、广告、网站还是活动，当你分析活动的有效性时，更容易得出明确的结论，因为运用目标客户营销，追踪和测量的是一组相对确定或较小的目标账户，而不是横跨数据库的一组庞大的数据和分析指标。

（5）让营销与销售更紧密。

目标客户营销可能是保持销售和营销一致性的最有效的方法之一。39% 的销售和营销主管表示，缺乏目标用户的相关数据是他们所面临的最大挑战之一。ITSMA 研究表明，有了目标客户营销的策略后，营销团队成了用户团队的一部分。营销和销售团队就如何锁定并赢得目标用户达成一致之后，各自的工作效率也会提高。

这主要是由目标客户营销的思路决定的：以目标用户为基础依据，定位目标账户，针对他们进行营销，然后产生收入。这是一种非常类似于销售思路的方法。销售人员以账户为依据来衡量各种成功。营销人员不仅与销售人员处于同一营销基础中，且可以与销售人员进行更加紧密的合作，以识别和确定用户，以及在整个销售过程中追随用户。

获客落地：营销自动化助力线上、线下落地

无论是集客营销还是目标客户营销，具体实施时，都需要具体到线上和线下的落地方式，这离不开营销自动化（MAT，marketing automation）。营销自动化旨在充分利用时间和资源，高效开启企业组织的全部潜力。作为一体化执行、管理和完成营销任务和流程的工具，营销自动化能自动匹配集客营销和目标客户营销策略，具体到线上和线下的落地方式，可以高效获客，如图 3-20 所示。

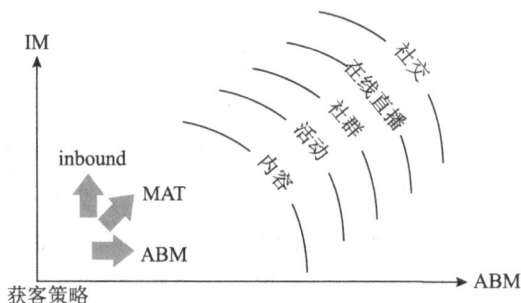

图 3-20　获客策略

线上主要用于提升效率，线下则主要用于提升效果。线上内容营销为用户提供价值，并让自己的产品、服务、内容的价值不断升值，用户就会不请自来。内容营销比传统营销能节省 62% 的费用，并带来 3 倍以上的效果；线下活动是 B2B 企业进行营销和获取销售线索的重要渠道之一。线上线下的打通，可以通过在线直播和社群运营来实现。对中国高客单价企业而言，微信是不可忽视的重要渠道。其中，可主要考虑四大元素：直播、会销、社群、微信。可进行不同的组合：线下会销，同步线上直播，扩大用户影响面；纯线上直播，依托线上社群，扩大影响；微信留存，实现数据分析，线索培育。

线上：内容营销

内容营销比传统营销节省了 62% 的费用，并带来 3 倍以上的效果。随着用户沟通"战线"越来越长，内容营销已成为 B2B 企业市场标配。在如今这个"内容为王"的时代，对内容营销而言，不管其目的是增强用户参与度、提升品牌认知度还是促成转化，都包含一个原则：每个页面的内容都有一个目的——把

用户引向下一个页面。内容需要有能够引导用户进行下一步行动的能力，即所谓的 CTA，简而言之，即站点与站点之间互相引导，层层深入。另外，也要让每个页面的内容都发挥作用，即能够对用户进行引导。

内容营销绝不是随便撰写一些内容素材就能草草了事，而是要有一套方法论。若想要达成最终目标，制定一套轻量版的"战略地图"是前提，对用户的精准定向贯穿始终，加上数据驱动、SEO、内容评估，并对内容进行多元渠道的分发，这样就需要明确的内容营销策略。

1. 明确的内容营销策略

明确的内容策略能够更好地为营销服务。2018 年，北美 B2B 企业内容营销成功的关键在于明确策略（占 72%）下的内容生产（占 78%）和内容传播（占 50%），如图 3-21 所示。一方面，成文的策略能够明确用户在不同生命周期下所需的内容，进而生产相应内容，并进行传播。另一方面，相较于提出新的东西，改变已存在的东西会更容易。一份成文的内容营销策略既容易引起高层管理者的重视，也方便与其他业务部门建立合作。

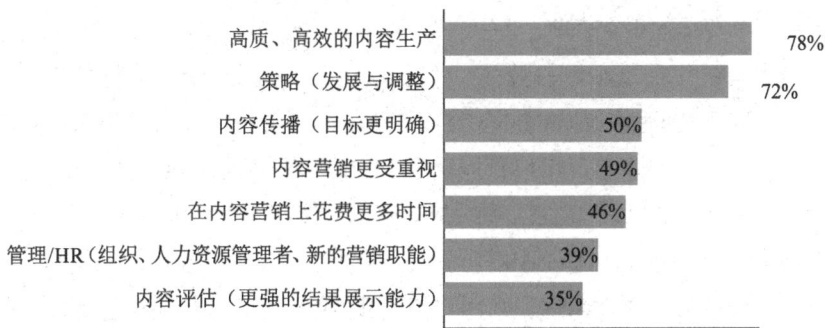

图 3-21　B2B 企业内容营销成功因素

资料来源：《B2B 内容营销：2018 年基准、预算及趋向（北美）》（致趣百川解读版）

在 12 个月内没有制定策略的原因中，团队规模小（占 67%）和没有时间（占 44%）成为主要原因，也包括"没有获得高层的支持"及"部门之间缺乏凝聚力和协作性"。如何高性价比地制定内容营销策略成为了刚需。在制定内容营销策略时，可以建立用户类型、用户购买旅程、内容类型的三维度象限图，动态地看待内容营销，与后期的生产、传播、测量相呼应。关于内容营销策略的详细内容，可以参考第二章第一节"内容规划的 3 个维度"。

2. 内容获客

内容获客，是内容营销团队证明自己价值、争取更多预算不可忽视的环节。内容获客不仅要获取新用户，也要从已有用户中挖掘高价值用户。

（1）为什么做内容可以帮助获得新用户？

第一，大量的优质文章会生成大量关键词，在搜索时更容易实现品牌曝光，助力 SEO 策略。

第二，做内容是件厚积薄发的事。文章积累得越多，就越有机会抓住用户。

第三，内容是一种用户教育，了解你产品的人会更愿意使用你的产品或服务。

第四，如果是个人创作内容（通常是创始人本人），可以把这个人推到思想领袖的位置，而比起一个普通人做的产品或服务，人们更倾向于选择一个"业界权威"的产品或服务。

第五，好的内容经得起传播，传播越广，新用户上门的机会越大。

（2）如何通过优质内容传播累计销售机会？

基本流程是通过微信文章分享报告精彩内容，吸引潜在用户下载文档。下载时弹出一个简单的集客表单，让用户留下联系信息（电子邮箱、公司信息等），从而利用这些联系方式继续进行营销内容推送和销售跟进，最终实现转化。

第一，准备有吸引力的 PDF 文档，用优质内容换取用户信任和联系方式。

第二，建立注册表单。用户扫描识别二维码，即可跳转至注册表单，填写联系信息，提交后才能下载内容。下载的内容可上传至致趣百川系统"文件管理"中，自动生成一个链接，粘贴到电子邮件、页面中，点击即可下载打开文件。

第三，设置自动触发邮件。当用户填写集客表单提交时，系统就会自动发送一封电子邮件至用户邮箱，用户点击电子邮件中的链接即可打开、下载文档。自动触发的邮件中，除了为用户提供文档的下载地址，也可以利用这个机会在电子邮件中提供更多其他的企业信息，比如官网地址、企业介绍、产品方案介绍链接等，不浪费每一个可能转化潜在用户的机会。

第四，积累潜在用户数据，进行后续培育转化。通过内容收集沉淀的潜在用户联系方式，可以加入到企业定期的邮件通信中，持续进行沟通培育和转化。

线下：活动

B2B 企业的线下活动营销预算占比高达 14%，认为线下活动很重要的，占比高达 79%。

但如图 3-22 所示，线索转化成单的比率，线下活动仅有 0.04%，相较于用户／员工推荐 3.63% 的转换率，官网 1.55% 的转化率，社交媒体 1.47% 的转化率，线下活动转化效果可以说差到令人震惊。线下活动 0.04% 的转化率，笔者认为并不是线下活动自身的问题，而是没有将线下活动用对地方，导致英雄无用武之地。

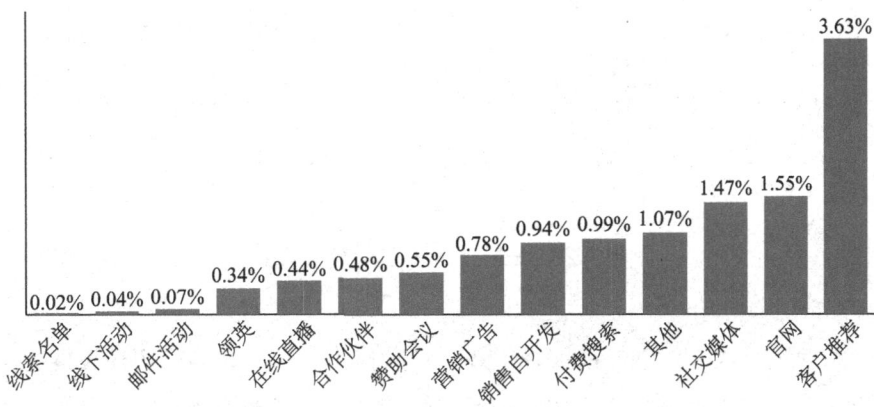

图 3-22　各种活动线索转化成单比率

资料来源：Salesforce 官网

常见的线下活动转化差的主要原因是没有设计好获客流程，而转化率高的线下活动往往可以循循善诱，让用户有不断深入市场漏斗的过程。不少用户参加致趣百川的活动时，用户常说是在微信、官网、对外赞助活动等地方看到致趣百川的内容觉得非常有深度，一开始也并没有立即产生购买动机，不过注册了致趣百川会员，持续地又收到在获客、SCRM 营销自动化、社交销售、社交营销的更多内容后，就报名了活动，这就是培育的力量。

转化低的线下活动获客流程的问题在于流程太短了——从获客直接到转化。转化高的线下活动获客流程：获客开口—SCRM 流量池—多触点线索培育（内容）—营销自动化线索打分—线下活动—转化。

为什么要这样设计营销获客流程呢？从图 3-23 可见，线下活动的线索，成单转化率虽然极低，但相对线索名单、邮件活动、赞助活动（如展会）、在线直播、销售自开发、付费搜索等市场渠道而言，其实具备更快的成单周期。

如果直接完成"从线下活动到转化"，效果极低。如果将线下活动，放在获客漏斗底端，起到加速作用，搭建如下获客瀑布流："获客开口—SCRM 流量池—多触点线索培育（内容）—营销自动化线索打分—线下活动—转化"，效果更好，是比较推荐的成单周期流程设置。

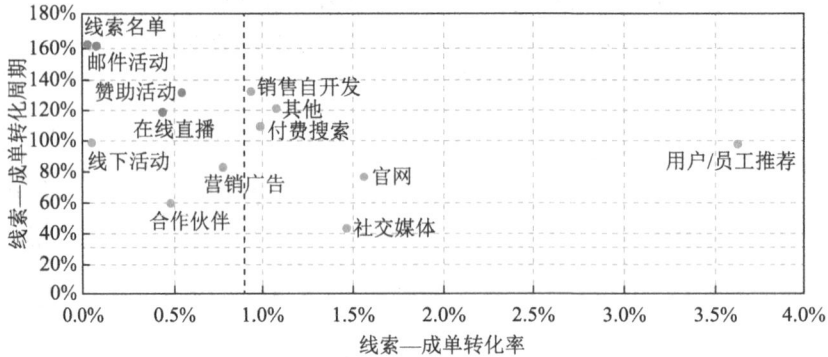

图 3-23 线索—成单转化率 / 转化周期

资料来源：Salesforce 官网

如何利用线下活动？那就是把线下活动作为加速其余转化周期较慢的渠道的方式，比如线索名单、邮件活动、赞助活动、在线直播、销售自己获得的线索、付费搜索等还未成交的线索等，而非用于第一次触点式的拉新。缩短其余开口渠道线索的转化周期，邀请更为成熟的线索到线下，创造公司销售与用户直接接触的机会，成交概率肯定会大很多。而如果总是把会议当作单纯拉新，线下活动会陷入非常尴尬的转化困境。那如何知道应该邀约哪些用户呢？这就是我们在下文会讲的通过致趣百川 SCRM 营销自动化构建企业自身流量 / 线索池。

另一方面，转化率平均线右边，线索最好的为用户 / 员工推荐、官网、社交媒体。能够实现加速效果的有两个：社交媒体具备最快的线索转化周期；用户 / 员工推荐是最好的用户线索来源。官网难以主动出击，是被动接受，所以实现加速有点困难。

1. 线下活动在获客瀑布流中的位置：转化型活动

（1）线下活动在获客瀑布流中的位置：转化型活动。

线下活动的主要作用在于去库存式转化，如图 3-24 所示，通过推进营销漏斗中的用户加速转化。对于转化型活动而言，会议到场人员已经是 SCRM 流量池培育线索，能够明确目标用户（公司），具体到有决策权的角色，通过流量池的内容培育，已经能够明确公司和决策人两个方面的需求，目标精准，准备充足，在线下活动中，面对面的交流更能激发需求，提高转化率。

开口型获客

↓

SCRM流量池

↓

多触点线索培育（内容）

↓

营销自动化线索打分

↓

线下活动（转化型活动）

↓

转化

图 3-24 线下活动在获客瀑布流中的位置

（2）开口型获客，通过线下活动进一步转化。

开口型获客（比如线索名单、邮件活动、赞助活动、在线直播、销售自己带来的线索、付费搜索等），可以通过转化型活动实现进一步转化。为了产生有趣的对比，以赞助会议为例，赞助会议的转化率为 0.55%，即 2 000 人的大会，最终成交 11 个用户。但是从转化上讲，可以提高的空间还很大，毕竟 99.45% 的用户都浪费了，大量浪费产生的原因在于没有将现场线索汇入流量池，只是当时感兴趣的企业会主动联系我们，但会议一结束就断掉了跟现场更多潜在用户保持连接、培育的机会。采用 SCRM 营销自动化，就可以将现场的用户尽可能多地保留在自己的流量 / 用户池中，实现持续的培育转化。后期通过自办线下活动，与 SCRM 营销自动化中线索打分较高的用户进行更深层次的交流，缩短成交周期，促进转化。

2. 线下活动的标配：团队作战 + 营销自动化

（1）活动要有效，需要团队作战。

活动作为"线索获取—线索培育—线索转化"的一环，不能孤立存在。

活动 + 内容：市场教育，通过内容打标签，明确用户感兴趣的活动主题。

活动 + 渠道：全渠道获客，汇集信息。

> 活动＋流量池：开口型获客带来用户，需要流量池承接；转化型活动，要将流量池去库存，高效转化。

（2）营销自动化决定转化型活动举办时间。

对于线下活动（转化型活动）而言，明确知道待转化用户的数量非常重要。用户数量达标，往往决定了转化型活动的时间、规模。如当知道待转化用户的数量达到 30 人时，便可开始转化会议。SCRM 流量池通过营销自动化打分，则可明确知道达标数量，从而及时反应，进行线下活动转化。如通过流量池线索自动打分，当达标线索满 25 人，即提醒可以开始准备线下活动，当达标线索满 30 人，便可以举行线下活动。而营销自动化，除了决定转化型活动举办时间，也为线下活动获客效果提升带来了新的方案。

3. 如何用营销自动化提高活动获客效果？

通过自动化营销，获客成本是传统方式的 38%；80% 的营销自动化用户发现潜在用户线索增加了，77% 发现转化率提高了；使用营销自动化后，营销人员的销售漏斗贡献率增加了 10%，如图 3-25 所示。

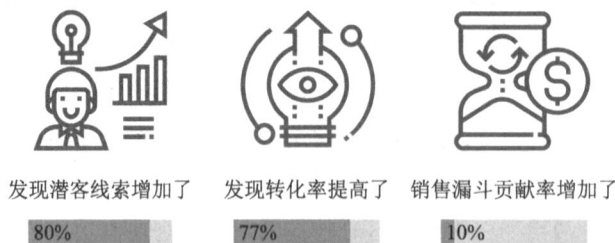

发现潜客线索增加了	发现转化率提高了	销售漏斗贡献率增加了
80%	77%	10%

图 3-25　营销自动化提高获客效果

资料来源：HubSpot 官网、VR Insight 官网、Forrester 官网

营销自动化在活动中如何发挥作用？对于一场活动而言，虽然有所侧重，但是往往承载着开口和转化两种作用。通过流量池打分，可以知道满足转化条件的有 60 人，按到会率 30% 计算，有 18 人。同时，对外招募到场约 10 人，加上临时到场 5 人，即最终到场人数为 33。而对于活动而言，真正需要面对的是参加活动的人，可以从参会用户的角色来看营销自动化在活动获客中的作用。线下活动用户主要有 4 种：第一种，自然流量，即会前推广带来用户。会前全渠道获客能打通全渠道数据，推广获客。第二种，不请自来的参会者，如朋友介绍，

或者未报名直接参加。第三种，去库存用户，即通过线索打分，有明确分值以及标签的潜在用户。第四种，报名但是临时不能来参加的潜在用户，可以通过线下活动＋在线直播来实现参与。

（1）自然流量：会前推广带来用户。

自然流量的获取，可以分两步进行：第一步，全渠道推广，获取大量流量；第二步，打通全渠道。

第一步，全渠道获客，广获流量。从图 3-26 可知，国外常用的传播渠道主要包括邮件、口碑、官网和社交媒体，对应到中国，邮件和社交媒体可以同步为微信服务号，口碑则可以通过"全员营销"来实现。

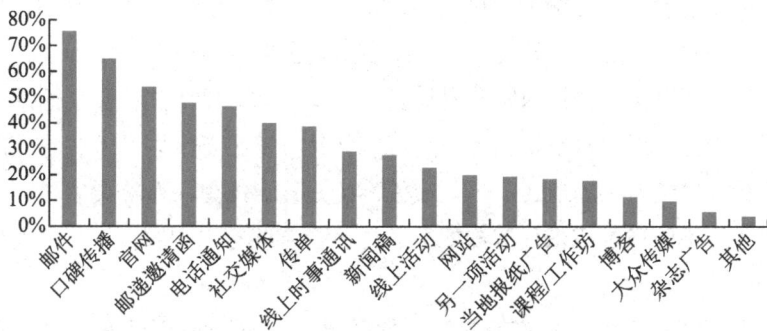

图 3-26　常用的推广手段排名

资料来源：《卓越事件营销统计》

第一，通过微信服务号给活动造势。在订阅号或服务号提前推送活动预热的宣传图文。提前推送一篇详细有趣的活动图文，最好是用有趣生动、真心实意的口吻去向用户介绍活动内容，让用户知道为什么这次活动值得参加。如果图文做得有创意，也许还能带来用户的自发分享。

第二，官网站内推广。利用产品官网来推广活动，在站内最显眼的地方，或者在用户最关注的板块添加活动引导信息，这样能够最快速地吸引用户关注活动。可以将近期首推的活动做一个横幅图放在首页，或者直接把活动内容板块放在首页轮播图。除此之外，还可以在官网挂上你的微信公众号二维码图片，用户除了可以了解微信号内容以外，在扫了二维码关注之后，还可以立即收到自动回复的活动推荐，一举两得。

第三，全员营销。Forrester 调研发现，品牌自我发声只有 20% 的用户相信，相反，72% 的用户相信朋友和家人的推荐。口碑成为了传播渠道天然的放大器。

> 员工宣传：公司天然宣传部。
>
> 行业好友宣传：建议选行业内有些影响力和话语权的好友。
>
> 报名用户宣传：一般来说，用户的社交圈子是比较一致的，让报名用户都忙宣传的话，可以撬动更多对活动感兴趣的人，但这最好是以优惠的方式开展，比如减免报名费。

第四，EDM 邮件推广：向用户群发送邮件。一般来说，用户注册的时候会留下邮箱，整理好用户的邮件信息，通过邮件的方式告知你现有的用户群体。QQ 邮件是有提醒的，邮件消息弹出来的时候，邮件标题首先映入眼帘，所以活动内容邮件的标题主要在于抓住用户的眼球，提醒用户参与活动。

第五，自媒体平台：内容分发渠道。一篇活动宣传图文，除了同期在微信公众号、微博、邮件营销推送外，还可以将其分发到各个以品牌名称注册的自媒体平台，做到多渠道宣传。但是要注意的是，自媒体平台需要审核，可能被视为广告，不能通过审核，这样的渠道更适合持续输出内容，以获得大量粉丝用户。

第六，第三方媒体推广。第三方媒体推广主要有以下几种类型：垂直论坛发帖推广、知名社区的垂直频道重点推广、垂直社群推广、外联媒体平台宣传。

> 报名入口：活动树、活动行、活动网、互动吧、活动家、市场部网。
>
> 垂直论坛发帖推广：如母婴行业的妈妈网、摇篮网，餐饮行业的美团、大众点评，服饰行业的淘宝论坛、蘑菇街、美丽说等。
>
> 知名社区的垂直频道重点推广：知乎、猫扑、天涯、豆瓣、贴吧等大型社区。
>
> 垂直社群推广：微信群、QQ群、豆瓣群、微博群。
>
> 外联媒体平台宣传：选择一些和自家活动主题类似的媒体平台进行宣传。

第二步，打通全渠道数据：致趣百川 SCRM 营销自动化。

第一，可以通过致趣百川 SCRM 图文功能制作会议报名页面，在微信朋友圈、微信群等社交渠道进行传播，获取报名信息。系统中的图文具备支持常用微信类编辑器功能，包括标题、图文、布局样式等，发布后可生成独立的页面 URL 地址和针对不同渠道的二维码，可用于社交平台传播，也可作为落地页面。

第二，将不同渠道二维码更新至官网、第三方、邮件等，可以明确获客路径。

第三，打通数据，汇总至后台。将微信数据与官网等其他渠道的数据在微信后台打通，并进行数据的初步分析。

第四，通过后台完成会前邀约。首先，电话邀约。自动转到电销团队，根据数据进行电话邀约，再反馈给活动负责人。对于不来的人做好标记，用以第二次活动邀约。电话邀约应提前一天。其次，模板消息提醒。可以根据需要设置模板消息进行推送。会议开始前，通过模板消息提醒，致趣百川建议提醒两次，一次为活动前一天；第二次为活动开始前 10 分钟。

（2）不请自来用户：未报名直接参加。

第一，会场签到，自动核实，输出信息对比表。嘉宾签到时，扫描二维码，PC 后台自动识别该嘉宾是否报名。对于已报名的用户，嘉宾手机端／PC 端后台会显示签到成功；对于未报名的用户，嘉宾手机端／PC 端后台则显示签到失败，无报名信息，之后手机端会自动弹出引导嘉宾报名的链接，如图 3-27 所示。

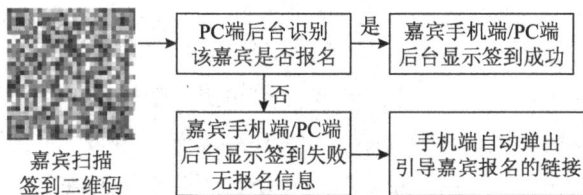

图 3-27 致趣百川会议营销：会议签到流程

第二，二维码注册表单 + 自动触发智能邮件。可以在会议进行中，也可以在会议传单、易拉宝、海报、宣传册，及演讲 PPT 中利用"二维码注册表单 + 自动触发智能邮件"的组合收集参会的潜在用户信息。例如，给用户提供下载的优质报告或者优惠折扣，可以让用户扫描海报传单上的二维码，填写表单，提供邮箱等信息，而这时致趣百川系统可以自动触发一封提前设置好的邮件给用户，邮件内会给用户提供优惠信息或者文档下载链接。

（3）去库存用户：线索打分，明确目标用户。

如果举办活动，潜在用户和现有用户可能会一并被邀请。线下活动能帮助公司更好地与那些知晓公司定位和业务范围的潜在用户互动。关键在于邀请那些对活动主题感兴趣的人。仔细筛选数据库并邀请那些对活动最感兴趣的用户，吸引到的参与者就是潜在买家。通过活动前和活动后的运作，以及安排与目标参与者的现场会议，营销人便会得到一份真正的优质潜在用户名单。

具体步骤可以通过在线索池中进行线索打分、会场互动这两步来完成。

第一，线索打分阶段。首先，初级线索打分。公司跟"企业信息调查工具"打通，了解企业的行业、业务形态、规模以及报名人的职位，形成匹配。其次，培育中线索打分。根据所有的互动行为轨迹，如直播、线下活动、下载电子书、点击菜单、消息咨询等进行打分，同时根据行为减分。最后，线索打分进阶。在会议开始前，确定到会的线索类型，并采取不同方案跟进。

A 类线索：目标用户且表现出兴趣，争取在现场做一个快速的产品演示介绍。

B 类线索：理想的潜在用户，但暂时没表现出意向，尽量安排好会后演示的时间。

C 类线索：暂时不是合适的线索，可利用自动化营销系统进行持续培育。

第二，会场互动。会议现场的时间十分宝贵，如果是不合适的销售线索，则需要尽早礼貌地结束对话，交换名片，后续保持沟通即可。会议现场销售代表需要做的最重要的 3 件事：第一，不要在 C 类线索上浪费过多的时间，快速跟进 A 类或者 B 类线索；第二，与潜在用户当面交谈时就尽快定好下次沟通的时间，而不要以"稍后联系您确定时间"来结束对话；第三，会场上做产品演示的机会还是很难的，所以要能够在不做产品演示的情况下就掌握用户的需求，解决他们的痛点。

流量池如何搭建？ 59% 的 B2B 会议从来不收费。活动的收益来源就是挖出尽可能多的用户潜在需求，如图 3-28 所示。对于会议营销而言，会后才是营销真正开始。会后，要快速跟进线索，通过不同渠道至少跟进 5 次。

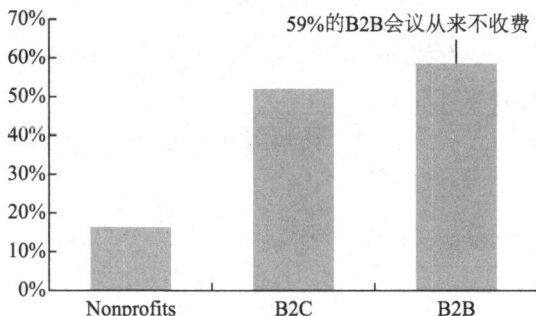

图 3-28　59% 的 B2B 会议从来不收费

资料来源：《卓越事件营销统计》

第一，线上自动推送会后问卷收集链接。活动结束后，可以自动推送链接，收集问卷。

第二，会后资料二次传播。首先，利用会议总结文章。会后，可以通过致趣百川的文档管理、图文制作功能，在会议内容总结的文章中，加入高质量的会议演讲文档下载，通过社交化再传播获取更多的高价值人群联系方式，作为以后相关会议集客的来源。其次，EDM 推送。将会议资料以及相关文章，以 EDM 方式发送给到会人员。最后，活动中的视频、音频传播。除了传统的文字，可以将会场的音频、视频进行剪辑，发送到喜马拉雅、腾讯视频等音视频平台。

第三，潜在用户数据的长期培育。会议中收集到的各种潜在用户联系信息可以通过自动化邮件进行长期沟通和培育，这里有 3 类可能的应用场景：一是向潜在用户持续进行营销内容推送，促进用户会后对公司和产品的了解，最终达成成交；二是后续相关会议的邀请和传播；三是相关活动／内容的交叉推广。而利用致趣百川 SCRM 营销自动化，可以让这样的邮件跟进更加自动化，效率更高。

第四，PR 稿的投放。当所有的工作结束之后，可能需要出一篇 PR 稿，以进一步扩大活动的影响，提高品牌知名度，为下次的活动打基础。这时，要明确活动 PR 稿投放的渠道。

科技媒体：门户新闻或 IT、移动互联网相关频道，如虎嗅网、钛媒体、雷锋网、36 氪、i 黑马等。

社交论坛：如百度贴吧、天涯论坛、QQ群、微信群等。

微博、公众号付费大V。

综合性门户网站：如新浪、网易、搜狐、腾讯、百度、新华网、人民网、凤凰网等。

传统媒体：报纸、广播、电视、户外等。

（4）报名但是临时不能参加：在线直播。

对于B2B企业而言，线下活动营销预算占比高达14%，如图3-29所示，是企业主们最认可的获客方式。但传统会销同时面临着办会成本高、触达目标用户难、区域化、用户到场率低等多种问题，成为企业主们既困扰又不得不选择的渠道。

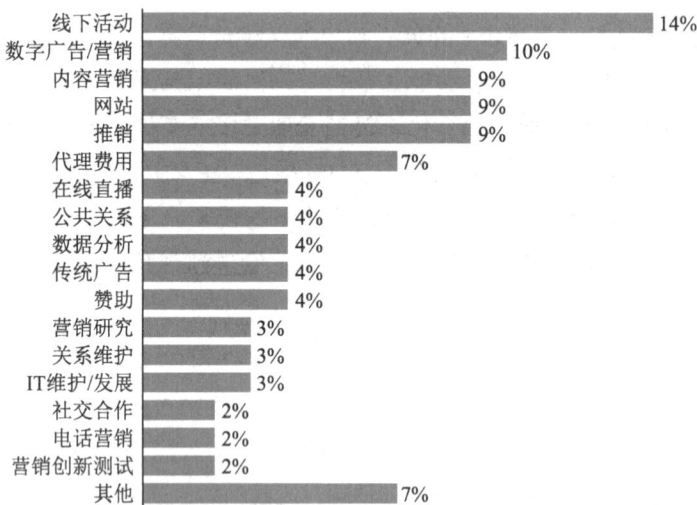

渠道	占比
线下活动	14%
数字广告/营销	10%
内容营销	9%
网站	9%
推销	9%
代理费用	7%
在线直播	4%
公共关系	4%
数据分析	4%
传统广告	4%
赞助	4%
营销研究	3%
关系维护	3%
IT维护/发展	3%
社交合作	2%
电话营销	2%
营销创新测试	2%
其他	7%

图 3-29　B2B 企业营销预算分配

资料来源：Forrester 官网

对此，会销同步直播，成为降低成本、增加获客的重要选择如图3-30所示，在线直播有着较高的销售线索贡献。国外以电子邮件为核心的在线研讨会落地到中国后，以微信服务号为核心但同时支持全渠道的直播会议营销效果更好。一方面，所有潜在用户沉淀在企业内部最有效的触达渠道上；另一方面，潜在用户的所有行为轨迹（同步其余渠道）能被SCRM营销自动化系统追踪到，产生线索后还可以更好地形成营销协同。

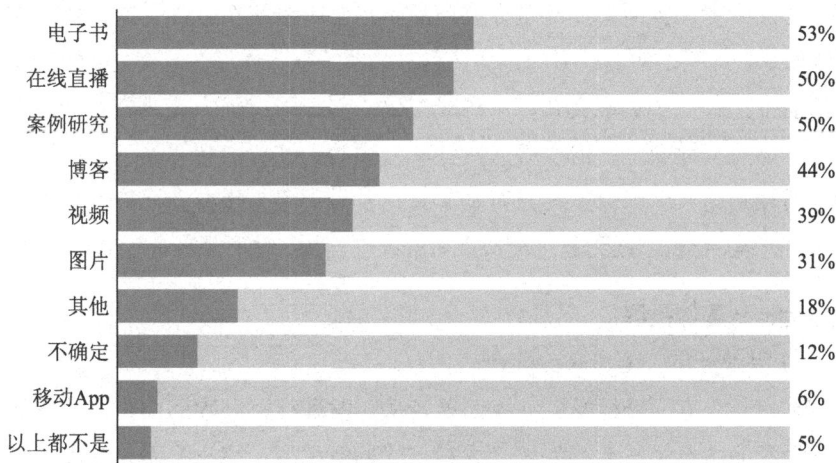

电子书	53%
在线直播	50%
案例研究	50%
博客	44%
视频	39%
图片	31%
其他	18%
不确定	12%
移动App	6%
以上都不是	5%

图 3-30　不同类型的销售线索贡献

资料来源：《2017 B2B 数字营销报告》

直播＋会销，对以下两个问题有帮助。

第一，覆盖更多用户。比如现场只有 100 多位 IT 总监 /CIO/CTO，如果有一定数量的线上传播，则可以在现场以用户为传播起点，借力其社交网络，覆盖更多决策者。

第二，解决潜在用户的时间冲突。有些重要潜在用户因为时间问题，不一定能参加线下活动，对于这部分没有参加的潜在用户，应该提供机会让其选择在线观看 / 回放。

第三，根据企业举办会议类型，决定是否将在线观看的机会，开放给所有人。如果是营销私董会等高级别的会议，致趣百川建议要严格审核，即使是在线也要突出稀缺度，不要追求人数。同时，通过 SCRM 营销自动化系统，能查看到没有到场的邀约用户是否有在线观看、看了多久以及看后是否查看会议的演讲 PPT 等材料，保障更大的会议效果。一个可能签约几十万的用户，是值得为他单独设置一个在线观看的权益的，不是吗？

线上＋线下：社群

Stanford（斯坦福）研究中心的报告表示："一个人赚的钱，12.5% 来自知识，87.5％来自关系。"关系很重要，而社群对于关系的维护有重要的作用。对于 B2B 企业而言，一方面，经营关键人物比拜访大人物重要。打交道的人员可能不是真正的决策者，但他们往往是提供产品实用心得给决策者的关键人物，这正是企业该用心经营的对象。另一方面，用户关系的重头戏是在成交之后才开始。销售活动中，有一个黄金交叉点：在成交那一刻，用户因为花钱买了新的产品和服务，热情持续上升；但业务人员订单到手后，注意力转移到下一位用户，热情反而开始递减，因此处理好黄金交叉点，显得更为重要。社群运营既可以维护重要关系，也可以起到黄金交叉点后的缓冲作用，对于获客有着重要的意义。

1. 品牌为什么要做社群？

（1）品牌社群，势在必行。

虽然尚未大范围流行社群，我们仍能从中发现社群井喷的前兆。一方面，人们的消费理念已经从功能型转变为参与式的情感型；另一方面，互联网时代的失控，也让社群的大幅出现成为必然。

第一，消费理念变迁，如图3-31所示。随着"现象级产品"的更迭，有人在秀自己的"新宠"，就有人在感慨"你的刷屏，就是我的孤独"。能够引爆一个群体的产品，对另外一个群体而言，可能意味着无感、漠然、可忽略。对于产品而言，能够摆平大众的功能性已经退去，定向打击、小众突破、以情感制胜成为新的选择。同时，在购买体验中，对于财富和地位的炫耀情感逐步被"情怀炫耀"所取代，能够彰显自己在审美、品位、价值观上优越感的品牌越来越受欢迎，能够参与到品牌中来，更成为了大众新的追求。我们可以看到，小米的系统开发分享，小米的粉丝分享，逻辑思维的罗振宇分享，以及对于书籍、课程等独特的价值观的分享，都让粉丝在参与的过程中获得了价值体验。

因此，当情怀炫耀倾向于参与分享，当自我表达与小众认同超过大众评价，当社交网络评价大于现实沟通评价，向着能够让用户参与进来的社群前行，也就必然而然。

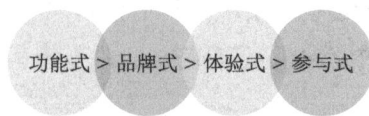

功能式 > 品牌式 > 体验式 > 参与式

图3-31　消费理念变迁

第二，社群建立成本大幅降低。从本能出发，每个人都渴望成为群体的一员，在群体中与他人共享、合作、协调一致地行动。但是，在进入互联网时代之前，社群的建立一直受到交易成本的限制。现在形成群体已经从困难变得极其简单。

从互联网发展的整体发展路径看，从门户时代，到搜索时代，如今已经步入第三时代——社交网站时代。

> 门户时代：解决互联网上没什么信息的状况。以新浪、搜狐和网易三大新闻门户网站为代表，流量权集中。
>
> 搜索时代：解决在海量信息中的定位问题。以百度、谷歌为代表，流量分配权相对集中，开始出现向下趋势。
>
> 社交网站时代：互联网上诞生了大量的"人"，社交需求增加，平台愈加参差多元，流量分配权不断下沉。2015 年下半年，已经全部将权力下放至"自媒体"。

互联网流量权下放，品牌可以施展的空间不断扩大。从企业建立社群的成本来分析，在门户时代和搜索时代，企业一般通过传统的网站建立社区，需要购买域名、设计网站、精心维护，成本较高；而在社交网站时代，企业可免费申请微信账号，以此为中心，召集会员，通过 UGC 产生内容，招募志愿者负责运营，只要玩法合适，便可收获理想效果，如图 3-32 所示。

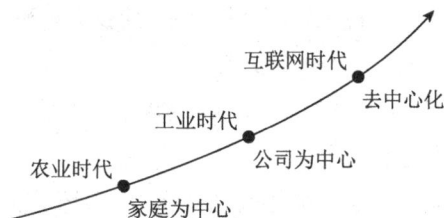

图 3-32　随着时代发展，社群成本降低

（2）社群自身价值凸显。

工业时代的逻辑是先有知名度，再有忠诚度。今天恰恰相反——先有忠诚度，再有知名度。先从少数"铁杆粉丝"开始，他们支持你的产品设计、品牌推广、渠道营销，品牌的知名度也随之而来，这背后的"社群价值"也开始逐步显现出来。

一方面，通过粉丝二次盈利，谋求长尾市场。《失控》的作者凯文·凯利讲过"1 000 粉丝理论"：任何创作艺术作品的人，只需要拥有 1 000 名铁杆粉丝便能糊口。社群理论可以看作 1 000 个忠实粉丝理论的泛化升级，通过培养忠实的粉丝用户，对用户的二三级人际关系进行渗透吸引。通过社群将用户的生活与自己的产品进行绑定，并借助用户的传播把自己的信息传播出去，谋求一个长尾的市场。同时，一个成熟的社群是自带话题点的，企业的每一次产品变动及公司变化，都会引发用户的讨论并传播，它可以帮企业吸收到精准的消费用户，同时可以帮企业省下一大笔广告费，如图 3-33 所示。

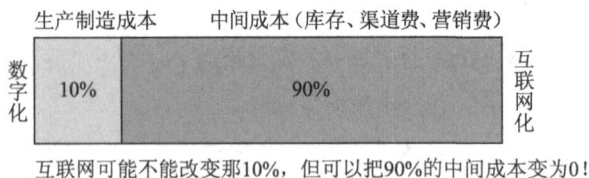

生产制造成本　　中间成本（库存、渠道费、营销费）

数字化　10%　　90%　　互联网化

互联网可能不能改变那10%，但可以把90%的中间成本变为0！

图 3-33　互联网化后，中间成本降低

另一方面，营销可降至一维，中间成本趋零。正如刘慈欣的《三体》所描述的高文明攻击低文明使用"降维"所引发的低文明全面崩溃般，互联网时代的思维给工业时代的思维带来的同样是"降维"攻击。互联网时代通过去掉渠道、管理、营销等维度，用产品吸引用户，建立起品牌社群，通过社群运营，将营销寓于产品之中，如小米减少了库存、渠道费、营销费，在生产制造成本不变的情况下，让企业获得更大的利润。

社群的自身价值逐步凸显，企业在挖掘社群价值时，可以从渠道价值、平台价值、生态价值 3 个方面着手。渠道价值：连接、传播和销售。平台价值：通过话题的引导传播，形成一种品牌推广，还可能会直接促成转化和销售。生态价值：资源整合，产业链打通，商业模式革新。

（3）品牌自身已有社群基础。

对于企业来说，建立社群，并不是从 0 到 1，而是一次升级。一方面，可以通过单点对多点的会员系统向多点对多点的网状系统升级，让会员与会员之间可以通过社交工具进行碰撞，形成一个拥有凝聚力的社区。另一方面，也可以从现有的用户忠诚度出发，增加企业与用户的互动，向社群转型。

第一，重视用户关系是历来传统。商业世界并无新事，即将大范围流行的"社群"，在昔日就已经以"用户关系"的概念受到品牌重视，而"用户价值"则更加被关注。回首过往，从随处可见的各种会员卡，到通过短信群发系统挖掘回头客，再到通过用户价值管理系统做运营，已经做到了单点到多点的连接，也为多点对多点的网状系统做好了准备。早在 20 世纪，品牌方就已经意识了到用户关系的重要性：著名的 20/80 法则认为，在顶部的 20% 的用户创造了公司 80% 以上的利润。在某些情况下，这一法则更为极端：20% 最有价值的用户创造了 150%~300% 的利润，而 10%~20% 最没有价值的用户会把利润降低 50%~200%，中间 60%~70% 的用户持平。

在所有的投诉用户中，有 54%~70% 的投诉用户在其投诉得到解决后还会再次同该公司做生意；如果用户感到投诉的问题得到了很快的解决，该数字甚至还会上升到惊人的 95%。[①]

第二，已有资源积累。无论是过去的短信群发和会员卡，还是立足于社交工具的社群，企业已经在社群的道路上做好了准备。

2. 品牌如何做社群?

传统企业和互联网企业的基础结构相似，也构建了自己的会员系统，为什么传统企业没有玩出社群这样一个被追捧的概念，反而是互联网占了这个先机？传统品牌该如何更好地利用社群做营销？

（1）构建社群。

所谓"行于所当行，止于所当止"，品牌要构建社群，需要把握用户需求的脉搏，适时出击。如果用户需求尚不明了，就要"安静地做一个美男子"。待到万事俱备，东风起时，企业便可顺势出击。

第一，用户来建，胜过企业自建，如图 3-34 所示。

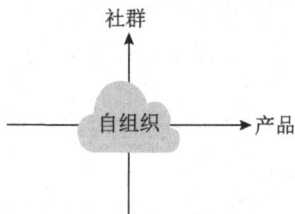

图 3-34　自组织社群

首先，粉丝效应是不能设计的。正如凯文·凯利的"失控理论"所说，粉丝效应是不能设计的，在社群构建阶段，跟随用户进入现有社群，或者鼓励用户创建社群。由于群体的无意识，大家聚在一起，经过一系列选择，选择了最适合该群体的行为方式，同时，这也是最优化的结果呈现。

其次，企业施加的影响越大，有时用户参与度反而越低。企业需要做的，是去企业化，去 KPI(关键绩效指标) 化，放弃控制的意愿，让用户在小圈子中

————————————
① 资料来源：《营销管理》

自由组合，分别扮演不同角色，结合自助目标中的短期和长期目标，来推动用户自我实现。

再次，强关系相互介绍更紧密。"六度分隔理论"认为你和任何一个陌生人之间所间隔的人不会超过 6 个，也就是说，最多通过 6 个人你就能够认识任何一个陌生人。而"三度影响力理论"认为一个人能够影响到周围的 3 个人。社群要保障活跃度，就要从三度影响力着手，主抓强连接。图 3-35 所示为三度影响力理论与六度分隔理论的区别。高频的大众需求，每个人的关系链和好友圈子就是一个个社群，他们会随时随地围绕这些需求展开讨论，寻求解决方案。利用强关系进入社群，更能引发行为。

比较类别	三度影响力	六度分隔
社会网络属性	传染属性	连接属性
连接的强度	强连接	弱连接
最终效果	引发行为	传递信息
用人体比喻	生理机能	解剖结构

图 3-35 三度影响力理论与六度分隔理论的区别

最后，社群一旦形成，成员之间会互相介绍、推荐好友加入。由此带来社群的自然生长和分化，一个大社群会变成多个小社群，这些小群也会再度扩展成更大的群，如图 3-36 所示，由电话树结构向军队结构发展。

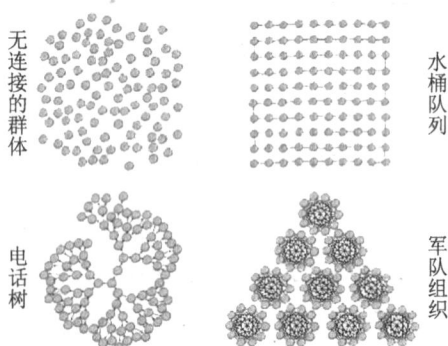

图 3-36 社群形态

第二，社群可选的渠道。互联网的历史就是一部社群演进变迁史，从最早的 BBS、QQ 群到贴吧、豆瓣、SNS、微博，再到现在的微信、QQ 兴趣部落等，社群的力量从未止步。但是不同的渠道有着不同的特性，图 3-37 所示为 QQ 群与微信群的运营区别。

对比项	QQ 群——干货分享	微信群——话题分享
群规模	现在购买超级会员后可以建 4 个超级群，每个群 2 000 人。500 人的群随意建，1 000 人的群限 8 个	早期一个微信用户只能创建 40 人的群，群的数量没有特别限制，现在普通用户可以建立 500 人的群
群数量	低于 500 人群可以建多个，只要不超过 QQ 好友剩余上限	随时可以建，可以认为没有限制
群结构	每个群必须有一个群主，群主可以设置管理员帮助管理群，拥有管理员权限才能允许别人入群	每个群有一个创建者，群与群之间的关系其实是平等的，大家可以同时面对面建群，每个人都可以拉自己的好友入群，对应 QQ 的讨论组
群权限	群管理员拥有比普通群员更大的权限，例如批准新成员加入、淘汰老成员，可以群发群邮件、群文件、修改群信息等	群员之间权限更平等，但群的创建者可以踢人，其他群员不能踢人。不支持群发邮件或文件
群玩法	QQ 群有很多让群有趣味的玩法，比如匿名、群等级、改名、群发消息、全体禁言、个别禁言等玩法。QQ 群也支持红包，单个金额最高 5 000 元，最多发给 200 人	信息群目前最有趣的玩法是可以打赏红包。微信群红包单个金额上限刚刚调整为 5 000 元，最多发给 100 人
群共享	有群论坛，群里可发网站链接	微信群屏蔽了某些网站的跳转链接，比如淘宝

图 3-37　QQ 群与微信群的运营区别

（2）保证个体长期活跃。

有内容、有连接、有规则，是社群良性发展的必要条件。同时，需要把"人性"贯穿到每个细节。

首先，给予群体身份。品牌与用户的结合，使品牌社群在用户的主观心理上初步形成，并在之后反复不断的社会比较中，使得品牌社群的概念不断强化，此时，品牌社群才得以真正形成。第一，共同的仪式和惯例。具体表现为入会仪式和教育活动、才艺展示、竞赛活动、节庆活动等。第二，共同的意识及责任感。通过社群的仪式，社群成员会在活动中产生一些难忘的品牌体验，从而形成品牌体验，演化为共同的意识和责任感。第三，参与式管理，共同成长。

其次，给予社群成员相对其他成员较特殊的权利，给予其发言权。小米的粉丝对于小米不是单纯地对产品触碰、使用，而是共同成长。

（3）选择合适的激励方式。

第一，自助激励，用户寻找属于自己的社交激励。社群作为相对松散的组织架构，缺乏外在的薪酬和晋升的奖励机制，自助激励的重要性就更加突出。在社群中，用户的自助激励有着天然的优势，关系链让他的好友中的同类人员自然浮现出来，发生碰撞。"够够手就能超过""他能做到的我也同样能做到"的比较更为明显和直接，带来的激励相比陌生人之间更大。自助激励的实现依赖于用户能否在产品中树立属于自己的自助目标，而社群中的连接点和接触点在联合发挥这一作用。

第二，游戏化思维，保证自愿参加，如图 3-38 所示。

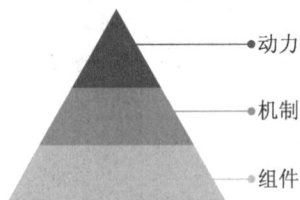

图 3-38　游戏化运营社群

游戏的本质并不是娱乐，它是人性与设计过程巧妙融合后的产物。社群互动与设计游戏一样，都需要寻找一个有趣的目标或角度吸引用户参与；都需要在过程中设计一些"递进式"的元素让用户逐级深入；都需要用户在其中寻找情感共鸣从而产生长期的依赖。要善于深入体察目标用户的心理动机，从而为他们提供慰藉或满足。

第三，注意情绪引导。

首先，将情绪模式化。群体中的人能够通过行为模仿和随后大脑功能的变化"感染"其他成员的情绪。一方面，要控制社群的主流情绪。个人会遵从群体情感表达的规范，为得到喜爱和接受而模仿强势文化，虽然他们的初始动机是遵守规范，而非吸收文化，但是有潜移默化的作用，社群中的情绪一旦慢慢浸染，就会形成共同的意识和责任感。另一方面，防止正面情感过于强势。如果正面情感过于强势，就可能产生预期之外的负面效果。比如"因为害怕破坏友爱的感觉，而不谈论矛盾"。

其次，防止负向强化，注意互动顺序。群体的智慧是否可信，可能取决于群体成员的互动方式：同时且独立，还是按先后顺序且相互依赖？如果一群人正在确定一件物品的价格，并且每个人都独立出价，那么，他们做出的平均猜测，可能就是对这件物品市场价格的一个不错建议。如果人们按照先后顺序进行决策，后面的人知道前面人的决策，并且信息从一个人传播给下一个人，结果就是"盲人给盲人指路"。在社群互动机制上，要注意互动顺序，给予每个人独立思考的空间。

线上 + 线下：在线直播

MI 数据显示，2018 年，81% 营销人将视频作为一种营销手段，而在 2017 年这一数字仅为 63%，视频营销是大势所趋，每周 75% 的营销人会观看业务相关视频。飞速发展的直播创造了新的营销"风口"。那么，直播如何能够创造更强的营销价值？

直播要完成线索产生、销售、线索培育等内容营销目标，有"三座大山"：第一，普通的直播平台，新的潜在用户如果没有落在企业自己的平台上，就无法开展多渠道整合营销。第二，潜在用户是否对企业产生过兴趣、有过互动等，无法进行数据追踪，用户画像形成不了。第三，无法产生并管理形成的销售线索以及对其后续成单结果有所记录。

1. 如何借势直播获客并完成线索培育

如何借助直播完成预期目标？致趣百川建议从拉斯韦尔的"5W"模式切入分析：谁 (who) →说什么 (says what) →通过什么渠道 (in which channel) →对谁 (to whom) →取得什么效果 (with what effects)，如图 3-39 所示下文重点分析渠道、内容。

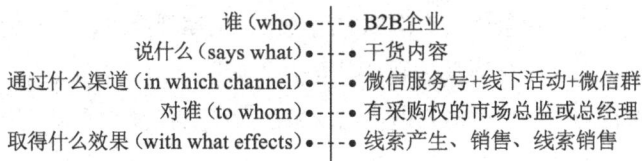

谁（who）•－┤•B2B企业
说什么（says what）•－┤•干货内容
通过什么渠道（in which channel）•－┤•微信服务号+线下活动+微信群
对谁（to whom）•－┤•有采购权的市场总监或总经理
取得什么效果（with what effects）•－┤•线索产生、销售、线索销售

图 3-39　在线直播"5W"模式

（1）直播渠道选择。

渠道选择可以考虑四大元素：直播、会销、社群、微信。进行不同的组合后为：线下会销，同步线上直播，扩大用户影响面；纯线上直播，依托线上社群，扩大影响；微信留存，实现数据分析，线索培育。

第一，线上直播 + 社群。到 2016 年年底，在以人为中心的连接逻辑下，中国网络社群数量超过 300 万，网络社群用户超过 2.7 亿人。其中微信群活跃度最高，为 45.3%。[1]线上直播与社群的配合，可从社群的基本配置——微信群开始，即微信直播。微信群看起来是一个不那么高大上的营销手段，但在高客单价行业里，用户需要的是决策者，天然的更容易聚集在一起。如一些 B2B 企业顶尖化工、能源、软件外企市场部，就是通过微信群将重要的用户以及潜在用户

————————
① 资料来源：iiMedia Research 官网

聚集在一起，从而产生了巨大的业务价值。一方面，自带话题点的直播 可以帮助企业完成社群内部活跃。另一方面，因为某一个直播话题入群，共同的标签更容易引发讨论，根据"三度影响力理论"，一个人能够影响到周围的 3 个人，如果一个人在社群中发生购买行为，很容易引发其余人的行为。

第二，线下会销 + 直播。对于 B2B 企业而言，线下展会活动营销预算占比高达 14%，是企业主们最认可的获客方式。会销嫁接直播，成为降低成本、增加获客的重要选择，既可以增大用户面，也可以更全面地获取用户信息。可以参考前文线下活动部分具体操作，此处不再赘述。

（2）内容：决定直播需匹配的用户购买周期。

在线会议被评为第二大最有效的内容营销策略。96% 的用户表示视频内容更有助于做出购买决策[1]。不过，在线直播的内容不能自成体系，需要与整个内容营销体系相配合，达到"1+1>2"的效果。

第一，直播只是策略，内容决定整个生命周期中的用法，如图 3-40 所示。直播只是一种策略，它适用于用户购买旅程的哪个阶段是由内容决定的。同时，直播的内容策略不仅能明确用户的购买周期，还能显示用户的兴趣和需求。如在内容设定上，第一期提出线索培育遇到的问题，第二期则提出解决方案，第三期为对应产品演示，如果用户连看三期，则可认定该用户为可转化线索，需要销售及时跟进。通过内容的设置便能知道自己的潜在用户到底看到了哪一步，以及接下来应该做什么。

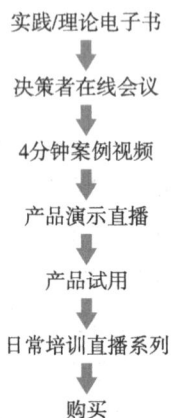

实践/理论电子书

↓

决策者在线会议

↓

4分钟案例视频

↓

产品演示直播

↓

产品试用

↓

日常培训直播系列

↓

购买

图 3-40　直播的内容策略

---

① 　资料来源：JLB Media Productions 官网、eMarketer 官网

需要与直播配合的内容：总体内容规划、邮件、活动、网站、社交端内容等。

第二，单次直播中的内容策略。从国外的数据中，我们发现了一个很有意思的数据，就是直播的时间与观众的兴趣度/参与度的分布问题，以100分钟的直播为例（同比线下的一场用户会议的时间，当然，对于时间较短的分享型直播，比如时间是 30~60 分钟的时间分布情况，我们会在之后的致趣百川公共账号上持续发布我们的调研及研究结果），如图 3-41 所示。在内容布局中，直播需注意以下几点。

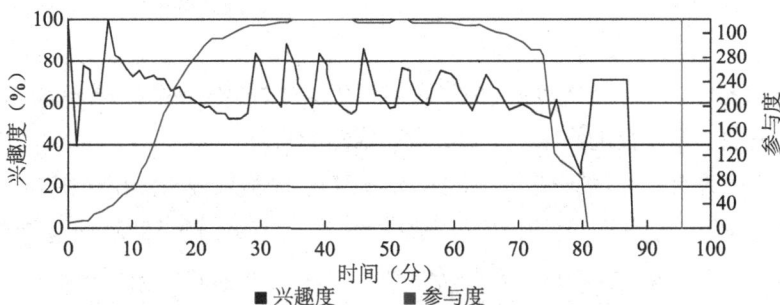

图 3-41　直播的时间与观众的兴趣度 / 参与度分布

15分钟预热：直播 15 分钟后，用户开始增加，之后趋于稳定。提前 15 分钟让早到者进入，播放相关视频，15 分钟之后，进入正式直播时间。

提前 10 分钟结束：直播 75 分钟后，用户流失严重。重要的问题可以提前讲，并且提前 5~10 钟结束直播。

15~75 分钟增加互动：直播趋于稳定，在内容设置上要适当增加互动环节，防止用户流失。常见的会中互动形式有现场抽奖、投票、打赏、红包、弹幕等，增加参会者互动，提升体验。

30~60 分钟，是直播最稳定的阶段，可以在此阶段做问题收集，用于之后的问答环节。

当然，对于你自己的企业直播的用户参与度伴随时间的分布数据，你也可以申请试用致趣百川的 SCRM 营销自动化系统来得到，一个真正的营销高手，就是要建立自我反馈机制，懂得不断建立各个维度的反馈机制。

直播注意事项如下。

> 企业直播，只需注意两点：观众和内容。
>
> 与演讲主题无关的提示、说明不超过 30 秒。
>
> 直播时，沉默不要超过 3 秒。
>
> 准备应急方案。
>
> 直播开始前，保证 30 分钟的会前准备。
>
> 直播背景显示公司标志。

2. 直播实操：如何完成企业直播？

如何完成直播？从 Adobe（数字媒体和在线营销解决方案供应商）的数据来看，企业首先要正视的问题是，漏斗效应依然十分明显。

第一，只有 51% 的人完成了注册。进入注册页面后，影响用户注册的因素，一是注册页面描述与之前的推广信息是否一致，二是注册页面的长度和复杂程度。其中第二点是很多市场运营人的死穴，有些注册页面需要用户们一而再、再而三地注册同样的报名信息，这样的流失率会很高，对于注册过的用户要提供最简单的注册方案，让老用户点击即可一键报名新会议。

第二，注册人中，出席率仅为 36%。影响出席率的一项重要因素为是否有会前提醒，如果是邮件提醒，邮件是否被列为垃圾邮件。如果是在微信端，可以设置会前提醒推送。在活动开始前三天与开始前 20~30 分钟，企业微信号定时推送会议提醒通知，企业微信群进行会前预热。但是，会前提醒是个挺麻烦的事情，如何才能够自动对报名会议的用户做到提醒呢？这就是营销自动化的意义。

第三，对于 60 分钟的直播，一般用户的注意力会维持到 54 分钟。是否能够坚持下来，除了内容的趣味性，还有最后的答疑环节的设置。

第四，55% 的用户会关注会议资料。资料是否方便下载，或者会后是否给到用户很重要。要为用户提高便利，不要让获取 PPT 演讲以及相关资料下载等再次成为让用户烦恼的事情，重要的是注册成致趣百川会员后，以后所有的材料下载都不需要再次填写相同信息，如图 3-42 所示。

图 3-42　会后一键下载会议资料

影响整个直播的因素众多，完整的会销直播包括会前、会中、会后 3 个阶段。会前目的是实现"吸引、传播、触达"，会中目的是实现"线上、线下互动与交流"，会后目的是实现"数据分析与销售跟进"。下面重点分析会前的注册，以及会后的销售跟进。

（1）注册。

对于直播（以在线会议为例）而言，有足够的注册人数为第二大挑战，占比为 44%；注册者实际参加数量才是最大的挑战，占比为 58%。在视频注册中，也考虑以下 3 点。

第一，吸引对的人。吸引对的人在于发掘最有购买能力的用户，主要使用报名数据（如行业、公司、部门、职位等数据），重点在于审核和打标签。审核：只有审核通过的用户才能进入直播。标签：会议签到的用户将会被打上参会标签，为之后的线索培育做好准备。

第二，注册人数并不是最重要的，注册者的行为更能说明问题，如在注册中是否起到了 KOL 的传播作用，是否表现出了对产品感兴趣的行为。通过传播数据倒推传播行为，发现传播路径中的 KOL；通过参会、市场、评论、互动数据、点击微信菜单栏，倒推其是否对产品感兴趣，判断培育等级。

第三，注册的同时吸引注册。在注册页面设置一定的激励措施，促进用户转发，吸引更多的注册。一方面，注册环节应同时打通不同渠道，如在注册邮件中加入有关直播的微博话题；加入领英链接，看有谁会一起参加；添加微信群二维码或者直播小管家二维码，让用户根据习惯同步其他渠道，激发转发行为或者增加归属感。另一方面，设置转发语，如已申请活动，则弹出转发"6月28日我在参加致趣百川营销私董会，邀你一起"；如未注册，则弹出转发"很棒的活动，可惜错过了，一起看直播回放"。

（2）转化营销和销售协同。

对于通过直播带来的销售线索，要及时打分，分配给销售跟进。由直播带来的所有线索都有来源、兴趣标签及行为记录，也都对应着相应的分数，在直播或市场活动后把大量适当分数的线索按标签自动或手工分配给销售进行跟进，销售从微信端即可访问到用户信息，跟进用户，实现销售闭环。在直播线索转出时，不要局限于单条线索，注意线索组合。若是同一公司、不同部门的不同人员都报名了同一场直播，则具有极高价值，因为 B2B 企业采购本就由决策者、使用者、支持者等多个角色构成。

【案例】东方之星的直播实践

东方之星学前教育机构，聚焦在给幼儿园、培训机构提供学前课程，单品销售规模第一，在营销上面总能在该抓住时抓住机会，比如 2013 年的自媒体、2016 年的直播。东方之星的转化率很高，3 000 多个线索能转化接近 300 个，在教育旺季每周直播数量达 5~6 场，每场报名人数达 1 000 人。

第一，直播要深入目标用户场景。在直播过程中发现，如果是为了获客做直播，基本把时间放在晚上。如果是做现有用户培训，时间放在中午。中午幼儿园里有一个典型的场景，孩子都睡觉了，终于有时间可以看手机，所以直播在中午和晚上。

第二，直播也要主动出击。将直播与微信公众号数据打通，公众号可以一键报名参加直播。直播结束后，后续跟进的推送，自动化推送资料推送到会员邮箱，让用户在 SCRM 营销自动化系统里面更好地沉淀。

第三，通过直播与各种渠道、活动包括销售转化高效协同。如将传统的园区观摩同步到线上直播，会场物料（如资料、易拉宝）二维码引流，

第四，通过直播里面的概念细分，做目标客户营销。

特别鸣谢：东方之星市场总监郝婧

社交媒体获客

社交媒体线索—成单转化周期最短，仅为平均转化周期的 40%，邮件则长达 160%，社交媒体线索成—单的转化率约 1.5%，仅次于用户或员工推荐和官网，是转化率最高的主动渠道。从加权比例来看，社交媒体成为了获客的首选渠道，如图 3-43 所示。

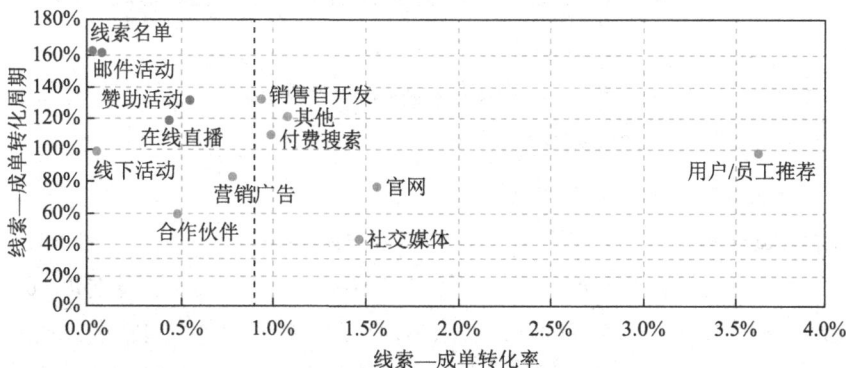

图 3-43　社交媒体成为获客的首选渠道

资料来源：Salesforce 官网

如图 3-43 所示，在转化率平均线右边，线索最好的为用户／员工推荐、官网、社交端。官网难以主动出击，而是被动接受，实现加速有点困难。能够实现加速效果的有两个：社交端，具备最快的线索转化周期；用户／员工推荐，是最好的用户线索来源。通过致趣百川 SCRM 全员营销系统搭建起来的用户／员工的口碑营销体系，可以纳入社交端，所以也一并放在社交媒体获客中。

1. 为什么需要社交媒体？

（1）全球近 1/3 的人活跃在社交媒体。

We Are Social 数据显示，现今活跃的社交媒体用户数量大致等同于 29% 的全球人口总量。换句话说，全球近 1/3 的人口活跃在社交媒体上。平均每个用户每天花 2.4 小时参与社交媒体的各种活动。英国路透社《2016 年数字化信息研究报告》显示，18~24 岁年龄段的用户中，有 64% 都表示非常依赖通过在线媒体获取信息；甚至 28% 的用户表示，社交媒体能够取代他们所有的在线工具，如图 3-44 所示。

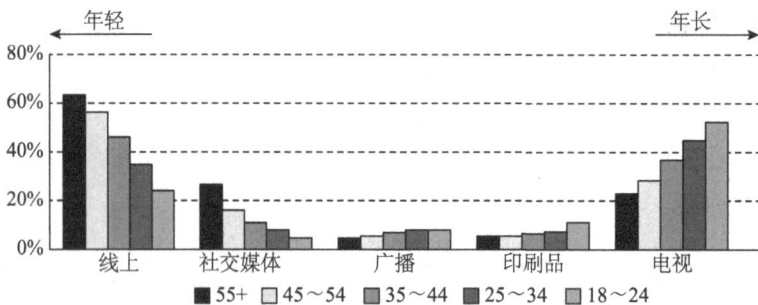

图 3-44　不同年龄人群的信息来源渠道

资料来源：路透社，《2016 年数字化信息研究报告》

（2）社交营销的获客战略意义。

eMarketer 数据显示，整体移动营销市场将继续呈现增长之势，在 2019 年移动营销市场甚至会达到数字营销市场的近 80%，占到营销总预算的近 50%，移动端可谓风头正劲。如图 3-45 所示，在移动营销中，被中国市场决策者所采用的营销方式中，排名第 1、2、3、5、8 的方式全是与社交营销相关的，包括微信、社交广告投入、H5、二维码、SCRM、忠诚度管理等，可以说社交营销几乎占了移动营销的一大半。

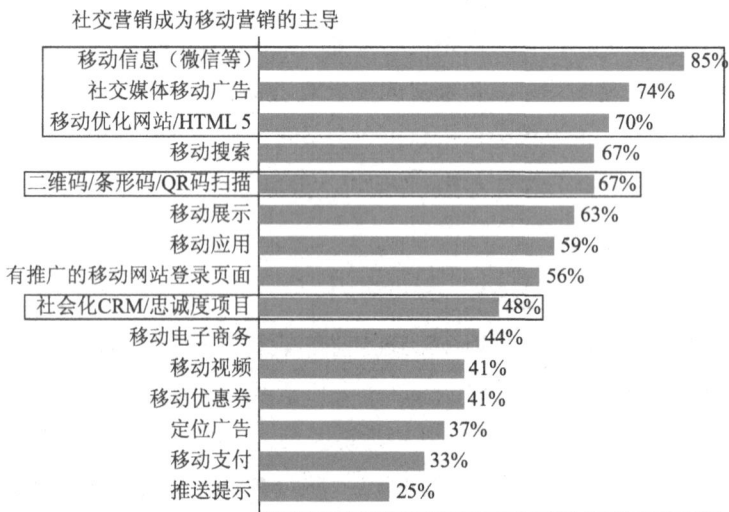

图 3-45　社交营销成为移动营销的主导

对比美国的数据，中国用户更喜欢在移动社交端分享广告、点击广告，并产生购买，这可谓品牌的福音。超过 30% 的中国用户喜欢在社交媒体上分享广告，而在美国只有 20% 的用户会这么做。在中国有超过 40% 的用户喜欢直接在移动端购买,而在美国这个数据只有 **27%**。不仅如此,中国的社交用户在中老年群体的渗透率依然还有大量的增长空间,而这部分群体比起年轻人来说其实是有更强的购买力的,如图 **3-46** 所示。

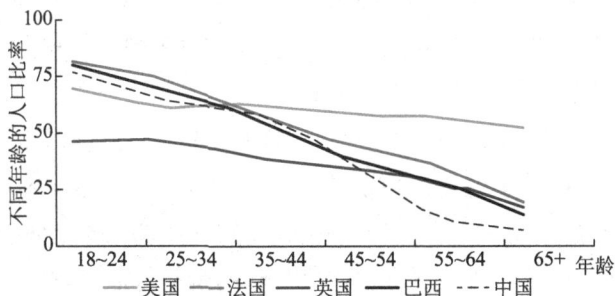

图 3-46　中国社交应用在大龄人群中有较大空间

资料来源:《2016 年中国社交媒体影响报告》

可见,社交媒体对获客有战略意义:移动营销是数字营销的未来,而社交营销占了移动营销的大半江山;中国用户非常喜欢在社交端分享广告(有利于社交端的社交链式传播),直接在移动端完成购买,且还有巨大的增长空间。

(3)社交属性影响用户购买。

Forrester 调研发现,品牌自我发声只有 **20%** 的用户相信,相反,**70%** 的用户相信朋友和家人的推荐,如图 **3-47** 所示。

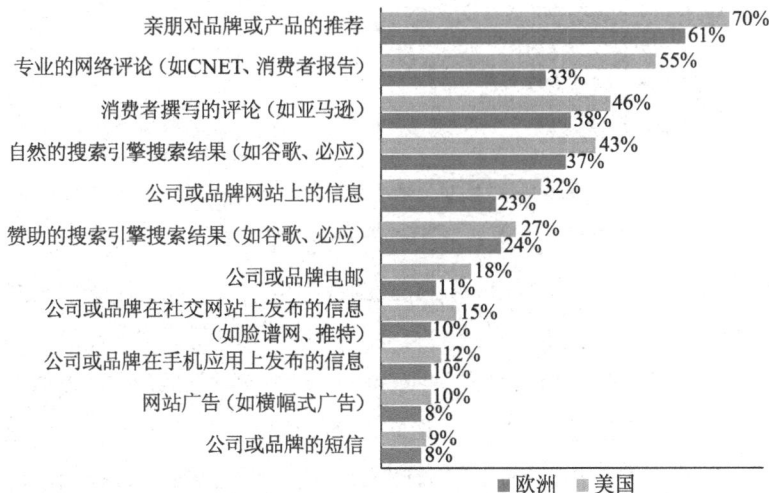

图 3-47　亲朋推荐最受信任

资料来源:《获客的社会化媒体运用》

第一，社交属性对于用户购买决策具有重要的影响。接触性参照群体通过信息的交流，情趣、品位和偏好的影响，以及相互间消费行为的评判，造成人们之间的消费趋同；否认性参照群体让人们产生认同危机，表现为模仿地位比他们更高的群体和阶层的消费行为来掩盖自己的真实身份；渴望性参照群体能够使人们在消费上产生渴慕和效仿；回避性参照群体使人们产生"比上不足，比下有余"的优越感和满足感，获得心理平衡。

第二，社交媒体与用户建立、定位、巩固关系。与社交媒体对应的是"社会性营销"，是指一个过程，是和用户建立关系、定位关系并巩固这个关系的过程。社会化营销，不是简单粗暴地通过媒体将信息流空降至用户群体，而是能清楚地描述信息传播过程中将会遇到的所有传播节点特征，预判并利用他们对于信息的反应，产生更大的信息流，从而更有效地影响目标用户。

2. 社交媒体成为 B2B 营销宝地

B2B 营销人使用的付费媒体中，社交媒体占 84%，如图 3-48 所示。Forrester 于 2016 年 5 月发布的 *Why search + social = success for brand* 报告中指出，71% 的用户会在搜索引擎上搜索，64% 用户会在社交平台上搜索。

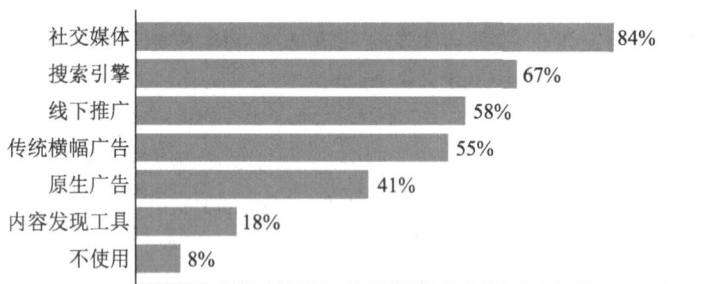

媒体类型	百分比
社交媒体	84%
搜索引擎	67%
线下推广	58%
传统横幅广告	55%
原生广告	41%
内容发现工具	18%
不使用	8%

图 3-48　B2B 营销人使用的付费媒体

资料来源：《B2B 内容营销：2017 年基准、预算和趋势（北美）》

内容营销协会 (Content Marketing Institute) 报告指出，社交媒体是 B2B 市场营销人员的一大宝地，竞争对手的发展情况、用户的问题、需求及信念都能在社交媒体上刺探到。他们还可以回应提问和影响对他们的品牌做出的情绪反应。领英报告显示，一个普通的用户在致电前，会阅读超过 10 份社交媒体内容。当时机适合、销售土壤具备的时候，生意便会上门。研究发现，62% 的用户会在阅读对 B2B 企业的正面评价后，购买产品或服务；同时，只有 42% 的回应者会在阅读对 B2C 企业的正面评价后，购买产品或服务。*Demand Gen Reports Survey* 数据显示，几乎所有（97%）回应者在处于购买 B2B 产品或服务的过程时，都曾更信赖包括了同侪评价及由用家自己提供的信息内容，这个百分比高于以购买 B2C 产品或服务过程为对象的调查的结果。此外，会搜索 B2B 使用经验，及会分享使用 B2B 使用体验的人正在增多。

3. 如何利用社交媒体获客

利用社交媒体获客，可以从以下 3 个方面着手：第一，如何选择合适的社交媒体？第二，如何利用社交媒体获客？第三，如何评价社交媒体的获客效果？

（1）如何选择合适的社交媒体？

利用社交媒体获客的方法并不少，但哪些是适合你的？该如何去选择？HubSpot 副总裁 Brian Balfour 提供了 6 个评估维度来对不同的获客渠道进行评估，如图 3-49 所示。

① 6 个评估维度。

图 3-49　社交获客渠道的 6 个评估维度

第一，触达力。触达力是指深度触达不同类型目标用户的能力。这个渠道能触达的用户是你需要的吗？这个渠道能触达到这批用户多近的距离？它有多少种触达用户的方法？

第二，费用。费用指的是该渠道在获客前期和持续期所需要的费用。这个渠道有前期成本吗？有最低开销？有后续的附加收费吗？

第三，输入时间。获客效果的评估必须有时间维度。开始进行第一批投放测试之前，需要准备多长时间？每增加一个额外测试需要多长时间？开始一个测试需要投入技术成本吗？需要有创意支持或内容支持吗？很多广告渠道只需要非常少的输入时间，不需要技术投入，一天之内就可以完成准备工作。而内容营销创作一篇高质量的内容并找到一个合适的分发渠道进行冷启动，则需要非常多的输入时间。

第四，输出时间。当你的投放测试启动以后，多久才能拿到测试结果？需要多少测试才能拿到有意义的数据？

第五，可控性。可控性是指可以根据你的需要启动或者停止这种获客方法。

更多的可控性意味着可以进行更简单、更敏捷的测试。

第六，规模。这种获客渠道的流量规模有多大？根据你的时间和资源，渠道是否可以调整它的规模？

②如何进行决策？

确定了以上 6 个评估维度后，接下来我们看如何去使用，才能确定适合自己的获客决策，如图 3-50 所示。

确定优化目标 ➡ 确定限制条件 ➡ 建立渠道矩阵 ➡ 完成评分 ➡ 做出决策

图 3-50　获客决策的使用方法

第一，确定优化目标。首先要回答以下两个问题：一是在你目前的获客方法中，哪些点是现在的获客痛点？二是你为什么想要优化这些点？需要注意的是，最好确定 1~2 个最关键的优化目标。如果你关注所有事情，就相当于没有焦点，没有焦点的结果只能是事倍功半。

第二，确定限制条件。限制可能会根据行业、产品、平台、费用的不同而不同，最常见的几种限制包括：一是时间。触达用户是否有一个特定的窗口期？二是费用。预算够吗？需要拓展其他获客方式吗？三是触达力。必须触达非常明确的目标用户吗？四是法律政策。所在的行业、要推广的产品是否会给公司、团队带来法律政策上的麻烦？

第三，建立渠道矩阵。将目标、限制条件等信息整合起来，在行标题中写出所有你正在使用或想要使用的获客方法，在列标题上写出以上六大评估维度，然后开始对每个渠道进行评估。列出那些常见的获客渠道，也要把替代渠道罗列进去一起评估。比如同样是信息流广告，考虑新浪微博的同时也可以考虑脉脉；同样是发软文，考虑公众号时也可以考虑头条号、百度百家等。接下来，进一步细分获客渠道，如内容营销可以被细分为原创文章、转载文章、信息图、在线讲座、电子书等。SEO 可以被细分为头部流量、长尾流量等。

第四，在渠道矩阵里填写评分。研究每一个获客渠道并进行评分，可以使用"高中低" 3 个档次的评分方法，也可以使用"1~5 分"这种 5 个档次的评分方法。评分不需要非常准确，只需要得到足够的信息，在不同渠道之间进行比较。对于不同的公司来说，评分可能代表不同含义。举个例子，同样在触达力这个维度上，一个用户终身价值较高的 SaaS 公司可能会把用户开始试用定义为触达，而一个面向大众用户的 App 可能将下载定义为触达。填写完评分之后，可以得到一张渠道矩阵评分表，如图 3-51 所示。

		触达力	费用	输入时间	输出时间	可控性	规模
内容营销	原创文章	高	低	高	高	高	低
	转载文章	中	低	低	高	高	低
	在线讲座	高	低	高	高	高	中
	信息图	低	低	高	中	高	中
	直播课程	高	低	高	高	高	高
	新浪微博	高	高	低	低	高	高
社交平台广告	微信朋友圈	中	高	低	低	高	高
	微信公众号	低	高	低	低	高	中
	脉脉	低	中	低	低	高	中
	陌陌	低	中	低	低	高	中
应用商店投放	应用宝	低	中	低	低	高	中
	小米应用商店	低	中	低	低	高	中
合作换量	合作方 A	高	高	低	低	低	高
	合作方 B	中	低	低	低	低	中
	合作方 C	中	低	低	中	低	低
公关推广		中	中	高	高	低	中
赞助		低	中	低	高	中	低

图 3-51　渠道矩阵评分表

第五，做出决策。

一个完美的获客渠道大概是下面这样。

触达力：高。

费用：低。

输入时间：低。

输出时间：低。

可控性：高。

规模：高。

并不存在完美的获客渠道，所以关键在于你最初确定的优化目标，以及你的限制条件。用你的限制条件把这些渠道分类并排序，如果你最大的限制是费用，那么就把费用低的渠道拿出来，找出其他属性相对最满意的一个。

（2）如何利用社交媒体获客？

社交媒体获客有两种策略：第一种是直接获客。扮演营销漏斗中偏上方的角色，就是吸引用户，制造足够的用户认知与兴趣。社交端天然容易产生更多的内容，能够刺激更多的传播，有利于营销工作的开口。在流量与潜在用户产生的时候，将这些流量与潜在用户通过内容与着陆页去做转化与成交。第二种是用线索流量池汇聚流量。无论什么转化页面，注册率/成交率都不会太高，5%~10%就非常高了，实际上大量的流量与潜在用户在访问到转化页面的时候都浪费掉了。如何避免这些浪费？在国外，营销自动化是通过电子邮件进行，以电子邮件为主渠道，不断地刺激那些暂时没有成交的用户，推动其往漏斗深处移动。在国内，用户并不具备频繁使用电子邮件，所以这个任务就主要落在了微信公共账号特别是微信服务上。

将微信作为整体流量池，并用致趣百川的SCRM跟其余渠道打通，那些没有成交的流量与潜在用户就可以以微信为主题搭建一个流量与潜在用户的池子，实现"鱼池养鱼"。将不同渠道获取的潜在用户不断地推进在漏斗更深层次，而社交媒体特别是微信就起到了这样一个"中心"的角色，持续提供跟品牌的接触点与互动点，加速线索的不断发展。

第一，微信直接获客。

用微信获客，线索优质，周期短，效果较好，扩散效应明显，利于运营和培育，能够实现小闭环。

①微信扩散效应明显：10万+已过时，1 000万+时代来临。

2017年，公众号传播力战场发生了转移，至少对头部自媒体而言，如果10万+是最初的梦想，那么现在百万甚至千万阅读量，已经可以列入年度KPI了：2017年5月9日，《百雀羚神广告又来了！》一文凭借一镜到底的创意广告刷爆朋友圈。这篇文章引爆在公众号"4A广告门"的二条位置，实为合作转载，但阅读数在一天之内突破400万，为"4A广告门"涨粉5万；8月25日，粉丝不到5万的《樱桃画报》推文《如何假装成一个好妈妈？》，3天获得近1 400万阅读量，涨粉37万；9月14日晚，《视觉志》发文《谢谢你爱我》，推出4天后，阅读突破5 000万，仅在朋友圈转发的次数就超过300万，为《视觉志》带来约65万新增粉丝。微信的传播效果不再赘述，扩散效应明显，加上合作媒体的转载，传播效果能呈指数级增长。

②微信群运营：扩散＋培育。

优质内容需要一定基数的用户扩散出去，除了微信号本身的传播力，微信群作为直接的传播线可以作为扩散群。另外，可以通过微信群，将微信号粉丝深度运营，实现潜在用户培养、培育。

③微信服务号标配：SCRM。

用 SCRM 打通，实现微信体系小闭环：第一，官方微信＋中立媒体账号，一套 SCRM 打通。除了官网微信，同步打造行业中立媒体账号，全方位获客，同时在菜单栏用一套 SCRM 打通，实现获客数据统一。第二，销售小助手，一对一沟通。通过小程序接入销售小助手，实现销售和用户的一对一沟通。第三，市场与销售高效协同。通过微信社交名片，提高市场与销售协同效率。分享市场部提供的微信图文，同步会出现分享人（销售人员）的联系方式（电话、个人二维码、咨询表单），增加销售转发动力，如图 3-52 所示。

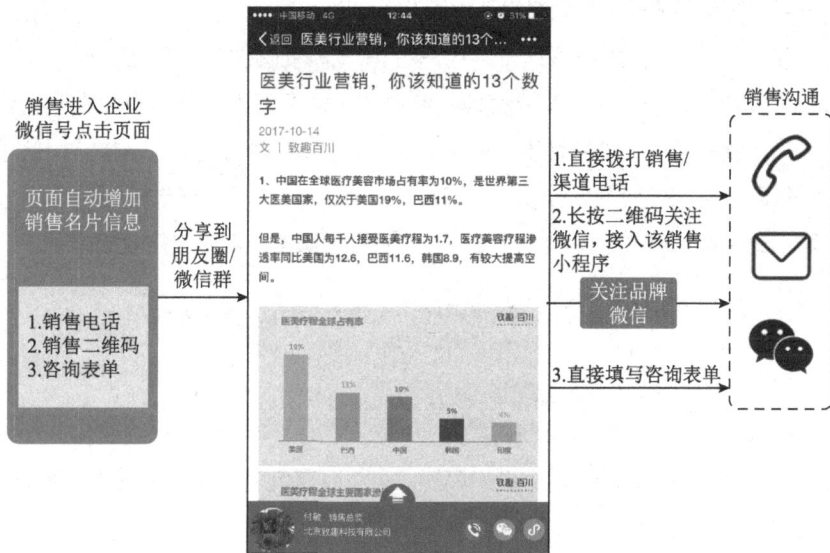

图 3-52　销售社交名片

第二，微信承接转化其他渠道线索。

①微信承接官网线索。

官网的线索成单率仅为 1.5%，没有成交的达 98.5%，如果不能继续跟进，就会造成极大的线索浪费。官网相对被动，不能主动出击，若将官网线索同步到微信服务号，便能同步培养，提高线索利用率。有效培育的线索可以比没有经过培育的线索多产生 47% 的大额度消费。89% 的公司报告显示，持续的线索培育可以使线索转换成销售机会的数量大幅增加。[①]

一方面，官网引入线索培养流程，如增加案例区域、电子书区域，官网发文是电子书的一部分，引导用户下载电子书完整版，注册为会员，纳入线索培育流程。另一方面，官网与微信数据打通。微信服务号与官网的整体内容资产建设有 2 条渠道统一的数据汇总，通过 SCRM 将多渠道数据统一打通。

②微信放大杠杆率。

信息分享出来后，互动较多的为好朋友和因工作认识的人，可以放大杠杆率，如图 3-53 所示，通过微信将业务人员的朋友圈拉到流量池里面，对于员工和用户，通过众包方式，以积分激励员工分享。对于 B2B 企业而言，销售和用户是市场内容传播的非常重要的渠道，撬动销售团队和用户的社交资源增，扩内容对于目标潜在用户的覆盖，可以从明确 KOL 和个人激励 2 个方面着手。

一是传播链条明确，明确找到 KOL。用户产生的价值是源源不断的，不同用户的传播力度也是不一致的。根据"个别人物法则"，当任何一场流行时尚到来时，总能发现几个非常关键的人物。他们独有的特点和社会关系，再加上他们自己的热情和个人魅力，能够最高效快速地将信息在一定范围内散播开来。企业引爆潮流的第一步就是要从人群中找出这些个别关键人物，并利用他们来传播营销信息，点燃流行潮。通过致趣百川全员营销模块，明确传播链条，通过传播星空图，可以明确找到传播最多的"个别人"，识别企业的 KOL，实现传播效果优化。

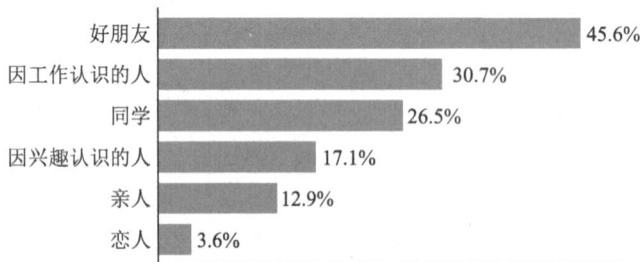

好朋友	45.6%
因工作认识的人	30.7%
同学	26.5%
因兴趣认识的人	17.1%
亲人	12.9%
恋人	3.6%

图 3-53　微信分享后互动量级

资料来源：《2016 年中国社交媒体影响报告》

二是关系链清晰，激励明确到个人。老带新或转介绍是高客单价企业公认成本更低、转化率更高的方式。但能否成功运用，则与激励机制的设置以及激励机制能否落实到个人直接相关。致趣百川 SCRM 营销自动化能追溯线索来源，明确关系链，让机制落实到具体的人，可以通过以下流程进行。

———————————

[①]　资料来源：《销售业绩优化研究》

　　企业路径：设置奖励制度→制作内容→一键分发给用户→跟踪每个用户的点击及用户信息→核实该用户是否带来新用户→新用户确认→激励。

　　用户路径：注册进入企业系统→自动接收推广任务→朋友圈转发/转发好友→查看任务完成进程→根据结果接受奖励。

　　打通传播链和关系链之后，找到最有传播力的个人进行扩散，辅以明确的激励机制，保证能者多得，微信获客的效果则会大大提升。

　　③微信承载开口型获客流量。

　　开口型获客（比如线索名单、邮件活动、赞助活动、在线直播、销售自己找来的线索、付费搜索等），指将线索纳入微信流量池，进行培育。以某网站投放到官网为例，90% 的流量都是被浪费掉的，其中 95% 的官网流量并不会注册，80% 以上的注册不会成交。但是，现在不成交不代表以后不成交，现在没预算不代表以后没预算，现在不感兴趣，不代表以后没感兴趣。采用致趣百川 SCRM 营销自动化策略，将用户拉入微信端，就可以将现场的用户尽可能地保留在自己的流量/用户池中，将官网与微信打通，实现持续的培育转化。后期通过线下活动，对于致趣百川 SCRM 营销自动化中线索打分较高的用户可以实现更深层次的交流，缩短成交周期，促进转化。

　　④微信承接邮件、物料、销售拜访线索。

　　一是邮件打通。根据历史数据，定期发送邮件，提供优质的干货图文、电子书，并将邮件的存量用户拉拢到活跃平台上。二是物料中放上触点，承接点都放在微信端。三是销售拜访用户，在面对面时邀请对方关注微信，再通过市场部提供优质内容，进行持续培育。

　　第三，微信背后的营销自动化：鱼池养鱼论。

　　"鱼池养鱼论"，即把用户比喻为一条条游动的鱼。营销全渠道捕鱼，获取用户，大鱼（已成熟的潜在用户）在营销闭环中直接出池，小鱼（未成熟的潜在用户）则留在鱼池，继续培育成长。通过营销自动化，完成用户打分，评估是否可以出池；对于还未长成的小鱼，不断提供营养，实现销售加速；而作为支撑的行为解构，则可以不断了解鱼的情况，及时做出池或者加速的准备。

　　鱼池养鱼论，系统回答了以下问题。

如何捕鱼？鱼一般会出现在哪些场景？在不同的场景捕鱼，存在什么差异？

捕获的鱼是从哪里来的？来之前干了什么事情？是否关注过微信号能够进行互动？是否下载过产品介绍，具有较强的购买动机？

捕获的鱼中，哪些能够直接出池，用来做菜？即用户注册之后，哪些用户的成交可能性更高？

在养鱼的过程中，哪种饵料最受欢迎？即产品的实际使用中，每个模块用户的访问情况，细化到每个用户的具体使用情况，详细到具体场景下的使用情况。

鱼出池时，市场部跟销售部该如何协同，实现无缝协作？

具体可从"获客、行为解构、线索打分、营销解构"4步出发，完成鱼成长全旅程。

①第一步，获客：捕鱼。

从目前市场来看，用户相对分散，捕鱼仍是重要一环。对于捕鱼而言，在不同水域，捕鱼方法不同；对不同鱼种，捕鱼工具也有所差异。以社交端为例，活跃的社交媒体较多，如微信、QQ空间、微博、论坛／BBS、人人网、朋友、豆瓣、陌陌等，如图3-54所示。只有了解不同规则，才能实现理想的捕鱼效果。凭借与生俱来的社交基因，融合百度、线下办会等渠道，致趣百川能打通全渠道，助力钓鱼成功。

对于所得之鱼，大鱼（已成熟的潜在用户）直接销售跟进，小鱼（未成熟的潜在用户）则入池培养。如何判断是大鱼还是小鱼则可以通过行为解构来实现。

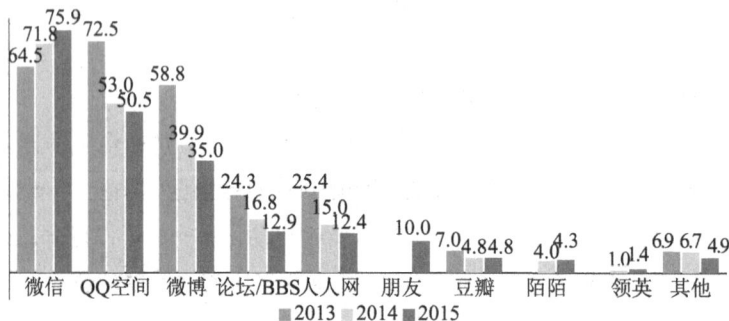

图3-54　网民经常使用的社交媒体类型

资料来源：《2016年中国社交媒体影响报告》

②第二步，行为解构：你的鱼是什么鱼？

通过行为解构，形成完整的用户画像，明确鱼的信息，大鱼（已成熟的潜在用户）出池，小鱼（未成熟的潜在用户）培养。致趣百川 SCRM 系统在重点节点给粉丝贴上了多样标签，如性别、年龄、城市、关注时间、来访次数、沟通次数、关注产品类型等，可利用这些行为不断完善用户画像，且通过解构用户行为回溯其行为背后的动机。线索来源不同、行为不同，线索的分量也会不同。根据获客来源的不同，设置不同权重，实现线索打分。

③第三步，线索打分：鱼什么时候可以出池？

若规定鱼成长到 3 斤则出池，那么面对数以万计、随时成长的鱼，该怎么识别？潜在用户从刚刚进入销售通道到完全成为付费用户的这段时间内，平均会有 5~10 次接触机会。若能识别关键时刻，便可找到已达标的鱼，成功实现销售转化。致趣百川营销自动化用行为定义用户，对不同的行为进行打分，能识别出关键时刻，进行销售跟进，实现线索培育，增加优质线索转出。简而言之，自动对鱼打分，分数达标则出池。图 3-55 所示为打分系统。

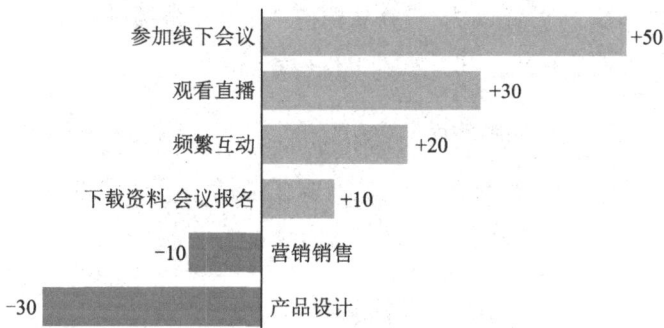

图 3-55　打分系统示例

④第四步，营销加速：如何加速小鱼成长？

开塘养鱼，一步步养大，最终撒网捞鱼。通过线索打分，对于还不能出池的鱼，则要通过销售加速，不断培养。对潜在用户的培养，重点在于为其提供有营养的内容。除信息外，也包括工具、活动。线上、线下同时发力，针对不同属性的人群开展对应的营销策略，提高营销转化和成单率。

第四，获客效果测量：社交传播的拉新效率？

根据 SNS 传播模型，最核心的要素为用户（身份）、关系、内容，即什么身份的人以什么样的关系，在一个地方浏览、互动这样的内容，也即信源—内容（分享）—渠道（方法）—用户（朋友、好友）—用户（转化率）。

新用户则可以通过下面的公式计算：新用户 = 活跃用户 × 分享率 × 好友数 × 转化率，如图 3-56 所示。

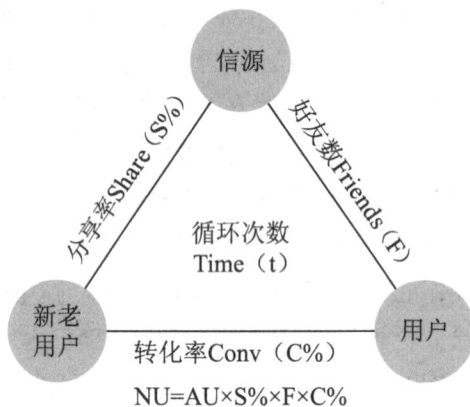

图 3-56　SNS 传播模型

社交传播的拉新效率 = 分享效率 × 转化效率 × 分享频次 ×10

= （用户基数 × 分享动力 × 分享便捷性）×（传播内容 × 转化驱动 × 转化便捷性）× 分享频次 ×10，如图 3-57 所示。

图 3-57　社交传播的拉新效率

分享效率：现有的用户存量中有多少人愿意帮我分享？

转化效率：触达到用户后有多少人能被转化成我的新用户？

分享频次：所有愿意分享的人群里，在用户存活周期会帮我分享几次？

10：假设平均每个分享大概会有 10 次被打开。

①分享效率。

分享效率有 3 个影响因素：用户基数，分享动力，分享便捷性。

第一，用户基数。在做所有的拉新动作之前，首先产品要好，用户的留存率要高，否则每一次拉新的成本都会浪费掉，因为用户都流失了。做社交传播也一样，如果本身用户量不够，没有用户基数去做分享也是没有用的。所以社交传播适合在用户有一定基数的时候做爆发式的增长。

第二，分享动力。决定分享动力的有两个关键因素，一是"有钱"，二是"有趣"。用户只要进入邀请好友的页面，把优惠邀请发到群里或者是朋友圈，如果有好友领取了这个优惠券，这位用户也会得到同等的优惠券。现在有红包、抵用券、商品等，有的是新老用户一致，有的不一致，这就是"有钱"。第二个是"有趣"，有很多现象级的产品和工具，形成传播闭环，都可以归纳为"有趣"里面。

第三，分享便捷性。在邀请界面上用户只要一键分享，即可到社交渠道。

②转化效率。

发出去的分享触达到的用户，有多少人能够转化为购买用户？转化效率有 3 个影响因素：传播内容，转化驱动，转化便捷性。第一，传播内容要有足够的吸引力。第二，每一个转化环节都要有很强的刺激性让用户进行下一步。第三，用户从进入到行为结束，不要超过 5 步。

③分享频次。

在用户的生命周期里面，能够分享多少次？不管是分享有钱的内容还是分享"有趣"的内容，提高分享频次的方式一般有以下几种方式。

第一，排行榜。用户分享出去优惠券、红包后，有一个排行榜，可以看到自己拉到了多少人，比如在某个地方有一个提示，你在这段时间之内发的红包被多少人领取使用了，只要你的名字排在前十，就可以得到一个苹果手机。

第二，用阶梯的形式刺激用户。第一次邀请能获得 5 元，第二次 10 元，第三次 20 元……以此类推。

第三，任务。用户通过分享一个商品得到一张优惠券，或者通过分享一张优惠券得到一个商品，或者分享一个品牌的广告获得积分，通过不同的分享刺激用户分享不同的内容。

第四，连续。比如分享 1 次、2 次、3 次、4 次、5 次之后就能获得一份资料礼包。

第五，内容的随机性。每次分享除了优惠以外，还有很多有趣的、随机的内容，总有一款能打动用户。

案例：引爆"红人计划"，为百威英博打下获客坚实基础

特别鸣谢：百威英博"红人计划"操盘手 Jessie

零售行业正处在颠覆变革当中，流量和获客成了重中之重。百威英博作为零售行业的领军企业，希望年轻用户不仅是买酒，还可以将品牌和产品融入到更多年轻化的场景中。如在 KTV 想到百威的酒瓶，在电音派对上要喝百威，在玩滑板的时候想到百威是更炫酷的表达自我的方式，如图 3-58 所示。在品牌端激情碰撞之后，最核心的是销售，如何促进更多的用户忠诚于该品牌？如何让他们进行更多的消费以及二次购买？

图 3-58　百威英博项目背景介绍

四大突破，打破流量焦虑

用户呈现群落状重叠分布，微小且碎片的消费行为特征难以捉摸，传播介质的变化更多，但真正有效的渠道不多。关键用户从哪里来，怎样启动高效的人际传播？貌似方法越来越多，但是自己真正用的时候却力不从心。最终，百威英博发现了 4 个突破点，找到目标用户，高效获取流量。

1. 突破一：寻找目标种子用户

用户分布在每个角落，很难聚集。怎样让这群核心 KOL 帮忙发声，实现人际传播的威力？线上和线下要更好地融合在一起，则有了实现的可能。

（1）线下：多重挖掘种子用户源头。

线下是线上流量引爆的切入点和启发点。要经常接触目标用户群，也就是去百威的目标年轻人群体经常出没的地方。

> 去 KTV 等娱乐场所。
>
> 去年轻人出现的一些跨界领域。
>
> 去音乐人甚至艺人粉丝群。
>
> 去一些潮人、抖音、潮人主播的群里面。

通过参加年轻人的活动，不断地发掘年轻人喜欢什么，找到年轻群体流量的源头。不能一个一个去触达，要通过 KOL，触达整个群体面。

KOL 可以是娱乐场所的演艺总监、艺人总监，是圈子里的核心人物，他们经常会发起一些小活动。找到演艺总监、音乐会的主理人、电音节的品牌策划人和潮人的主播，甚至艺人粉丝群的打理、群主，如图 3-59 所示。

不断地从圈子文化出发，直接去发掘为这个品牌代言或能提高销售量的红人。红人和普通人不同的地方是爱玩，有调性，身边有一群拥护的人。红人比较容易和身边的人打成一片，通过红人可以传播圈子中的一些流行元素或事物。通过红人在圈子中的不断刺激，可以获得目标用户的联系方式。

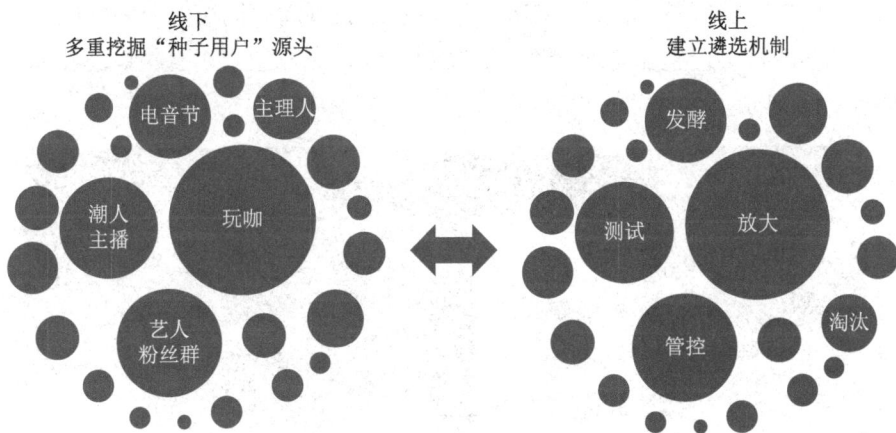

图 3-59　寻找目标种子用户

（2）线上：建立遴选机制。

选了 10~30 个普通人的 KOL 以后，怎么去测量 KOL 的地位、影响力和传播力，和渠道有效性？通过多次活动进行测试，并在线上进行发酵、管控，甚至放大以及淘汰。在线上可以发起主题活动，通过这 30 个 KOL 去发起红人的遴选活动并进行不断的测试。

然后通过设置一些管控渠道，如通过 A 线可能有 100 个人，B 线可能有 80 个人，C 线可能有 300 个人来报名。再通过一些标准去评估不同渠道的质量，如报名的人，是否喝过百威、喝百威的频率，是否经常去 KTV，是否参加过国内至少 1 ~ 3 届电音音乐节，包括个人照片，以及平时的兴趣爱好点等。如果评估后报名者的质量非常好，后续在这个活动中的参与度非常高，也非常匹配百威潮人的特点，就会增加其权重值。同时，实行末位淘汰制，权重值不高的渠道线会逐渐被淘汰掉。总之，要深入一线发现引爆渠道，通过线上的一些活动反过来检验线下的种子源头是否可靠。通过不断筛查去印证，进而淘汰或扩充。

2. 突破二：基于富媒体（直播）等获取流量

通过一些自媒体手段去不断地扩充流量池，怎么做？一是直播，二是通过线下活动或公开课等进行引流。百威英博曾通过抖音制作了一些短视频，尤其是在一些大型电音节里采用了直播手段，也请了一些圈内比较有知名度的网红去做直播，获取了一定的用户流量的源头。在线下举办一些高质量的活动的时候，也可通过二维码扫码，刺激用户去观看，同时每个观看的用户有次抽奖的机会，奖品有现金红包，或数据线、充电宝、钥匙扣等小礼品，如图 3-60 所示。

图 3-60　基于富媒体等获取流量

线下的扫码活动参与率非常高。如在 KTV 举办的一些线下活动，在好的情况下，一家 KTV 店可能一个晚上（从晚上 8 点到凌晨 0 点近 4 个小时）20 多个包间，通过扫码就可以增加六七百条的有效增长。线下能为线上导量，同时拉动消费，而线上的促销活动活动能拉动线下的消费，线上线下相互配合。

3. 突破三：基于"一物一码"对于线下流量的获取

关于"一物一码"对线下流量的获取，可通过 KTV 渠道、餐饮渠道、一些大型的音乐节渠道，或者在产品本身和一些宣传物料上进行突破。二维码成本也非常低，几分钱左右，可以把二维码贴在产品或宣传页上，甚至是一些 H5 上，也可在一些消费支付信用卡方面进行引导，实现会员绑定的同时，把流量引到微信公众号上，有效地去扩大，并且实现一些积分奖励，如银级会员可以获得一个定制的礼品等，如图 3-61 所示。

图 3-61　基于"一物一码"获取线下流量

4. 突破四：全渠道营销自动化，更科学地使用流量

精细化流量管理是营销未来的发展趋势。对精细化流量的挖掘，是产生销量的关键。不同的渠道产生的用户流量属性不同，之后的运营方式也会不同。对于和促销、发红包等直接利益关联度大的用户会运营时要注重激励，如 15 日之前买 ×× 即可以获得 ××，直接物质刺激会更有效，而如果给他们推送某明星来场的图文，则是一种打扰。

四大突破运用：引爆"红人计划"

通过百威红人计划，看这 4 个突破是怎么去运用的，怎么去为这个品牌打下坚实的获客基础，以及在不断进行线下活动时，怎么去判断每一个线索的价值系数，以及怎么去调整选客标准。

1. 传播规律依然有效，但实现路径已悄然变革

当与一个人沟通时，如果你用他熟悉的语言，立刻就可以被理解；如果你的沟通方式无法吸引对方，那么无论内容质量多高，对方也不会选择接受，也就难以产生购买行为。传播规律无非是好的内容在社群或圈子里进行发酵，同时找到种子用户继续裂变，最后实现低成本的扩张。量级越大，成本越低。反之，成本相对就越高。传播工具关键的是如何去找这个种子用户，去哪儿找，以及寻找的机制是什么。找到之后，需要通过设定规则去刺激他，只有这样才能点燃社交关系链，放大人际传播。如图 3-62 所示。

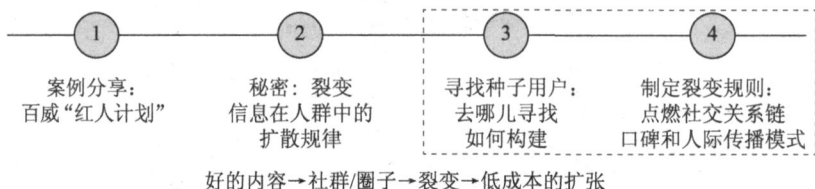

图 3-62　传播规律的实现路径

2. 如何找到真正的社交流量 KOL？

如何找到这群种子用户，以百威"红人计划"为例，如图 3-63 所示。"红人计划"怎么把潮人联合起来？对于现有的资源，如物料、电音节门票资源，怎么去运用？百威打造"红人计划"，用了微信公众号和微信粉丝群去征集百威红人。最关键的是渠道，找到了广州、成都等地排名前 5 的娱乐场所主理人、演艺总监、潮人主播，请他们在自己管理的微信公众号发起活动。他们管理的微信公众号粉丝量不大，有几千人，阅读量、点击量也不过万，但都是高质量的精准粉丝，只要内容质量高，粉丝就愿意付费。仅两天时间就有 3 000 人左右的报名量。针对这 3 000 人，通过几个指标进行筛选，一是颜值，二是是否参加过国内比较好玩的电音节，三是是否喜欢喝百威，四是平时的兴趣爱好。从这 3 000 人里面筛选出来 360 人进入的百威"红人计划"，把他们培育出来当百威红人。然后，发起微信转发活动，谁转发这条微信推文最多，就有机会获得 CreamFields 电音节的门票。公布了这条信息之后，当天晚上 10 点，这个力量就完全已经引爆了。

常规做法
广告投放
新媒体KOL
微信群红包
等等

种子用户转发

二次转发前平均每人
点击71.8次
二次转发后平均每人
点击为186.8次

最高邀请高达
1 108人点击

排行榜第8名邀请
492人点击

*邀请查阅活动即点击1次10积分。

图 3-63　百威"红人计划"：如何找到真正的社交流量 KOL

在 SCRM 企业营销监控里面可以看到人际传播的威力，活动进行了 3 天，在第三天晚上 10 点钟结束，设定的规则是点击 1 次 10 积分。在这里一定要强调一下，千万不要忽视普通人的人际传播力量。可能大家一般认为 1 个普通人的转发可以覆盖到 200~300 点击量就算比较高了，但实际测试结果是 1 个人可以覆盖 1 108 的点击量，TOP50 红人的威力为 1∶145。

3. 通过 SCRM 全员营销监控

在整个活动中可以看到，通过 SCRM 介入构建高效筛选机制，并通过 3 个步骤保证信息的有效、真实、透明。

第一，如何防止刷量和暗箱操作？首先，对于参加这次任务的人，手机序列号和姓名必须一一匹配，有且仅有的一个。其次，定向邀约。经过品牌遴选后的这 360 个人才有机会做这次任务，才有权限参与这次活动，同时也把营销成本最小化。再次，结果实时可视化、可监控。通过 SCRM 工具，红人都可以在微信公众号及时看到转发的具体情况和自己的排名。

第二，为什么有效？用户只有从好友的利益点出发，才可以获得积分，他会考虑如何保持关系，不会用内容打扰他们，也会拒绝微商式的刷屏。这种方式既能保护双方品牌，也能实时更新排行数据，粉丝能够获得公开透明的体验。

第三，背后的逻辑。与传统意见领袖不同，种子用户是圈层达人、身边的人，有共同喜好或话题，基于信任的推荐，能为企业获取精准用户。

在整个传播过程中，数据沉淀和反复利用是关键。通过如图 3-64 传播图所示排名前三的数据，可以看到谁是这个圈子的核心人物。找到这 3 个人，下一次活动也可邀请他们参与。在传播链条并不是特别明显的区域，就把他们列入下一次培育的活动红人里面，通过 SCRM 精细化管理，找到这次谁是种子用户，谁可能是以后活动的种子用户，并不断去刺激和培育

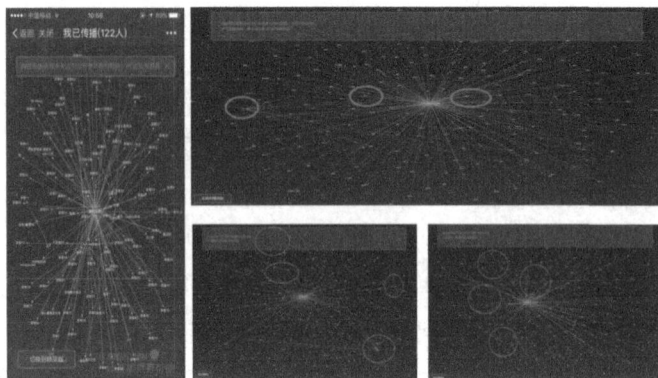

种子用户培育路径：
- 找到大鱼
- 谁是下一条大鱼
- 谁将有可能成为大鱼

图 3-64　百威"红人计划"传播图

总之，线下线上不可分离。线上流量遇到瓶颈时，建议实地去采访、调研，在线下查看问题的源头。

培育种子用户的背后逻辑：解决两大核心关键

培育种子用户的背后逻辑，无非是解决两大关键核心：寻找种子用户，制定裂变规则。

1. 全员社交营销的关键：寻找种子用户 — 邀请筛选机制

第一步，成为种子用户。种子用户必须是实名认证的，否则无法进行有效对话。以百威英博的定位为例，寻找种子用户的方式可以包括小众爱好发起人、KTV 组织者、社交打分（微博抖音等账号的粉丝数）、这些用户平时出没的场景等。

第二步，通过多次活动不断筛查。遴选标准一定要明晰，要明确不同流量的有效性、获客成本的高低，以及背后辐射人群的威力。单次传播效果（价值）位于前 30% 的用户自动进入"红人计划"池，通过后续多次活动进行朋友圈质量考核，执行高淘汰机制。

第三步，设置受限的开放邀请机制。分析 SCRM 传播效果，挖掘传播裂变节点高的用户，定向邀请其参与种子用户下轮传播。为什么要受限？一是为了获取精准用户；二是降低成本，这些人是通过遴选出来的 KOL，社交系数较高

可以实现 1∶500 甚至是 1∶1 000 传播量的引爆。量级较高之后，成本可以有效平均化和降低。

第四步，开启不受限邀请机制。如果担心种子用户的同质化或缺少多样化化，可以采取不受限的邀请机制，在线下通过多个活动去寻找。继续发掘其余获客渠道，被邀请者入围成功并参与活动后，可给予邀请者推荐奖励（门票 / 小礼品）。

2. 制定裂变规则

裂变式传播与病毒营销，本质区别是裂变式传播建立在用户自愿转发的前提下，不需要外驱力，内驱力就足够保证传播效果。在具体实施时，可以遵循利益诱导、寻找优越感和分享感这 3 个裂变规则，如图 3-65 所示。

图 3-65　制定裂变规则

第一，利益诱导。若转发送 iPhone，肯定会有人转，但利益诱导产生的忠诚度也是最低的。利益诱导，适用于第一次的转发，但后期裂变则不适用。

第二，寻找优越感。优越感是进阶阶段，与品牌美誉度直接绑定，处于这个群体的平民达人，一定具有优越感的，如男士晒车牌、晒房本，女士晒娃、晒化妆品，潮人就晒特权，这些用钱买不到的东西可以让他们获得优越感，通过绑定品牌方的赞助商特权，让这群潮人真正获得优越感。

第三，分享感。实时制造更多的分享机会，创建多维度的共创内容。如发现了好玩儿的去处——短视频，发现了有情调的参观——图文直播，发现了和自己共鸣的文章——发起 ×× 行动。

数字原生态玩家正在引领零售业的颠覆，传播介质越来越多，有效性却如人饮水冷暖自知，流量焦虑仍在困扰营销人。百威英博寻找零售业获客的关键按钮：线上、线下同时发力，发现目标用户藏身洼地；基于富媒体（直播）等获取流量；基于"一物一码"获取线下流量；通过全渠道营销自动化，更科学地使用流量。

特别鸣谢：百威英博"红人计划"操盘手李键莎。

案例：致远互联拓展 SEO/SEM，全渠道高效获客

互联网普及率达到 50% 左右后，难再增长，互联网人口红利逐步消失。B2B 企业投放困境凸显：数字广告点击率持续下降，每投放 10 000 人仅 4 人点击。网民对于广告的认知程度提升，依赖性降低。如不相应跟踪，97% 的搜索引擎流量都会浪费。B2B 企业平均转化率由 50% 以上降低为 12%，这意味着接近 90% 的流量没有转化为商机。

渠道已经不再仅限于搜索引擎，能够承载信息获取线索的渠道，都应该纳入"投放"范畴。如图 3-66 所示。投放也相应的经过了 4 个阶段。

图 3-66　重新定义投放，全渠道投放

阶段一：搜索引擎投放。传统意义上的投放主要包括：搜索引擎、社交广告、DSP 平台、换量联盟，其中最常用的为搜索引擎。

阶段二：将传统渠道纳入投放，同步拓展社交渠道。B2B 企业营销绕不开传统的会销、官网，投放拓展传统渠道，将会销数据化管控，后期继续影响用户，记录官网访问用户的长期路径，同步搭建社交流量池，将数据汇集到社交端。

阶段三：全渠道投放。以微信端流量池为基础，除打通会销、官网渠道外，将口碑营销纳入"投放"体系，同步 EDM 等全渠道，真正做到全渠道获客，全渠道数据打通。

阶段四：营销自动化投放。微信端流量池搭建、让全企业员工参与到获

客当中，同步通过营销自动化，实现线索培育，加速转化。营销自动化线索打分，若是商机则直接转给销售；若尚未成熟，纳入企业的社交平台继续培养培育。

连续 13 年蝉联中国协同管理软件市场占有率第一的致远互联重新定义投放，将跨渠道投放达到最优效果，结合致趣百川 SCRM 营销自动化工具，优化商机培育流程，高效获客流程。通过致趣百川 SCRM 自动化营销系统实现全渠道营销自动化，将内容营销、线下活动、线上直播等内容进行整合，数据打通。放大社交端营销，从企业员工，到合作伙伴、代理商，包括朋友、业内大 V 等人群进行社交传播。同步营销自动化线索培育，其所产生的效果将超越传统投放。

如何优化搜索引擎投放？

传统意义上狭义的投放就是搜索引擎投放，以 SEM 加 SEO 的方式获取线索。纵观业内优秀的 B2B 企业，除传统人际关系关系应用外，最快获取商机的方式，依然是搜索引擎优化，但搜索引擎的问题也比较突出。第一，关键词成本攀升，竞争激烈。近 2 年 B2B 企业广告支出非常大。一些关键词从早期几元，一直涨到现在上百元。原因是竞争对手大量增加，各类 SaaS 厂商入局，竞争异常激烈。第二，搜索时间碎片化。由于移动互联网的普及应用，用户更多在碎片时间搜索应用，如何能在此期间抓住用户，也变得非常重要。第三，用户更加理性。早期企业只要布局好关键词，基本就能实现获客。但是如今用户更理性，他们会自发通过各种渠道，获取企业产品信息。用户更关注效果，这就要求产品更加紧密地配合 SEM。搜索引擎优化可以从 SEM 和 SEO 两个方面着手，如图 3-67 所示。

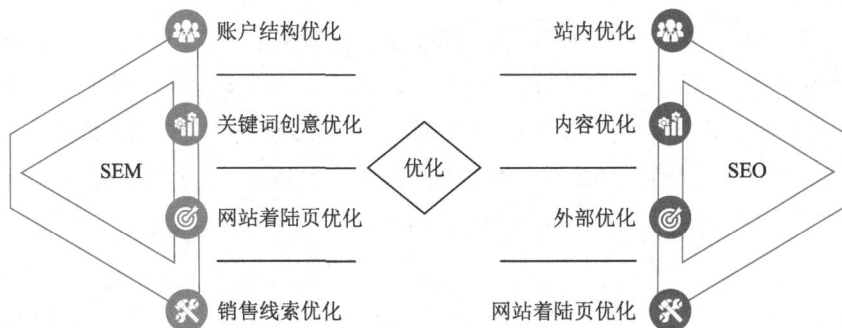

图 3-67　搜索引擎优化

1.SEM 优化

账户结构优化。在账户结构方面，无论在国内还是国外，进行不同地区投放，投放账户要尽量多拆分。因为不同城市投放价格差异较大，精准优化会令 ROI 有效提升。

关键词创意优化。关键词布局要从品牌词和产品词这两方面做起。所有关键词投放都要保证效果质量，以节省成本。选择高质量品牌词可以使投入费用有效降低至少 10% 到 30%。关键词布局在 PC 和移动端用法完全不同，移动端页面展现内容较少。在用户时间碎片化的情境中，用户不会长时间集中注意力。如何让用户能够第一时间看一眼就停留，需要更多对标用户的应用案例，多尝试以解决用户实际问题作为出发点。

网站着陆页优化。推广的品牌词、产品词，业务运用词一定要和着陆页紧密相关。针对不同的核心场景词汇，做不同的着陆页。探究整理用户需求，在用户最多停留的前三屏集中展示。着陆页还应具备相应入口，并且对于不同渠道来源进行追踪管理。通过下载资料、试用简版产品演示的方式引导用户注册。

销售线索优化。销售线索的转化追踪，有利于销售和渠道管理。帮助企业了解利润来源，优化 ROI，不断向利润转化高的场景发展。

2. SEO 优化

站内优化。将企业官网显示内容进行优化，包括企业标语、关键词、图片文字注释等，提高搜索排名。同时坚持稳定性测试，配合第三方代码监测，保证服务器稳定流畅。

内容优化。内容优化要符合企业发展战略，多了解友商优秀创意，不断尝试，给用户新鲜的体验。对于核心内容做好描述，提高转化率。

站外优化。搜索引擎付费优化，保证曝光度和排名。避开"618""双 11"等流量节日。对于 DSP 类平台要保持基本流量，避免被算法减少投放量。在重点用户所在领域，可以尝试广告牌等线下入口。长期坚持才有持续收效。

网站着陆页优化。PC 端和移动端分开制作着陆页，并且配合第三方自有着陆页往往收效更佳。同时对于用户的操作行为进行追踪管理，不断优化投放配置。

嫁接传统渠道，拓展社交渠道，全渠道投放

B2B 企业营销绕不开传统的会销、官网，同时也面临着数据未打通的问题。随着社交端兴起，建议在微信端搭建流量池，同步打通会销、官网数据。同时，将口碑营销纳入"投放"体系，同步 EDM 等全渠道，真正做到全渠道获客，全渠道数据打通，如图 3-68 所示。

图 3-68　社交端打造流量池，用丰富的资料引导注册

1. 社交端打造流量池

B2B 企业在微信等社交平台的获客通路，近 2 年增长迅猛。社交渠道成为流量巨大的投放新红利。

微信服务号完全可以作为一个更丰富的移动端网站内容入口：让用户可以在其上面获取除了文章以外的其他内容服务，包括在线会议、案例研究、电子书、博客内容、在线视频、产品演示等多维度。

2. 全员营销，将口碑营销纳入"投放"

通过营销内容的社交传播，让所有新老用户、企业员工、业内伙伴都能加入到流量池中，作为传播途径参与进来，引导新老用户注册微信服务号会员，记录用户互动行为，生成用户画像供分析，为未来跟进转化提供更有价值的数据支撑。

3. 会销 + 直播：线上、线下流量汇入流量池

会销是 B2B 行业获客重要手段之一。致趣百川 SCRM 营销自动化系统可以

将各类活动统一管理，报名参会的用户线索数据汇入流量池。会议通知、签到、互动功能也是必备工具。

当用户难以腾出时间参与线下活动，可以利用碎片化时间在线上随时观看活动直播。在实际营销案例中，致远互联通过运用致趣百川 SCRM 营销自动化工具，实现了线上直播的全流程管理。包含从前期直播活动发布，维度人际关系传播链路统计，粉丝注册报名，到线上视频直播，PPT 同步演示，提问留言互动，资料下载等。极大提升了实施效率和营销效果。

如图 3-69 所示，在第 25 期《协同财务新趋势》直播活动中，累计传播人群达到 30 万，获取将近 600 条有效报名用户线索。在直播过程中，互动提问 76 次，有效解答了用户关注的核心需求和问题。

图 3-69　第 25 期协同财务新趋势的会销运营

更直接的效果是，本次直播线上直接转化出 4 家企业合作，直播相比于其他营销形式，成本更低，ROI 相对较高。

营销自动化，深入用户购买旅程投放

B2B 行业存在成交周期长，客单价高等特点。深入了解用户购买旅程，根据不同的阶段输出相应的营销内容，为用户提供多样化的内容展示，可以产生更好的营销效果。

致趣百川 SCRM 营销自动化系统在为用户提供丰富内容生产和全员营销工具的同时,通过标签运营和线索打分的方式,进一步针对用户购买旅程进行管理,提高了线索转化的效率。

1. 潜客访问标签可视化

当粉丝关注企业服务号,无论是注册为员工还是会员,只要拥有微信 ID,就可以通过系统工具进行沟通。

用户参与直播会议、点击营销文章、下载资料等,每一步行为事件系统都会进行记录。以某一场或几场会议为单元进行分析,参会人数、报名来源、参会次数、会议效果等都可以记录。

2. 根据线索打分,做出不同的营销动作

致趣百川 SCRM 营销自动化系统会根据用户事件实际业务情况设立打分模型。例如阅读文章增加 10 分,参与线下活动增加 50 分,一月未互动减少 10 分等。不同的分数范围对应不同营销动作,直到转交销售,实现业绩转化。

致趣百川 SCRM 营销自动化系统具备营销协同功能,每个销售所获取到的线索,都与其息息相关。销售人员可以看到用户分数情况,以决定是否进行下一步联络。

销售可以在意向阶段、目标阶段、立项阶段、成交阶段、复购阶段这 6 个阶段对商机进行管理。

致远互联营销自动化驱动的商机培育流程

图 3-70 是致远互联营销自动化驱动的商机培育流程。筹备阶段:首先开通企业服务号,制定用户标签及打分规则,全员营销机制,会员注册流程,为商机培育流程建立规则。其次创作运营内容,包含官网、图文、案例研究、电子书、线上直播等多种形式。最后是渠道推广方面,将官网、官微、各媒体合作等渠道串联协同,形成全渠道营销,将多种形式的运营内容配合不同渠道场景投放,以达到最优传播效果。

筹备阶段
- 升级服务号
- 用户标签规则
- 全员营销机制
- 会员注册
- 运营内容
- 渠道推广

发起全员营销通知
官微协助推送

用户与引导
- 各区域可影响用户
- 线上活动
- 线下活动
- PPT植入
- 朋友圈传播
- 微信群传播

关注服务号

潜在用户
- 获取微信昵称
- 反馈互动行为
- 每月推文4次
- 锁定用户来源
- 线上活动
- 线下活动
- 方案PPT植入
- 品牌文章传播
- 技术文档传播
- 服务文档传播
- 朋友圈传播
- 微信群传播

填写注册信息

目标用户（会员）
- 标记多维标签；获取手机号；反馈已参与活动、浏览内容、沟通记录、销售阶段
- 微信圈内容：持续影响；根据标签设定向推广内容

老用户营销

有购买意向 / 无购买意向 → 持续营销

销售线索
- 进入商机推送流程

销售确认商机

销售商机
- 用户档案表

打老用户标签

上门拜访

销售漏斗
- 销售跟进进入SCRM
- 签单 / 未签单
- 进入老用户经营系统
- 未签单

图3-70 致远互联营销自动化驱动的商机培育流程

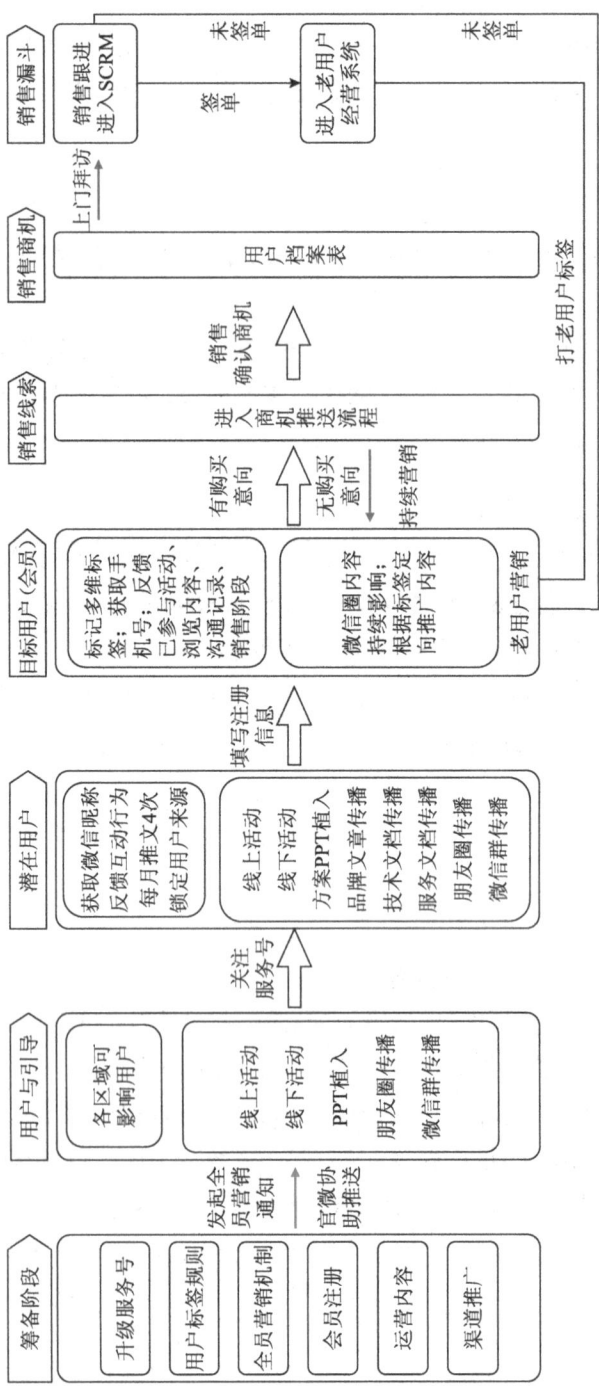

全流程数据记录打标签、效果可视化、影响用户生命周期

用户与引导：结合全员营销机制，由公司内部员工向外至潜在用户，老带新，不断扩大传播效果。通过线上直播、线下活动、PPT 内容输出、社交媒体传播等方式，引导用户关注企业服务号成为粉丝，建立起企业自有流量池。

潜在用户：通过对企业服务号粉丝的营销内容推送，包含线上直播和线下活动邀约、案例分析、服务技术文档等深度内容，引导其注册成为企业会员。收集会员个人信息，开始建立用户画像。

目标用户：通过对会员行为数据的收集和标签化分析，结合评分规则，将会员互动行为价值量化。将优质商机转化给销售，同时反馈已参与活动、浏览内容、沟通记录等数据，帮助销售了解用户需求。对于未成熟的线索和老用户，根据其标签持续精准推送行业相关的精准内容，持续培育。

销售商机和销售漏斗：对于成熟的销售商机，建立详细用户档案表，记录用户情况、关键对接人、需求列表、预算及采购周期等信息。通过 SCRM 管理销售商机漏斗，将签单用户作为老用户持续运营维护关系，未签单用户则继续培育培养。

重新定义投放，将能够承载线索获取的渠道都纳入"投放"，将跨渠道投放达到最优。立足传统搜索引擎投放，打造社交端流量池，拓展线下活动和直播渠道，真正做到全渠道投放的同时，通过致趣百川 SCRM 营销自动化驱动整体营销及商机培育流程，全员参与营销推广，增加口碑传播，提升商机增量。

更多精彩，扫码观看"致远互联：如何将跨渠道投放达到最优效果"。

特别鸣谢：致远互联网络营销总监田薇。

第四章

从流量池中培育线索，找出优质商机

04

企业以赢利为目的,服务于用户。所有的企业都希望用户能够以高客单价持续消费。以内容为饵料,获取潜在用户之后,只是万里长征的第一步,将潜在用户变为用户,再将用户转化为高频率、高客单价用户,则需要采用线索培育(潜在用户培育)策略。

如果从客单价和下单频次两个维度将企业的用户群体做一个切分,可以得到一个四象限图,如图4-1所示,包括A、B、C、D、E五个用户群体。企业的核心诉求之一,便是找到更多的潜在用户群体A,转化为用户群体B,并努力使用户群体B向用户群体E转移,尽量留在E的位置。用户群体A即线索,企业需要尽可能扩大群体A的潜在用户数量,才会有更多的机会使之转化为真正消费的用户。获得用户群体A,已经在获客策略章节中重点论述过。潜在用户培育就是让更多的A转化到E并尽量维持较长时间,在此过程中,要保证完善的用户体验以提升用户满意度和忠诚度。

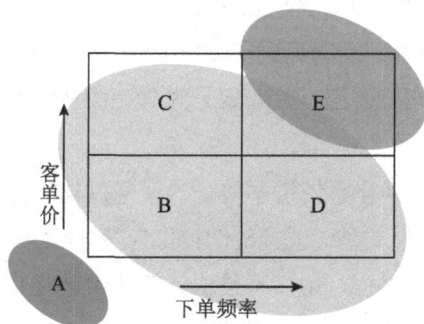

图 4-1 用户群体细分

不同的企业,根据售卖产品和服务的不同,目标用户定位不同,业务流程不同,对A、B、C、D、E五大用户群体的管理模式也不尽相同。潜在用户群体

A 群体向 E 群体的转换，是潜在用户培育的重要环节，B、C、D 则需要用户成功部门的协作。

　　潜在用户培育策略，重点关注新用户的转化，有可能上百条线索只能产生一个转化，尤其是一些 B 端用户，可能花了很大的精力跟进，最终却没能成单。如果比作办案，销售线索就是找到最终作案者的那些蛛丝马迹，为后期用户跟进提供了最基础的信息支持。然而，多达 90% 的销售线索最终都流失掉了，主要原因之一就是缺乏有效的潜在用户培育过程：擅长线索培育的公司，能产生比以往多出 50% 的销售线索，成本却可以节约 33%。企业使用线索培育，降低了 60%的投入成本。已经培育的线索，带来的销售额比未经培育的线索多出了 47%。[①]

1. 线索培育核心策略

　　将大量早期潜在用户线索逐步转化为销售可跟进状态的过程，缩短成交时间；根据用户的兴趣和生命周期推送相关的信息内容；借助营销自动化工具，实现个性化推送，提升效率。

2. 线索培育面临的问题

　　（1）无法甄别优质线索。企业从众多渠道获取的线索中，80% 属于过时和无效的，销售团队需要花费大量人力、时间去审查每条线索的质量。

　　（2）无法识别最佳购买时机。用户对于产品 / 服务的采购是有计划和时效性的，而当销售团队拿到线索时，销售不了解用户背景，以致失去了与用户接洽的最佳时机。

　　（3）缺乏有效跟进机制。企业用大量时间甄别出合格线索后，为缩短销售周期，往往采用粗放管理，从而导致整体效率低下、业绩和产出也都因人而异；而销售团队由于无法充分利用有效线索，为了完成业绩指标，还需要花更多的时间去寻找目标，得不偿失。

　　线索培育与营销自动化系统密不可分，即通过自动化操作与早期线索建立关系，在交接给销售团队之前，就把他们转化为满足销售跟进条件的潜在用户，这是一个把小鱼养大的过程。用户都是由销售线索转化来的，销售线索中既包括意向用户，也包括无意向用户，意向用户可能还包括初步沟通、有意向、确定合作以及流失等状态。

　　由于销售线索所处状态不同，在培育潜在用户时，第一步就需定义线索，

---

① 资料来源：Forrester 官网，《集客营销报告》

对潜在用户进行准确分类,以保证企业对销售的工作情况有全面的掌控,识别销售机会以及成单可能性。第二步,对线索进行定性和定量分析,标签化和线索打分。第三步,通过内容和渠道2个维度,配合完成线索培育。第四步,不断测试和优化,完善潜在用户培育策略。简而言之,线索培育可以通过以下几步完成:线索定义—线索打分—线索培养—线索方案测试与优化,如图4-2所示。

图4-2　线索培育步骤图

线索定义: 明确用户画像和线索阶段

当线索以数据呈现出来后,第一步要明确"好"线索,即明确哪些是市场认可线索 MQLs(marketing qualified leads),哪些是销售认可线索 SQLs(sales qualified leads)。

分析线索,一般会有2种形式,定性分析和定量分析。

> 定性分析:打标签,一般会有事实型标签、分析型标签、预测型标签3种形式。
>
> 定量分析:线索打分,一般需经过线索匹配(显性线索打分)、线索兴趣(匿名线索打分)、线索行为打分、购买阶段/时间段打分4步。

线索定义可以重点从定性分析即打标签着手,明确线索性质。标签,是从信息中抽取出来用于说明其特征的数据,是结构化的数据,通常是人为规定的特征标识,用高度精炼的特征进行描述,是对线索的定性分析。

第一，标签可以使原本无法描述、搜索和定位的数据也可以被描述、搜索和定位；第二，不同的标签有不同的权重，有助于后续的线索打分，且能满足个性化需求；第三，通过标签可以将信息之间建立某种联系，最终为海量信息建立起相互关联的信息网。

针对标签的不同类型：事实型标签、分析型标签、预测型标签，如图 4-3 所示，其中事实型标签、分析性标签是客观存在的，属于统计型画像，而预测型画像更强调预测的准确度。

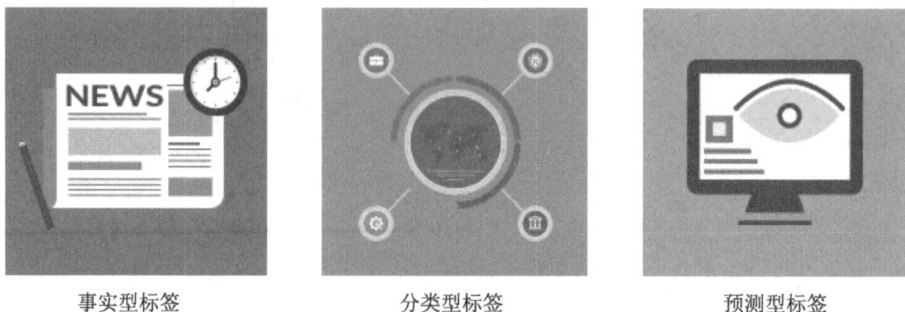

| 事实型标签 | 分类型标签 | 预测型标签 |

图 4-3 　3 种标签类型

事实型标签

事实型标签，即根据用户的事实型行为打标签，可以通过 4W 着手，即 who（谁）、when（什么时候）、where（在哪里）、what（做了什么）。

1. who（谁）

who（谁）， 即用户识别，其目的是为了区分用户。互联网主要的用户识别方式包括 Cookie、注册 ID、微信微博、手机号等，获取方式由易到难，不同企业的用户信息数据化程度有所不同，用户识别的方式也可按需选取。对于高客单价企业，进入到线索阶段后，一般已经具有了基本人口统计、公司信息、BANT 信息，用户识别相对简单。

2. when（时间）

when（时间），这里的时间包含了时间跨度和时间长度两个方面。"时间跨度"一般指以天为单位计算的时长，指某行为自发生到现在间隔了多长时间；"时间长度"则为了标识用户在某一页面的停留时间长短。在用户行为中，普遍认为近期发生的行为更能反映用户当下的特征，因此过往行为将表现为在标签权重上的衰减, 即所谓的"时间衰减因子", 如图 4-4 所示。

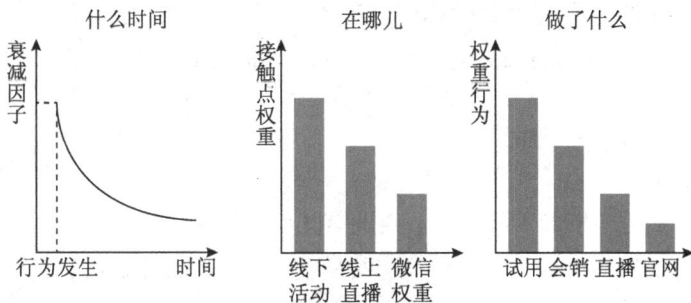

图 4-4　事实型标签

3. where (在哪里)

where (在哪里), 就是指用户发生行为的接触点, 里面包含内容和网址。内容是指用户所作用对象标签; 网址则指用户行为发生的具体地点。内容决定标签, 网址决定权重。

4. what (做了什么)

what (做了什么), 就是指用户发生了怎样的行为, 即用户的行为类型, 例如线上搜索、微信阅读、观看直播、参加线下活动、下载电子书、产品试用等, 根据行为的深入程度添加权重。

从 4W 着手, 可以简单勾画出一个用户行为的标签权重公式: 标签权重 = 时间衰减 (何时) × 网址权重 (何地) × 行为权重 (做什么)。举个直观的例子, "B 用户今天在产品页面试用了产品"反映出的用户标签可能是"获客"; 而"A 用户一周前在微信收藏了内容营销类文章"反映出的标签可能只是"内容营销 0.448", 如图 4-5 所示, 这些不同用户的标签及相应的权重将在后续的营销决策中发挥指导作用。

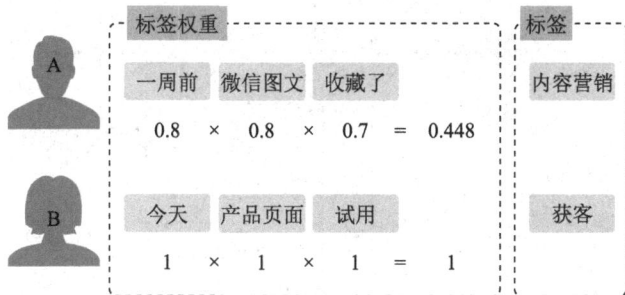

图 4-5　标签权重

分析型标签

分析型标签，是对于线索数据的进一步加工。最典型的方式是 RFM 模型，即从最近一次消费 R(recency)、消费频率 F(frequency)、消费金额 M(monetary) 这三个维度分析某一个潜在用户的价值。

1. 最近一次消费 R

即用户最近一次的购买时间。消费时间最近的用户是最有可能对提供的商品或服务有反应的群体。离上一次购买很近的用户，人数如增加，则表示该公司是个稳健成长的公司；反之则要有所预警。

2. 消费频率 F

即用户在限定期间内所购买的次数。最常购买的用户，也是满意度最高的用户。如果相信品牌及商店忠诚度的话，最常购买的用户，忠诚度也最高。增加用户购买的次数意味着从竞争对手处偷取市场占有率。

3. 消费金额 M

即用户的购买金额，可分为累积购买及平均每次购买。消费金额是所有数据库报告的支柱，也可以验证"帕累托法则"——公司 80% 的收入来自 20% 的用户。

3 个变量可以用三维坐标系进行展示，x 轴表示 recency，y 轴表示 frequency，z 轴表示 monetary，坐标系的 8 个象限分别表示 8 类用户，可以用图 4-6 进行描述。

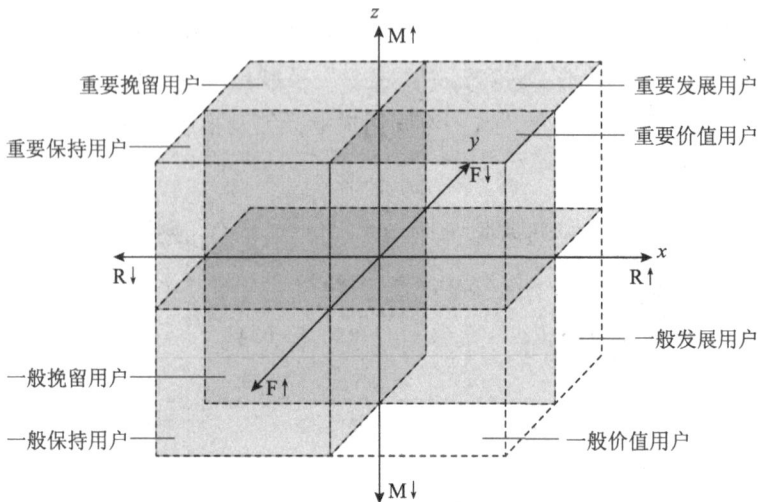

图 4-6 RFM 模型分析

预测型标签

预测型标签需要基于事实型标签和分析型标签做出预测。

预测型标签的生产流程:特征抽取→监督学习→样本数据→评估→标签产出,是经典的机器学习流程,如图4-7所示。在设计标签时要注意以下几点。

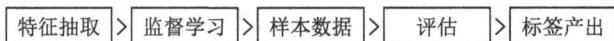

特征抽取	监督学习	样本数据	评估	标签产出

图4-7 预测型标签的生产流程

> 尽量窄化范围,减少某个标签可能的意义范围。
>
> 标签要统一:风格一致,如活泼的或严肃的;版面样式一致,字体、字号、颜色、空白、分组方式一致,视觉上强化标签群组的系统性本质;语法一致,名词"餐厨",动词"做饭"等同一层级不要混用。
>
> 易理解:标签所指示的系统范围应该能够让人充分理解,有助于用户快速扫描,推论出应用所提供的内容。

在打标签的过程中,可以用简单的方法快速走通整个流程,然后再进行每个环节的优化。同时,在进行线索定性过程中,要及时通过头脑风暴进行优化。

> 相关利益者(市场部和销售部)闭门会议,展开头脑风暴。
>
> 深入以下问题:目标市场是什么样的?销售人员觉得获得的销售线索数量是多了还是少了?数据库现有线索的质量?转化好的线索有什么特征?什么样的线索不受欢迎?
>
> 确定"好"是多好:设置基准级别。
>
> 确定"好"线索的标准,并定期审查,不断迭代培育机制。

线索打分:如何自动输出高价值商机?

通过打标签,完成线索的多维度识别,然后将多维度统一成单维度来识别,这需要定量分析,通过线索打分,以衡量销售线索的成熟度。相较于不具备正确线索打分能力的公司，有效线索打分的公司的线索合格率平均高达 192%，如图 4-8 所示。

68% 的市场人员认为，基于内容与参与度的线索评分，是提高收入最有效的线索培育策略。但笔者发现，只有 21% 的市场人员会使用线索打分，如何打分以及是否有合适的自动化营销工具成了困难。那该如何科学进行打分呢？

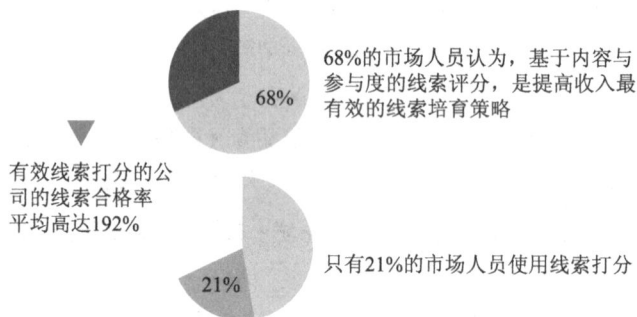

图 4-8　线索打分重要性突出

资料来源：阿伯丁大学官网、MarketingSherpa 官网

在所有有真实联络信息方式的线索中，合理的线索只占少数（感兴趣不等于一定会买），而真正能转化为交易的线索用户更是少之又少（就算我要买，也不一定非你不可）。这时，如何从线索中取优就显得很有必要了，线索评分机制则能识别转化可能性高的线索。

如何理解线索打分？

如果以办案为喻，线索的行为就是指向真相的蛛丝马迹。某些行为与最终结果有高相关性，如看过微信 / 官网端的产品报价页面，比仅看案例页更能说明潜在用户的意向程度。通过对行为打分，如某条线索有较高分数，却缺乏购买动机，则可列为重点培育对象；如果某条线索购买动机已经足够高，则不需要培育，直接跟进即可。

1. 线索打分，是对销售线索的客观排名定级

一方面，排列销售线索的跟进顺序。根据收益潜力和买家准备度等评分指标，线索打分可以确保最优质的线索得到及时跟进，而不至于在好线索与差线索上平均分配精力，反而带来整体的投入产出下降。另一方面，帮助营销和销售人员识别潜在用户在购买旅程中的位置。通过共同评估优质线索，对于转交给销

售人员跟进线索的质量，营销和销售间会达成更好的反馈。

2. 潜在用户行为超过 BANT，成线索打分关键因素

过去 10 年，线索打分中最常规的定义是 BANT：预算（budget）、权限（authority）、需求（need）和时间表（time frame）。现在，买家在具备预算和进程表之前，就开始着手收集信息了。首次接触销售人员之前，用户会独自完成整个购买流程的近 57%，对于购买流程的前 57%，无论营销人与陌生用户联系时，时机如何凑巧，也无法获得完整的 BANT 信息。即使留下联系方式，73% 的潜在用户并没有做好购买准备，过去凭用户仓促留下的联系方式就轮番电话打扰用户的方式，会让本来美妙的用户历程变得令人头疼起来。但不要沮丧，因为 90% 的 B2B 买家会在网上搜索关键词，70% 的 B2B 买家会在线观看相关视频内容。

潜在用户在网上收集信息时，隐性信息或行为信息对于判断真正的购买需求至关重要。另外，相较于通过电话和网站收集到的不准确数据，潜在用户与公司和产品 / 服务互动的频率则成为了更有力的行为指标。只要有办法更早地参与到潜在买家的这些用户购买旅程中，就既能提高用户购买旅程体验，也能提高营销 ROI。

3. 线索打分促使销售部和市场部紧密配合

线索打分是一个互相认可的过程，用来定义线索质量、销售跟进以及部门间协作。在 B2B 领域，如果市场无法帮助增长销售业绩，那么无论多么天花乱坠的故事，可能都说服不了明眼人。

HubSpot 调查采访了全球超过 4 500 位营销和销售专业人士，表明市场部及销售部的协同工作可以大幅提升市场营销来源的线索的有效性。在紧密协同的团队中，有 82% 的销售人认为市场营销活动带来的线索质量最高，而在没有协同的团队中，这一数字仅为 20%，如图 4-9 所示。

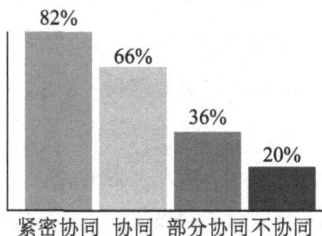

图 4-9　线索打分促使销售部和市场部紧密配合

资料来源：《2016 年集客营销现状》。

两个部门之间协同工作的主要关键点，还是销售是否认为市场输出了有效的线索，以及对这些线索的流转与跟进。市场部获取到销售线索之后，需要由销售部进行即时响应跟进，才能有效降低线索的流失，提升线索转化。

线索打分，是销售和营销相互认可的过程，有助于实现营销协同：一方面，营销和销售团队可以就合格线索的构成元素达成共识。另一方面，构成元素确定后，讨论哪些线索可以由营销转入销售，哪些需要进一步培育。当转入销售的线索具备客观的质量评分后，销售团队吸引潜在用户以及完成销售就变得更容易了。

4. 成熟的线索打分能增强对销售漏斗的控制

从图 4-10 看，销售漏斗会沿着参与者—潜在用户和重复利用用户—线索—销售线索—商机—用户不断演进。评估和理解线索质量的能力越高，对销售漏斗和收入预测的预见性就越好。根据领域、产品线和 / 或业务单元发现项目缺点也会变得更容易。这能够帮助销售和营销团队集中资源于效益最大化之处，恰当应对不足。

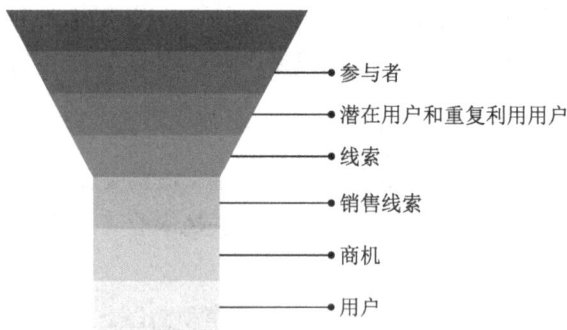

图 4-10　销售漏斗

如何进行线索打分？

线索打分的目的在于帮助理解线索是否包含正确的人（显性打分）以及这些人是否表现出正确的兴趣度（隐性打分）。有效线索打分的关键在于规划捕捉、测量和评估信息的方法。该方法强调 3 个领域：人员、流程和技术。

人员：指高效执行人员和销售人员的参与。

流程：销售和营销需要就线索的定义以及线索从营销移交到销售的方式达成共识。

技术：指捕捉信息、便于线索移交和流程反馈的相应软件。

以线索打分流程为主线，分析有效的线索打分方法。线索评分可以从以下 4 个维度，确定你应该培养谁，谁能快速跟进，明确不同线索所处的阶段，如图 4-11 所示。

线索匹配：又称显性线索打分，通过在线表格、注册收集到显性或共享信息，可以从人口统计、公司信息、BANT、负面人口统计匹配度 4 个方面着手。

线索兴趣：也称匿名线索打分，是根据跟踪线索行为（如网络行为）来测量其对产品和服务的兴趣度，如线索的 IP 地址。

线索行为：可以从两个方面着手，直接行为和上下文行为。

购买旅程阶段：购买阶段和时间是为了衡量销售周期中的潜在用户，是刚刚开始流程？还是已准备好购买？

图 4-11　线索评分的 4 个维度

1. 线索匹配：显性线索打分

线索匹配又称显性线索打分，通过在线表格、注册收集到显性或共享信息。通过注册信息和网络数据，可以从人口统计、公司信息、BANT、负面人口统计匹配度 4 个方面明确线索画像。

（1）人口统计数据。

在画像和定义线索时，需要关注人口统计数据——刻画线索人群的量化标识。根据数据创建线索培育通道。人口统计数据包括头衔、角色、工作年限、位置经验值、地点等。

（2）企业统计数据。

企业统计描述了机构特征，能帮助企业找到目标用户。企业统计包括公司名称、公司规模、公司位置、营业收入、部门数量、产品／服务数量、服务区域、行业产品／服务数量、融资情况等。

（3）BANT（预算、权限、需求、时间表）。

通过研究 BANT（预算、权限、需求、时间表），可以得出潜在用户在购买过程中的位置。与人口统计数据和企业统计结构分析相比，BANT 是线索质量评估的升级版本。

> 预算（budget）：能支付你的产品或服务吗？
>
> 权限（authority）：得到授权能购买你的产品吗？
>
> 需求（need）：你的产品／服务能解决用户痛点吗？
>
> 时间表（time frame）：线索的购买时间线怎样，该时间线与你的销售周期是否一致？

（4）负面人口统计匹配度打分。

还可以考虑根据负面人口统计匹配度打分——当线索的邮箱地址非官方、手机号是空号、公司不存在或购买角色有误时，可以为该线索减分。应该将培育工作集中于那些可以成功交易的线索。

以上提到的 4 个维度的精细化程度，可以根据公司和行业而有所差异。

2. 线索兴趣：匿名线索打分

线索兴趣打分，称作匿名线索打分，是根据跟踪线索行为（如网络身体语言）来测量其对产品和服务的兴趣度。匿名线索，指你尚未获得其信息的线索，但它们已就内容或网站与你有所交流。通过营销自动化，能够识别访问网站的匿名线索属性。

如线索的 IP 地址，通过隐性线索打分还能推断出潜在用户的额外信息，假设你是一家具备重点大用户的公司 CMO，中石油就是你的用户，那么你也知道从中石油过来的 IP 是多少，那么当从中石油过来的 IP 访问到官网时，整个官网的可变动信息就被替换为跟石油行业相关的素材，对于一个足够大的单子来说，这是一项值得的投资。而假设这个匿名的粉丝还没在微信注册，但通过来自某一场快消品的会议，或者来自官网上跟快消相关的页面的扫码关注了微信,微信系统会根据这个已有的粉丝标签信息,对应把标准菜单自动更新为与零售相关的菜单信息,这也是非常有意义的。匿名线索可检测到以下信息:服务器 IP 地址、行业、公司规模、营业收入、访问页面、地理位置、推荐来源、搜索关键词、浏览详情。

3. 线索行为打分

为线索行为打分可从两个方面着手:直接行为和上下文行为。

（1）直接行为。

某些行为与最终结果有高相关性,比如看过微信 / 官网端的产品报价页面,往往比案例更能说明潜在用户的意向程度。通过对这些行为打分,如某条线索有较高分数,却缺乏购买动机,则可列为重点培育对象;如果某条线索购买动机已经足够高,则不需要培育,直接跟进即可。

在为直接行为打分时,要注意不同的行为漏斗深度不一样。微信互动属于特别浅的,即使互动再多,意义也不大,只需给每个单项 1 ~ 2 分,分享行为例外,因为它可以提高分值;下载资料比微信互动分值要高,因为它涉及的动作较多;会议不管是在线会议还是线下会议,分值都比较高,因为需要投入一定的时间和精力,购买动机更加强烈。

（2）上下文行为。

线索的上下文行为也很重要。如针对用户关注企业的服务号后参加线下会议、观看直播、下载资料电子书、浏览官网、阅览企业微信文章等互动行为以及频率,给线索用户赋予一定的分值。跟踪线索行为可以定位潜在用户所处的购买旅程,帮助确定其是仅在收集资料的初始潜在用户,还是已在考虑购买的活跃线索。一些行为和潜在用户的购买过程阶段高度对应,图 4-12 仅做示例展示。

潜伏行为（参与度）		活跃行为（购买意愿）	
初始内容	+3	价格页面	+10
参加在线研讨会	+5	观看演示	+8
访问任意页面 / 博客	+1	概览	+5
访问招聘页面	−10	细看	+10
衰退不活跃	−1，−5，−10	中期内容	+8
		后期内容	+12
		搜索品牌关键词	+8

图 4-12 潜在用户购买阶段的参与度与购买意愿

线索评分是一种打分标准，是用于给潜在用户排名的一种方法，评分标准代表了每一个线索对企业的感知价值。通过打分和识别"活跃购买行为"，在培育和跟进线索时可以更有的放矢。如果潜在用户评分高但购买意愿低，培育中就需要更多教育引导。但如果潜在用户购买意愿高，就可以完全不经培育，直接转给销售。

图 4-13 所示的打分仅作为示例，真正打分时，对于用户浏览官网 / 微信（微信正在成为一个超级移动官网入口）这个动作，要看潜在用户浏览的是哪一部分的内容，不同的内容象征着不同的用户购买旅程阶段，所以也意味着不同的分值，如产品报价页面就会比案例阶段高，又如，潜在用户浏览了官网/微信上的招聘页面，这象征着这个潜在用户也许并无购买意向，从市场线索来看其所处阶段较低。

致趣百川 SCRM 营销自动化能全渠道地用行为定义用户，对不同的行为进行打分，识别出关键时刻，进行销售跟进，实现线索培育，增加优质线索转出。例如，参加线下会议 +50 分；观看直播 + 30 分，下载资料 + 10 分，近一月未互动 -30 分。根据分值决定是销售跟进还是继续培育，如以 300 分为界，高于 300 分的则转给销售人员；介于 150 ～ 300 分的，则需要制定单独的培育策略，重点培育；150 分以下的则以观察为主，及时关注其行为变化，以确定合适的培育策略。

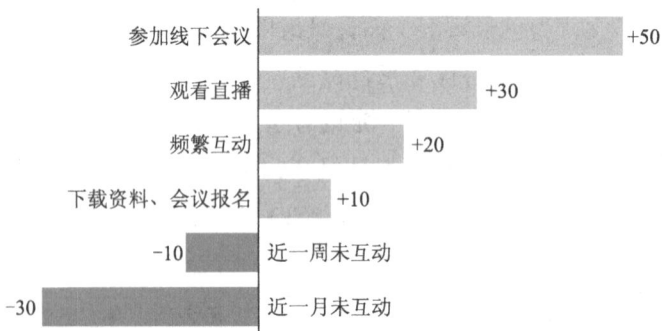

图 4-13 致趣百川线索打分示例

4. 购买旅程阶段打分

决定对潜在用户是否应该快速跟踪销售或培育的最终因素是购买旅程阶段和时间。购买旅程阶段和时间是为了衡量销售周期中的潜在用户：刚刚开始进入流程，还是已经进入决策环节？通过行为和其他指标，可以判断线索是接近购买还是需要继续培育。

如何创建线索打分模型？

有效的线索打分将潜在用户的人口学和行为性数据相结合，以确定最优线索。两种最常用的打分维度是潜在用户身份和参与。

潜在用户身份：潜在用户是谁，由决定匹配度的显性数据体现，如职务、行业和公司收入。

潜在用户参与：潜在用户的兴趣度如何，由决定参与度的隐性数据体现，如访问网站的频率以及对推广的响应度。

1. 潜在用户身份评分：根据潜在用户身份维度的线索打分

确定 4 ～ 5 个显性数据类型来定义销售合格阶段资格。根据重要性对这些显性数据类型赋予百分比值或者分值。在每种数据类型中分配对应的层级标准分值，如图 4-14 所示。

身份评分示例		
类型	评价 1	评价 2
痛点 / 需求 / 解决方案兴趣度	35%	35 分
职务	30%	30 分
公司收入	25%	25 分
线索来源	10%	10 分
合计	100%	100 分

图 4-14 身份评分示例

给出 A ～ D 四个字母，A 代表最匹配，表示线索与身份评分标准的匹配程度，如图 4-15 所示。

等级匹配示例	
分类	评级
超过 75%	A
51%~75%	B
25%~50%	C
低于 25%	D

图 4-15 等级匹配示例

2. 潜在用户行为评分：潜在用户行为维度的线索打分

确定潜在用户行为评分，可以采取以下步骤：第一步，确定隐性数据类型，用来定义销售合格阶段资格。第二步，确定这些显性数据类型的相对重要性。第三步，根据行为分配分值、参与度，给出 1 ～ 4 四个数字，1 代表最高参与度，表示线索符合参与度评分标准的程度。关于匹配度，给出 A~D 四个字母，

A 代表最匹配，表示线索与身份评分标准匹配。结合匹配度和参与度，创建一个表格来展现根据匹配度和参与程度指标对线索的整体评分，如图 4-16 所示。匹配度范围为 A ~ D，参与度范围为 1 ~ 4，A1 表示最合格，D4 表示最不合格。该表格有助于评估视觉化营销合格线索。

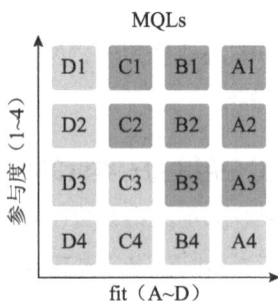

图 4-16　线索整体评分

3. 从打分到行动

打分完成后，接下来就可以决定正确的跟进措施，如将线索送入 SCRM 系统进行优化跟进或接纳其进入长期培育计划。将评分分为两个维度后，营销和销售团队就可以对评分以及后续跟进措施有更深的认识。

划分评分：A ~ D 显性 = 匹配度；1 ~ 4 隐性 = 参与程度，如图 4-17 所示。

等级匹配示例		
分类	描述	跟进措施
A4	没有兴趣的合适潜客	优先项，但可能需要特定的"为什么现在需要购买"的信息提示
B1	匹配度高，兴趣感强	转交销售等待及时跟进
C1	不是非常匹配的潜客但很感兴趣	他们会变成匹配潜客吗？继续培育并关注简况
D4	不匹配，无兴趣	完成要求并排除

图 4-17　等级匹配示例

创建有效线索打分流程的建议

1. 保持简单

在创建线索流程时，要决定哪些栏目是必需的或可选的。开始时要保持简单——只要名字、公司、邮箱地址和电话号码。初次接触时要求太多细节常常导致表格完成率很低。相反,可通过后续潜在用户接触来获得更多信息。

2. 用"BANT"错不了

在线索打分的初始阶段,可使用 BANT(预算、权限、需求、时间表)数据初步衡量线索质量。尽管可以通过表格获取部分 BANT 数据,但最好通过与潜在用户互动交流来收集该数据。

3. 所有的数据都可以是好数据

将线索信息归为两类——显性和隐性。显性信息来源于在线表格、活动和交流。可以通过选择表格栏目和电话脚本,直接控制显性线索信息。

隐性信息包括在线行为,如电邮、点击量、表格提交、营销材料下载。当然,不同行为的赋值应有差别。访问公司官网的分值应和下载电子书的不同。

同时评估显性和隐性数据。对好的线索打分需要同时评估显性和隐性数据。不要仅依据画像数据如工作职位或头衔评估。比如,对于有着合适目标用户画像却从来不参加在线研讨会或下载电子书的线索评分可能低于有相同画像但更加积极参与的潜在用户。类似的,仅知道某人多次浏览公司网站也是不够的,还需要确定潜在用户的用户画像以证明他有权做出购买决策。

4. 理解目标潜在用户的用户画像

确定目标潜在用户时,根据行业寻找"理想"画像。例如,对于销售计算机设备的公司,有着 IT 主管头衔的人可能是做出购买决策的最合适画像。因此,应给这样的线索增加额外分值。

5. 自动化

通过线索打分识别优质潜在用户后,需通过添加工作流和警告使流程自动化。例如,当线索达到某一分值时,通过邮件提示销售人员立即跟进。

6. 今天的冷线索可以成为明天的热线索

线索打分指根据确定的标准和行为对特定线索赋值的过程。这些标准随着行业变化而不同。

商业的精髓在于它永远在变化。目前因为分值低而不合格的线索也许应该进一步培育以待将来。与简单地将线索状态划分为"不合格"相反，更新会导致线索低分值的相关信息。根据线索不合格的原因，后续跟进并开展针对性营销。

好的线索打分意味着高完成率。根据分析，线索质量上的小提高能引起销售率的巨大提高。借助线索打分，销售人能聚焦高质量线索而不会把时间浪费在那些不合适或没准备好的潜在用户身上。

线索培养：如何用内容挖掘高价值用户？

为潜在用户提供针对性内容，销售机会能够增加 20% 以上。用内容培育用户，本质上是在回答以下 3 个问题。

问题一：为什么买？

问题二：为什么买我们的产品？

问题三：为什么现在要买？

靠内容培育潜在用户，要想真正促进销售，就要针对不同用户类型，在合适的时间提供合适的内容，将潜在用户拉入购买旅程，并促成最终购买。一方面，要通过有吸引力的内容吸引潜在用户；另一方面，要通过内容将潜在用户引入销售漏斗的下一阶段，实现销售加速，促成最终购买。用内容培育用户并挖掘高价值用户，具体可以从两点着手：一是内容本身，二是内容传播（方式 / 频率）。线索培养可从内容培育、多渠道培育两个维度相互配合完成。

培育潜在用户需要创建一个矩阵，将 x 轴的培育内容类型与 y 轴的用户类型、z 轴的用户购买旅程相结合，如图 4-18 所示。

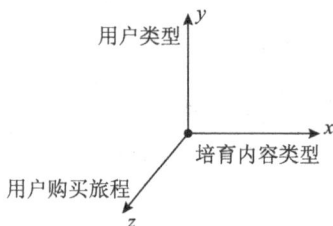

图 4-18　潜在用户培育内容矩阵

x 轴：确定培育内容类型

用于潜客培育的内容，除内容类型确定外，也要观注内容主题和内容控制。

> 内容主题：内容主题要丰富多元，可以参照搜索量生产内容。
>
> 内容类型：内容不止图文。
>
> 内容控制：上个购买旅程的结果输出，可以作为下个旅程的内容
> 输入。

1. 内容主题

从潜在用户对内容的需求来看，排在前四位的是：了解买家公司的业务模式，是行业专家或思想领袖，提供有价值的资讯、教育或工具，了解买家公司的产品服务，如图 4-19 所示。

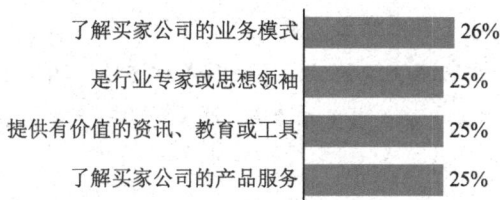

图 4-19　潜在用户对内容需求的排列

资料来源：《重新定义购买：B2B 买家、营销人员和销售人员之间关系的转变》

调研表明，根据行业不同，B2B 企业内部平均有 3.1 ~ 4.6 个其他团队（比如 IT、财务、HR 团队）会影响购买过程，这意味着营销和销售人员必须提供知识的对象不只是主要决策者，这对内容的多样性提出了较高的要求。

【案例】HubSpot 内容主题多元化

（1）内容主题丰富，侧重品牌形象打造。

HubSpot 内容主题丰富，通过方法论、用户案例、产品 3 个方向的系统梳理，回答了"公司的业务模式，行业专家或思想领袖，有价值的资讯、教育或工具，产品服务"这 4 个买家最关心的问题。同时，针对同一主题也会生产不同层次的内容。以博客为例，同一主题会系列产生 2 ~ 3 部篇幅不长的电子书、3 ~ 5 篇博文、10~15 条推文。

（2）搜索不同关键词的数据，然后按照"搜索量优先"的原则来分析用户偏好，再着手创造内容。

HubSpot 并不总是业务导向内容，分享次数排名第二的文章是一篇免费教程："如何使用 Excel"。一家出售"集客式营销软件"的公司为什么要教人怎么使用 Excel 表格呢？HubSpot 指出："确保你的内容是人们真正在搜寻的内容。在 Google 的搜索框里键入一些关键词，看看什么正在流行。"

HubSpot 调研发现，每个月有超过 2.7 万人都在搜索这个词组："怎么使用 Excel 表格？"。如果你现在在 Google 上搜索"如何使用 Excel"，第一条弹出来的搜索结果就是 HubSpot 的这篇日志"如何使用 Excel：14 个超级简单的 Excel 快捷方式、贴士及技巧"。

（3）内容并非只能生产一次，不断地调整和修改会让它变得更好。

将之前发过的文章加上新的导语或者新的视角，再次翻新发出来。HubSpot 在新修改的文章最开头会加上"编辑导语"，专门告诉读者这篇文章在过去的什么时间节点出现过，如今再次拿出来是因为改写了什么内容，时过境迁会有怎样的新的观点出现。让内容不会随着时间的推移而被埋没，相反，它在文章中打上了时间的戳印，反而让文章再次焕发出光彩，带来更多的流量和更多的潜在用户。

2. 内容类型

相比企业常用的图文，对 B2B 企业而言，有 8 项内容资产不容忽视：网站内容、在线会议、案例研究、电子书、博客内容、在线视频、社交内容、产品演示，如图 4-20 所示。

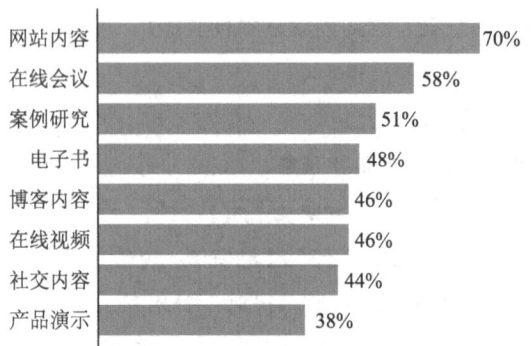

图 4-20　比图文更有效的 8 种内容资产

资料来源：Regalix 官网

（1）同一主题下，呈现不同类型。

再利用，再利用，还是再利用。把内容用你能想到的所有方式发布出来：网页、电子书、社交媒体、视频、网络研讨会等。如果有能力，可以提供出版物，HubSpot 在 2009 年推出的图书《集客式营销：善用 Google、社交媒体，以及博客能发挥出怎样的价值？》就取得了较好的效果。

（2）要重视电子书和案例。

在线索培育过程中，效果最好的前 4 个策略是电子书（占 41%）、领导力文章（占 35%）、在线会议（占 33%）、深度内容（占 32%），其中 3 项都与深度内容有关，如图 4-21 所示。在买家对供应商的各种需求中，最大的需求是"行业专家"和"提供有价值的资讯、教育及工具"。[①]

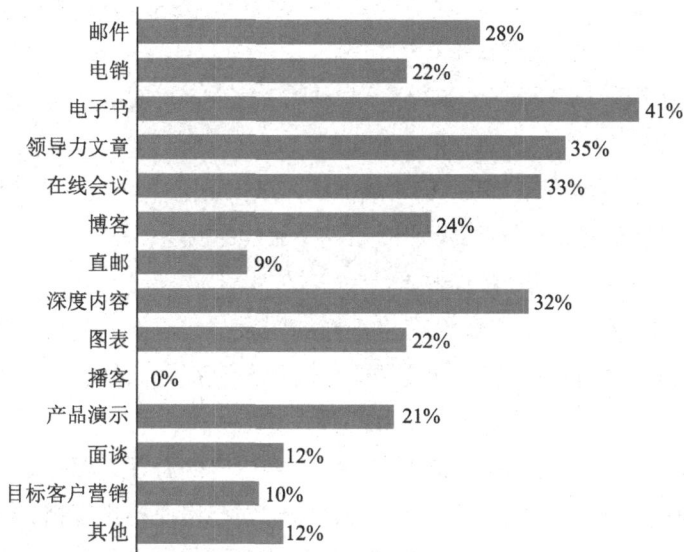

图 4-21　线索培育最有效的策略

资料来源：《2015 年线索培育研究》

电子书不同于直接的营销形式或者广告信息，它具有更加客观、中立的研究色彩，因此，很多人难以把它跟营销挂起钩来。其实，越是客观中立的信息，越会让用户觉得有用，越容易相信其观点，也越容易与其达成价值观上的认同。用户的接受、信任和认同，都是营销者们希望解决的深层问题。这就是电子书的魅力，在营销上看似无用，其实有大用。案例研究永远有启发用户的作用，

---

① 资料来源：《重新定义 B2B 买家购买过程》

也是企业自身实力的背书，一个有着丰富案例的企业自然而然会更能吸引目标用户。

（3）不同内容类型的培育策略。

图文能产生流量，然后用有价值、可下载、与主题有相关性的内容，将流量转化为潜在交易。

第一，用优质内容换取用户信息。

一些优质的内容，比如电子书、在线直播、免费的软件试用，可以让用户自然而然地留下他们的联系方式，而不让用户感到自己的联系方式被硬给要走。

> 填写邮箱，自动发送电子书到用户的邮箱。
>
> 填写手机号，获得在线直播提醒。
>
> 设置"进一步联系"按钮，填写详细的联系方式以及感兴趣的产品。

通过不断的内容培育，用户已达成信任，进入到选择阶段，用户愿意填写个人信息，且信息有效性非常高，能促进购买旅程的加速。

第二，类型搭配，获取最佳效果。

内容元素，不一样的搭配会有不一样的效果。在粉丝—会员，把流量—注册的过程中，电子书才是最好的诱饵，而不是直播。因为看电子书是漏斗中较浅的一层，而看直播意味着要专心投入 30 ～ 50 分钟，不能像电子书那样可随意浏览，可能几分钟就浏览完了。正常用户的心理过程是看了电子书觉得还不错的时候，会产生更深的需求，这时再向用户推送直播，这才是合理的。向下载电子书的人定向推送模板消息，引导其进入单项内容营销课程的直播间。

3. 内容控制

这一阶段的内容营销结果要作为下一阶段输入，要做好内容控制，通过数据追踪，明确培育效果。进行有针对的用户行为记录，避免用户每次都要注册的不佳体验，当用户点击下载电子书及案例时，要能够追踪到用户下载动作，同时向卷入度更高的内容形式或市场活动类型进行引导，这些都是创造线索并培育线索的有效途径。

y 轴：明确不同用户类型

向不同用户类型提供不同内容，这已经成为共识。要明确目标群体是谁？他们关心什么问题？你能提供怎样的答案？你能提供怎样的服务？可以从用户类型（现有用户和潜在用户）和潜在用户画像两个角度分析。

1. 现有用户和潜在用户

> 现有用户：又称存量用户，内容多为一对一的内容，由用户成功部门负责，在不同的成长阶段（如新手、成长、续签阶段），内容也有所侧重。
>
> 潜在用户：又称增量用户，内容多为一对多的内容，由市场部负责。潜在用户可以根据生命历程进行内容培育，下文会重点讲解。

如图 4-22 所示为用户类型示例。

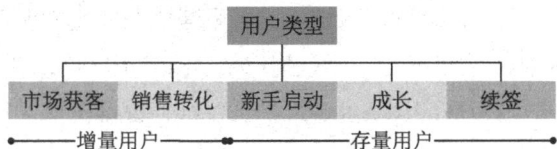

图 4-22　用户类型

2. 潜在用户画像分析

内容不可能适合所有人，通过用户角色模型，可以减少主观臆测，理解用户到底真正需要什么，从而知道如何更好地为不同类型的用户服务。

> 82% 的销售人员认为针对潜在用户所处行业提供内容更有效。
>
> 67% 的销售人员认为针对潜在用户的工作职能提供内容更有效。
>
> 49% 的销售人员认为针对潜在用户公司规模提供内容更有效。
>
> 29% 的销售人员倾向于针对潜在用户所处地理位置提供内容。[①]

（1）针对所处行业提供内容。

---

① 资料来源：《线索培育权威指南》

行业报告：通过电子书，向用户提供深度报告和行业解决方案。

行业案例：丰富、鲜活地呈现自己的理论。

行业方法论：将自己的理论上升到方法论，模型化呈现。

（2）针对工作职能提供内容。

不同的工作职能，在进行内容培育时，对需要的内容侧重点要做出区分。以运营岗为例，不同的职能对内容的需求侧重点也不一致。

第一，内容运营岗的内容偏好。要解决的核心问题是：围绕着内容的生产和消费搭建一个良性循环，持续提升各类跟内容相关的数据，如内容数量、内容浏览量、内容互动数、内容传播数等，并且通过内容获取潜在用户，进一步培育潜在用户。内容运营岗关心的内容会围绕内容策略规划、内容团队搭建、内容生产、内容传播、内容获客及转化、内容效果测量等。

第二，用户运营岗的内容偏好：要解决的核心问题是围绕用户的新增—留存—活跃—传播以及用户之间的价值供给关系建立一个良性循环，持续提升各类跟用户有关的数据，如用户数、活跃用户数、精英用户数、用户停留时间等。用户运营岗关心的内容围绕：获客、维护、留存、数据支撑、用户流失预警／召回等。

第三，活动运营岗的内容偏好：核心就是围绕一个或一系列活动的策划、资源确认、宣传推广、效果评估等做好全流程的项目推进、进度管理和执行落地。活动运营岗关心的内容围绕：赞助会议评估、自办会议主举办等。

第四，产品运营岗的内容偏好：通过一系列各式各样的运营手段（如活动策划、内外部资源拓展和对接、优化产品方案、内容组织等），去拉升某个产品的特定数据，如装机量、注册量、用户访问深度、用户访问频次、用户关系对数量、发帖量等等。

z轴：根据购买旅程提供内容

最成功的培育内容，是用户想要做的事情和希望他们做的事情完美交叉。通过指向购买旅程具体阶段或反映销售成熟度的内容，提高销售线索质量。每项内容回答一个特定的问题，每项内容都应有一个目标——将潜在用户吸引到某一个购买阶段，并转移到下一个购买阶段，如图 4-23 所示。

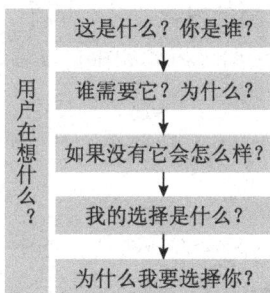

图 4-23 购买旅程中的不同内容需求

　　对用户进行穿插教育，引导他们循着层层递进的内容走完整个购买旅程。潜在用户从刚刚进入销售通道到完全成为付费用户的这段时间内，平均会有 5 ～ 10 次接触机会，问题也会逐步深入："这是什么，你是谁—谁需要它，为什么？—如果没有它会怎么样？—我的选择是什么？—为什么我要选择你？"

　　内容培育则可抓住这些触点，由点触面，完成培育。关于在每一个阶段应该提供怎样的内容，要保持品牌形象、品牌发声、使用经验的一致性。同时，针对不同阶段的不同用户，可以继续沿用之前的内容，也可以重新创造新的内容，具体可以通过图 4-24 所示来实现。

购买旅程	意识到问题		调研阶段	
潜在用户 1	潜在用户 2	本阶段耗时	潜在用户 1	本阶段耗时
已有内容提供				
已有内容提供				
已有内容提供				
新内容提供				
新内容提供				
新内容提供				
潜在用户 2	潜在用户 2	本阶段耗时	潜在用户 2	本阶段耗时
已有内容提供				
已有内容提供				
已有内容提供				
新内容提供				
新内容提供				
新内容提供				

图 4-24 不同购买旅程的内容

　　如针对潜在用户 1 提供 6 篇不同的内容，可以包含 3 篇通用性内容（通常为常备内容）、3篇个性化内容（新的内容针对不同用户类型和不同用户购买旅程）。同时，针对不同内容的时间排期，也要明确标明，以便控制内容。不同旅程的内容类型，在第二章第一节"用户购买旅程"中有详细论述。

营销自动化的内容培育

一百分的内容要靠专业的内容人员去做，但七八十分的内容通过机器即可完成。致趣百川的内容平台提供了很多内容模板，同时用户也可以自定义H5、直播、电子书等内容形式，且同步匹配工具、活动，如调查问卷、邀请函、模板消息等。

1. 资源中心内容培育

对于高客单价的产品，要制造有差异化的体验，企业可以把一些有价值的资源（比如报告、电子书等）作为很好的饵料，当用户点击下载资源时，后台就能追踪到用户的行为，甚至追踪到更多细节数据，比如浏览、打开次数等，是创造线索并培育线索的有效途径。

2. 自定义 H5 匹配全员营销

海量自定义 H5 能节省内容生产成本。营销自动化让内容形成裂变，利用员工和用户，通过众包方式，以积分激励员工与会员分享，以实现放大杠杆率；让内容可监测，监测到传播后的数据的表现情况，同时，对分享者给予积分奖励。

3. 调查问卷、邀请函、模板消息匹配直播

用 SCRM 营销自动化工具来实现直播活动数据的统一管理，包括会前 H5 用户报名数据、会中签到互动、会后的调查问卷与直播资料下载数据等，最后，基于微信端，可以获取用户的开放 ID。同时，SCRM 营销自动化会自动发送调查问卷、邀请函、模板消息，这也可以作为内容的一种。

线索培育：如何通过不同渠道挖掘高价值用户？

首次接触销售人员之前，用户就已经独自完成整个购买流程的近 57%，90%的 B2B 买家会在网上搜索关键词，70% 的 B2B 买家会在线观看相关视频内容。

如何打入购买流程的前 57%，对多渠道提出了更高的要求。社交媒体、用户内部信息共享，成为了影响 B2B 用户最终购买的首要渠道，在培育潜在用户时，不同渠道营销漏斗各阶段的重要性也有所不同，图 4-25 所示为买家在营销漏斗各阶段的三大内容渠道。

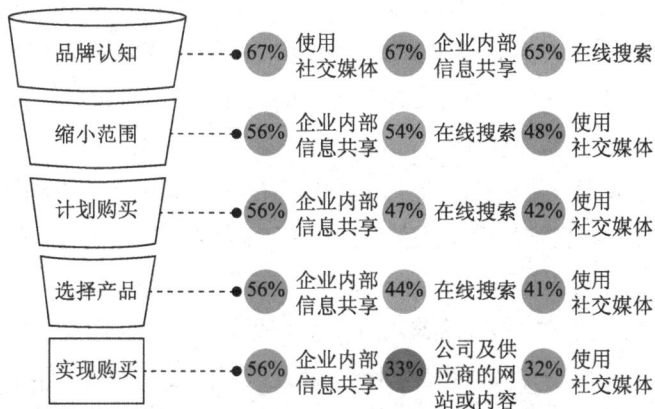

图 4-25　买家在营销漏斗各阶段的三大内容渠道

资料来源：《重新定义购买，B2B 买家、营销人员和销售人员之间关系的转变》

社交媒体：B2B 用户对社交媒体的的使用，贯穿整个用户购买旅程：品牌认知阶段占 67%，缩小范围阶段占 48%，计划购买阶段占 42%，选择产品阶段占 42%，实现购买阶段占 32%。

企业内部信息共享：B2B 购买过程中的决策者是极具协作性的团队活动。企业内部信息共享贯穿于用户购买旅程始终，是最重要的内容渠道。

在线搜索：总体占比高，在漏斗的上部和中部明显，在实现购买环节重要性减退。

公司网站或内容：在实现购买阶段占比为 32%，重要性凸显。

B2B 企业越来越多地通过社交媒体渠道，从同行以及更广的人际关系圈获取信息和指导。决策者们可以向公司内外的同行和同事咨询，收集正在考虑购买的产品及服务的相关信息。

社交媒体：微信在每个阶段都是重头戏

社交媒体用户黏性和稳定性高，可以提升用户的主动参与性，更能影响用户的消费决策，并且为品牌提供了大量被传播和被放大的机会。社交媒体线索–成单转化周期最短，仅为平均转化周期的40%，邮件则长达160%；社交媒体线索–成单的转化率约1.5%，仅次于用户／员工推荐和官网，是转化率最高的主动渠道。从加权比例来看，社交媒体成为了获客的首选渠道，这点在第三章已经重点论述过，不可忽视的是，社交媒体在潜在用户培育环节也是重中之重。

领英研究发现，使用社交媒体对加强买家与供应商的关系有积极影响。48%的买家认为使用社交媒体后与供应商的关系有了加强。如果买家使用社交媒体，比例升至55%；如果买家不使用社交媒体，比例降为34%。B2B用户对社交媒体的使用贯穿整个购买旅程：品牌认知阶段占67%，缩小范围阶段占48%，计划购买阶段占42%，选择产品阶段占42%，实现购买阶段占32%，如图4-26所示。

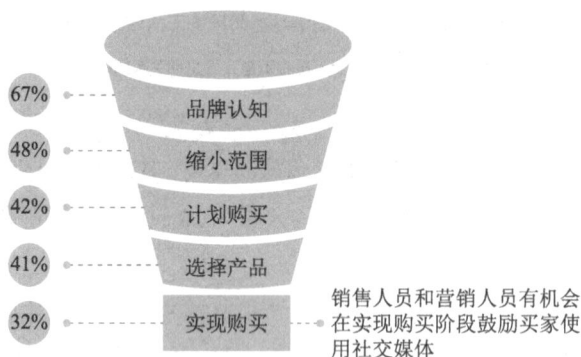

图4-26 购买过程个极端买家对社交媒体的使用

资料来源：《重新定义购买，B2B买家、营销人员和销售人员之间关系的转变》

1. 微信搭建流量池，承接全渠道流量

相比于B2C企业对于流量的追求，B2B企业更看重销售线索的有效性和转化率。但是，多达90%的销售线索最终都流失掉了，主要原因之一就是缺乏有效的潜在用户培育过程。如将获客比作养鱼，那么最基本的就是搭建鱼池，作为养鱼的基础设施，这是潜在用户培育的第一步。

微信能够与官网、邮件、表单、二维码等多种触达渠道打通，完成多渠道的数据汇聚，而且微信服务号的功能优先级比较高，是搭建鱼池的首选。

2. 微信借助 SCRM，盘活流量，完成用户培育

第一，打通社交网络实现外部连接培育用户。用户不再是以单纯的"静态"存在，而更多的是以企业的关注者、聆听者、建议者等角色存在，微信借助 SCRM 与用户的双边关系互动，让用户的需求和想法同品牌的定位和发展紧密结合。

第二，淡化销售动机，强调长期营销。通过用户的参与来维持与用户长期的关系，而不刻意强调产品销售。

第三，突出用户间、用户与企业间多点的社区型互动。微信借助 SCRM 可以实现品牌口碑的聚合和呈现，可以让其第一时间了解消费群体对于品牌的反馈，同时参与到这种用户的网状传播形式中去。

第四，打造营销闭环。在传统的用户培育过程中加入两个环节：一个是用户购买使用后与用户的交互阶段，另一个是让用户成为推荐者。进而实现整个营销闭环，从市场和销售，再到后期的交互和影响。

企业内容信息共享

B2B 购买过程中的决策者往往是一个团队，由不同职位或者不同领域的专家组成，进行极具协作性的团队活动。

以 B2B 管理软件采购流程为例，如图 4-27 所示，B2B 管理软件产品新用户销售金额大、周期长、参与购买角色多、需求复杂、人际复杂、产品的使用与购买决策链比较长。在购买旅程中，企业内容信息共享的重要性突出。

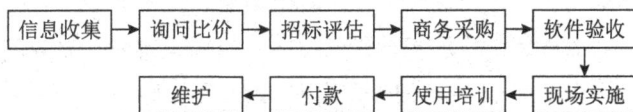

图 4-27　B2B 管理软件采购流程

图 4-28 所示为 B2B 与 B2C 的决策模型的区别。

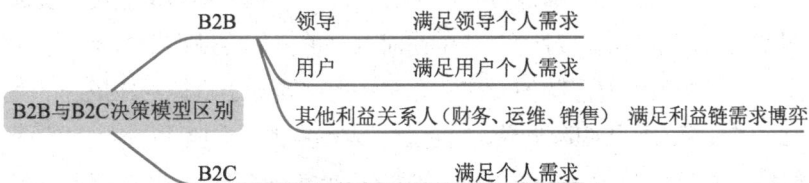

图 4-28　B2B 与 B2B 决策模型的区别

产品业务是企业的，购买、使用场景、利益是每个角色的，企业内部的利益角色主要包括[①]以下。

产品使用者：使用产品的人，首先提出购买使用某产品的建议。

产品选型者：负责产品功能、技术标准、服务内容、商务谈判等流程把关的人或部门。

产品影响者：可以影响购买决策的人，可能是企业内部人士，也可能是外部人士，如管理咨询顾问公司。

产品最终决策者：最终拍板购买的人或团队，无需再请示。

无论是企业产品还是个人产品，都离不开用户个体。即使企业产品的决策非常复杂，但依旧逃不开一个一个的用户。针对团队型 B2B 用户，在进行潜在用户培育时，可以采用以下方法：

第一，确定企业内部决策链，然后通过接触决策链上的企业员工来达成推广目标。例如你是一家做营销自动化产品的，你的用户只有企业内部的市场部人员，因此，你就可以确定，企业内部决策链是：市场部人员—审批领导。确认决策链可以帮助你梳理和企业的沟通流程，无论你接触到哪一个决策环节的用户，你都可以尝试通过一些运营手段去推动决策，而不至于因为找不到下一环节决策人，使决策链条被卡住。

第二，了解相关决策人都分布在哪些 B2C 渠道上，然后进行接触或者广告的投放。根据所需决策用户的特征，再来筛选更为优质的渠道。如果用户多为科技类用户，则加重各大论坛和知乎的运营，弱化微博公众号等内容；如果用户多重视权威性，则加重相关业内权威媒体的比重，和各大培训以及机关机构合作，重视线下渠道的运营。

第三，品牌要素前置，市场部的培育材料通过销售到达潜在用户。如果把市场部当作子公司，销售部是另一家子公司，不少品牌要素是通过销售部这家子公司抵达目标用户的。对于 B2B 企业而言，销售是传播市场内容的非常重要的渠道，如何撬动销售团队的社交资源来扩大内容对于目标潜在用户的覆盖，对于有一定规模的销售团队来说，对于获客与品牌的帮助颇大。

如将市场部生产的《电子书》印制成册，在销售拜访用户时，便可以给到用户，

---

① 资料来源：《三万月薪的 TO B 产品运营，你做得好 ERP 管理软件的运营工作嘛？》

内容可以包括日常的微信发文合集，也可以是产品介绍。通过全员营销，鼓励销售在朋友圈转发市场部的内容，将之作为培育内容，通过销售呈现给潜在用户。

在线搜索：漏斗头部重要性明显

在线搜索渠道是 B2B 企业的基本配置，要确保用户接触后，能够在接下来的购买旅程中，在网上搜到相关信息，并能够与企业取得联系。对于 B2B 企业来说，搜索引擎营销是最好的转化渠道。其中，搜索引擎竞价（SEM）应用范围最广，但花费也最大。从转化率来看，SEO 驱动线索的转化率达 14.6%，而搜索广告的转化率只有 1.7%[①]。

对于潜在用户培育而言，在购买旅程中，对在线搜索倚重较大。品牌认知阶段占 65%，缩小范围阶段占 54%，计划购买阶段占 47%，选择产品阶段占 44%，在实现购买阶段重要性减弱，如图 4-29 所示。这可从搜索广告和 SEO 两个角度进行剖析。

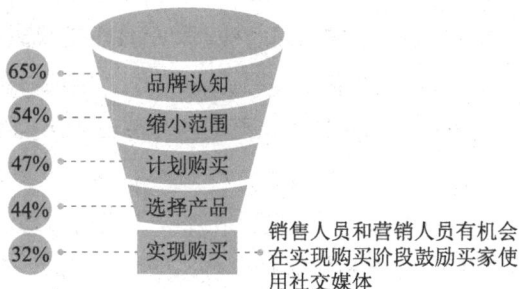

图 4-29　购买过程各阶段对在线搜索的使用

1. 搜索广告

搜索广告的流程为搜索关键词—广告展现—广告点击—落地页点击—最终转化，如图 4-30 所示。通过所搜广告进行用户培育，对于不同用户阶段的用户，从关键词的设置、到落地页点击都应有所区别。

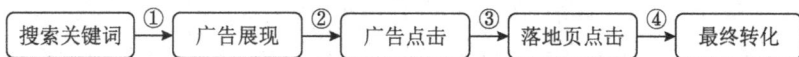

图 4-30　搜索广告流程

在不同购买旅程，搜索关键词应个性化展示，个性化定制每个业务的广告，而不只是用简单的图文形式或者文字形式，这样不仅能丰富展示样式，还提高

① 资料来源：《搜索引擎报告》

了用户体验，缩短了用户决策路径。

> 认知阶段搜索词联想词匹配：联想词宽泛。
> 考虑阶段搜索词联想词匹配：侧重购买指南，RFP模板，ROI计算器，分析报告，第三方评论。
> 偏好阶段搜索词联想词匹配：侧重定价 / 优惠，演示，用户案例研究，免费试用，免费咨询。

2. SEO

SEO（search engine optimization）搜索引擎优化，指在了解搜索引擎自然排名机制的基础上，对网站进行内部及外部的调整优化，改进网站在搜索引擎中的关键词自然排名，获得更多流量，从而达成网站销售及品牌建设的目标。

一般来说，SEO网站的优化包括站内和站外的优化。站内优化指的是站长能控制的所有网站本身的调整，如网站结构、页面HTML代码，包括标签优化，例如标题、关键词、描述等的优化；内部链接的优化包括相关性链接（标签）、锚文本链接、各导航链接及图片链接；网站内容每天要保持站内的更新（主要包括文章的更新等）。

站外优化指的是外部链接建设及行业的参与互动等，顾名思义，这些活动不是在网站本身进行的。外部链接包括博客、论坛、新闻、分类信息、贴吧、问答、百科、社区、空间、微信、微博等相关信息网，要尽量保持链接的多样性。关于外链组建，可每天添加一定数量的外部链接，使关键词排名稳定提升。关于友链互换，可与一些和网站相关性比较高、整体质量比较好的网站交换友情链接，以巩固并稳定关键词排名。

无论是站内还是站外优化，其最终目的都是使更多有价值的页面被搜索引擎收录并索引，追求以下效果：

> 搜索结果：展示量、点击量和展示位置。
> 索引情况：被搜索引擎检索的情况。
> 流量：网站流量的提升，包括 PV、UV、注册用户。
> 收益：网站参与度、付费用户、ROI。

官网：在实现购买阶段重要性凸显

官网作为营销渠道的重要组成部分，在潜在用户购买决策环节的重要性较为突出。对于官网而言，应该包括潜在用户想知道的所有与公司及产品相关的信息。根据 eMarketer 官网的说法，任何一个网站都有 98% 的流量会流失掉，他们走的时候既不会填写表单，也不会完成购买。这意味着你失去了与潜在用户建立关系的机会。作为 SEO、SEM 流量的落脚点，官网的承载性和交互性变得非常重要。针对这个现状，最好的解决方案就是提升 SEM 引流到官网之后的转化，加速线索从官网到销售部之间的流转，通过在官网埋码以及与全渠道数据打通，记录用户在官网内的各种行为及内容偏好数据，分析用户的需求及线索的匹配程度，为销售提供深入的用户洞察，促进线索的转化。

对网站访客进行潜在用户培育时，你需要从 3 个方向考虑：形式、时机和内容。

1. 潜在用户培育形式

潜在用户培育形式主要包括定向展示、交谈和视频 3 类。

第一，定向展示大多数网站驱动转化的消息，展示形式有以下 3 种：弹窗，典型的弹窗展示是出现在网站中间，有时也会在角落里"飞出"；横条，一个满屏宽度的长条一般出现在网页的顶部、或者底部；横幅，位于网页顶部或者底部的一种更加细微的互动形式，起初是"隐藏"状态，触发后就会在预定时间内卷出可见。

第二，交谈。提供实时的线上客服功能，帮助用户降低从新商家购买产品带来的焦虑感。客服是网站上的"真人"，可以让人们在完成购买之前问任何问题。这会激励用户相信自己正在进行正确的决定。

第三，视频。给转化带来巨大提升的第三个消息方式是视频。比起静态图片和文本，视频可以将你的产品带入真实的情境中，并让你有机会说明为什么人们应该买这个商品。

2. 潜在用户培育时机

第二件需要考虑的事情，是触发时机的选择，即每条消息在什么时间触发。这里有 4 个主要的触发方式能将运营活动带给目标用户：第一，时间触发。由你来决定活动时间，根据访客已经在网站停留的时间决定，你可以在访客登录时立刻展示，也可以在 10 秒之后展示。第二，退出触发。追踪访客的鼠标移动轨迹，如果发现访客正要离开，就立刻触发活动。第三，页面浏览比例触发。

当访客浏览页面到某个比例的时候，触发活动。第四，标签触发。在网页设置合适的定制化标签，或者其他可视化的行动指引按钮，当被点击时，活动会被呈现。

3. 潜在用户培育内容

潜在用户培育内容既要从内容本身出发，也要注意内容的呈现形式。第一，以多元化内容吸引用户点击。同一主题也可以生产不同层次的内容，提供不同的内容类型。将深度内容与浅层内容相结合，将文字与视频、音频等形式结合。同一个主题，既要有重度文章推出，也要从中选择一个小的切入点深入剖析；同一个论点，既可用微信图文的形式发布，也可以做成视频在腾讯、优酷等视频类平台同步，还可以提取声音，在喜马拉雅上以分段声音的形式呈现。第二，以图片设计匹配提升点击欲望。提升图片质量，避免图片尺寸大小不一、变形、质量不高等，给用户造成影响点击的负面影响。

渠道组合与渠道转换

管理销售渠道就像指挥乐队，不仅每个乐器要发挥完美，各乐器之间的组合、过渡也要流畅和谐。多渠道集成和向线上迁移之路并不平坦，在妨碍 B2B 销售者全力执行在线策略的四大挑战中，有 3 个跟全渠道实施相关 [①]：

不同渠道之间的冲突。
渠道间如何分享用户数据。
跨渠道集成后台技术。

1. 渠道组合

一种有效的多渠道线索培育是：市场活动（线下会议和线上直播）、社交媒体（微博、微信等）百度推广、动态网站内容（企业官网、垂直媒体网站等）、电子邮件营销这几种营销方式的结合。通过将市场活动（线上直播、外部参与会议）获取的用户线索引流到社交媒体上，以及将百度和官网注册带来的线索部分引流到社交媒体上（百度 SEM 这样的高意向的入站线索显然可以直接成交，更多的可以考虑采用目前国内到达率最好的社交平台——微信来做培育），进

① 资料来源：《由 Forrester 咨询公司代表 SAP Hybris 发表的委托研究报告》

行内容营销和线索培育，到适当时候，再采用线下会议或直接转给SDR进行转化，这是目前最有效的方式。

在渠道组合中，最需要注意的是渠道内容一致性。要保证所有渠道讲的故事具有一致性，如线下培训提到某项产品而在官网等渠道却没有涉及，则会出现问题。

2. 渠道转换

营销就像是多米诺骨牌，每一个骨牌都要设计好，最后推倒第一块才能达到最后一块。在不同渠道培育潜在用户，要注意渠道之间转换的艺术性，如线下会议与微信个性化推送结合的方式：在培训沟通交流之后，可发送一个有趣、独特和个性化的图文推送。增加人性化可以加速构建潜在用户对企业的信任。

不同渠道间的转换按钮：网页上，添加一个微信二维码按钮选择确认消息，以提示新用户不要错过其他方式。需要强调的是营销讲究每个环节都要做好细节，网站上增加微信二维码截流绝对不是简简单单放一个二维码用户就会扫描关注，你必须给用户一个扫码的理由。

培育策略评估及优化：如何计算线索培育ROI？

线索培育没有黄金规则，需要通过测试不断迭代优化。

潜在用户培育策略 A/B 测试

A/B测试是指在所有条件都相同的条件下，只改变一个条件，从A改成B，然后对比两者产生的效果的不同，如图4-31所示。单一变量决定了A/B测试的科学性。A/B测试通俗来讲，比如出门前人们会对比几套衣服，到底穿格子衫还是穿正装。这个过程其实包含了A/B测试的核心思想。

多个方案并行测试（对比了几套衣服）。

每个方案只有一个变量不同（只对比了上衣）。

以某种规则优胜劣汰（最终穿了最符合你形象气质的衣服）。

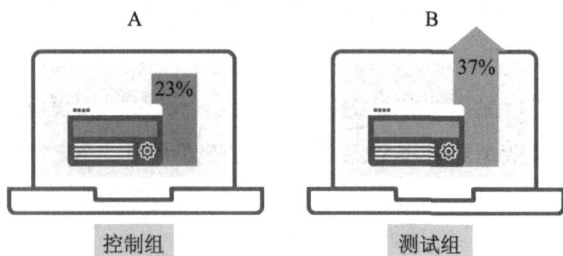

图 4-31　潜在用户培育策略 A/B 测试

测试，不是为测试而测试。要设定目标，明确测量的内容，并专注于改善预期结果。测试要由简入难，如内容测试，首先要测试标题。要有一个控制组，确保变量只有一个。同时，每次测试时，要及时记录和分享，并保证测试成为日常流程的一环。最重要的是，要根据测试结果及时调整培育策略。在进行测试时，要参考一定的规则。

规则一：别人的经验不一定适用于你。不同的行业有着不同的参考值，不能盲目参考别人的经验，毕竟没有放之四海皆准的真理。

规则二：尽可能保证变量唯一。当做 A/B 测试时，一次测试只测试一个变量有助于让结果更有说服力。

规则三：循序渐进。由于用户的认知和预期的变化，结果／目标也会随着变化，所以，犯错在所难免，重要的是在过程中总结经验，这样会为之后的测试累积价值。

规则四：用户行为数据可能和结果性数据有矛盾。结果性数据固然重要，但要注意很多时候可能没有行为数据真实，因为结果性数据可能会略过很多细节，而这些细节中的变量可能会是一个重要因素。

规则五：明确定义你的目标值。实验前，明确或预估一个目标值。心里要有个目标，然后围绕目标来优化。

规则六：不要测试那些影响较小的因素。基于业务的核心价值去做实验，聚焦能提升产品核心价值的因素。

线索培育 ROI 计算

证明线索培育策略是否有效，可以通过对比线索培育前后的行业指标变化，展示 ROI。

1. 定义线索阶段

定义线索阶段前，先要了解用户的细分定位，营销通常把群体划分为 3 个类别。

第一类，B2C：即决策流程较短的产品，比如快消品一类的消费群体。企业可以通过各种有创意、有趣的营销或是购买流量的方式快速获取到这类用户，实现最终变现。

第二类，B2 小 B 和 B2 大 C：小 B 包括合作伙伴、渠道、SaaS 公司等，大 C 包括教育、金融、汽车、医疗医美，是客单价比较高的消费群体。

第三类，B2 大 B：比如微软这类的企业。这部分只占比较小的一部分，全中国也不超过 1 000 家，也是比较顶尖的营销区域，营销方式与前两者有所不同。

小 B、大 C、大 B 可以视为高客单价企业，用户在选择一种产品的时候不会从某一个接触点轻易做出决定，决策者往往是一个团队，决策流程相对较长：陌生人—访客—注册—市场认可线索—销售认可线索—成交，如图 4-32 所示。

图 4-32　高客单价企业决策流程

在高客单价企业决策流程中，最重要的是保证营销、销售和执行团队对每个阶段有一致定义。

线索（leads）：最原始的潜在用户资料或联系方式，是最不确定的潜在用户，有可能完全不是企业的目标用户，也可能仅是一些错误的信息片段，即使线索不确定、不准确，企业也会想方设法地获取更多的线索，尝试转化。

市场认可线索（MQL）：从注册产生的众多线索中，能从市场部转给销售部的只是少数。市场部会对线索做定在和定量分析，即通过打标签和线索打分的方式，筛选符合"合格"用户画像且展现出足够兴趣和参与度、值得销售跟进的线索。

销售认可线索（SQL）：对于市场部提供的线索，分配给销售后，经过销售人员后期接触分析，被销售人员进一步确认的线索，即销售认可线索。

商机（opportunity）：对线索进行过滤，将错误的、无意向的、不相关的线索排除掉，留下有意向、有可能有意向的潜在用户，就是商机。商机是更高质量的线索，是真正的潜在用户。销售对商机要进行有计划的、持续的跟进接触，最终转化成用户。

图4-33所示为购买旅程阶段定义。

购买旅程	阶段定义
所有用户	所有未显示出合格特征的用户
线索	符合"合格"用户画像的人口学要求
市场合格线索	符合"合格"用户画像且展现出足够兴趣和参与度、值得销售跟进、可能有较高分数的线索
销售合格线索	已被销售人员认为是潜在线索，将要进入销售预测或漏斗
商机	商机是更高质量的线索，是真正的潜在用户。销售对上级要进行有计划的，持续的跟进接触，最终转化成用户

图4-33 购买旅程阶段定义

2. 衡量阶段间转换：线索生成速率LVR评估

线索培育评价一般从两个方面着手：一是转换：有多少人转为成为用户。二是每次转化费用（CPA）：转换一个用户需要多少费用。在潜在用户培育策略评估中，运用最多的就是线索生成速率LVR（lead velocity rate）。

线索生成速率=本月认可线索−上月认可线索／上月认可线索 ×100，如图4-34所示。

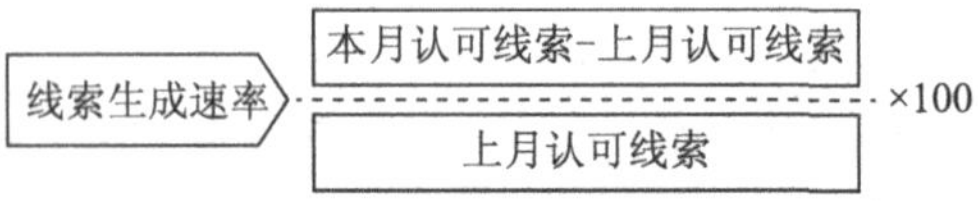

$$线索生成速率 \left\{ \frac{本月认可线索-上月认可线索}{上月认可线索} \times 100 \right.$$

图4-34 线索生成率

对于线索生成率的周期设置，具体到行业、企业都会发生变化，因为产品生命周期的不同，周期设置可以按月，也可以按照季度，或者企业认可的某个周期。若有明确的周期可循，在测算时可以自行设定，若没有或者为防止意外因素的影响，可以选择常量−按月／年计算。

线索培育如何影响阶段间转化率？如图4-35所示。在计算ROI时，可以从以下 4 个方面着手。

> 从线索到市场认可线索转化率。
>
> 从市场认可线索到销售认可线索转化率。
>
> 从市场认可线索到商机转化率。
>
> 从市场认可线索到用户转化率。

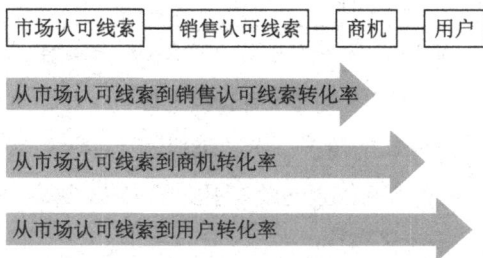

图 4-35　线索转化率

每个月月末，将本月开发的线索与之前的分隔开，导出真正的销售认可线索发给销售。如想做得更好，可以使用营销化中的日期项目，自动标记线索转化为销售认可线索的具体日期，并计算从创建线索到成为销售认可线索间的间隔。这样更利于确认哪些线索是"新线索"，如创建 30 天。其中，线索培育的效果会明显表现在转化情况中，对少于 30 天的"快线索"和来自信息库中"旧线索"的数量的转化进行对比。在没有线索培育的情况下，来自"旧线索"的数量会很低甚至为零。而擅长线索培育的公司，大约 1/2 的转化来自"旧线索"培育过的线索。在这 4 个维度中，比较重要的衡量指标主要有两个：从线索到市场认可线索的转化率、从市场认可线索到商机的转化率。

（1）从线索到销售合格线索的转化率。

从线索到销售合格线索需要通过打标签和线索打分进行筛选，这也是一个将小鱼养成大鱼，尽快给到销售捕捞的过程，对于善于培育线索的公司，转化率高达 4.0% ~ 5.0%。

计算举例：在一个月内，研究线索培育的作用。每月新增线索 800 个，月初已存在线索 10 000 个，每月由新增线索转化来的销售合格线索 80 个，每月由已存在潜在用户转化来的销售合格线索 40 个，如图 4-36 所示。

	线索	销售合格线索转化率	线索
新线索	800	10%	80
已有线索	10 000	0.4%	40

图4-36　一个月内线索培育的效果：培育前

培育后，经过线索培育，销售合格线索增长了2.5倍，如图4-37所示。

	线索	销售合格线索转化率	线索
新线索	800	10%	80
已有线索	10 000	1%	100

图4-37　一个月内线索培育的效果：培育后

培育前，销售合格线索为120个/月，经过培育，该数字增长为180个/月，在不额外增加线索开发成本的情况下，数量增长了50%。假设每月线索开发预算为90 000元，每个销售合格线索的成本下降了33%，即从750元降到500元。

（2）从线索到商机转化率。

培育前，一年内33%的营销开发"商机"来自旧线索，不算差，经培育，半数"商机"来自快线索，这意味着增加了100例"赢得的机会"。经培育，营销开发"商机"数量至少增加了33%。

培育前，30天内线索转化来的"商机"为200，超30天线索转化来的"商机"为100，营销开发"商机"总数为300，如图4-38所示。

30天内线索转化来的"商机"	200
超30天线索转化来的"商机"	100
营销开发"商机"总数	300

图4-38　从线索到商机转化率—培育前

培育后，30天内线索转化来的"商机"为200，超30天线索转化来的"商机"为200，营销开发"商机"总数为400，如图4-39所示。

30天内线索转化来的"商机"	200
超30天线索转化来的"商机"	200
营销开发"商机"总数	400

图4-39　从线索到商机转化率—培育后

越来越多的企业开始重视潜在用户的培育，但是，从用户的角度看，"做不到"却是常态，感性的"感同身受"变量太多，SCRM营销自动化将营销策略机制化,将营销效果可视化,将潜在用户培育,从线索定义—线索打分—线索培育(内容+渠道)—ROI评估及优化,与内容营销策略、获客策略相结合,通过系统的可执行、可测量方式,帮助企业提高获客效率。

案例:年增长超 30% 的适马,用 SCRM 营销自动化获客

适马(SIGMA)作为一家相机机身产品并未占据主要市场份额,主要依靠配件(镜头)生产销售的品牌,年增长超过 30%,在几年内集聚了大量的忠实粉丝群体,这在摄影器材行业内是比较罕见的。

2013 年,适马决定在中国大陆建立该品牌在全球范围内的首间全资子公司,并在公司运营第一年后取得预算黑字。在短短几年内,扭转了品牌在市场上的负面印象,进而树立了"黑科技""匠人精神""业界良心"的正面品牌印象。辉煌的背后是营销策略的选择。

从五力模型和 4P 模型切入,克定品牌核心竞争力和营销策略

图 4-40 所示为适马核心竞争力分析——五力模型。

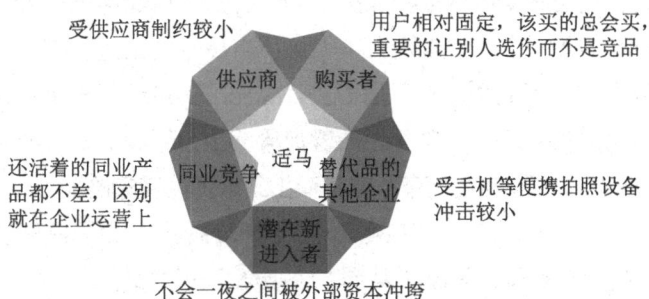

图 4-40 适马核心竞争力分析——五力模型

供应商:受供应商制约较小,因为适马唯一的制造基地就在日本东京。包括螺丝钉的模具在内,从头到尾都是自己做的,即"一贯制"生产模式。

购买者:对视觉敏感的人群。对视觉、嗅觉、味觉敏感或有追求的人是相对固定的,在需要的时候就会购买,不需要的时候也不会因为他人的意见产生购买。所以需要关注的重点是,让这部分用户不去购买竞品。

替代品的其他企业：适马是"高端"定位，目标用户是专业人群，不去"跑量"，所以很幸运地避开了手机的冲击。

潜在进入者：行业进入技术门槛高，很难通过密集资本或技术飞跃来突破，相对安全。

同业竞争：产品在性价比上有优势，市场部可以将注意力集中在本职工作，传达品牌的定位和品牌的优点。

图 4-41 所示是适马的营销策略分析。

适马 4P 分析：

产品（product）：高关与度产品
——购买者购买决策过程较复杂

价格（price）：
——与同行相比，性价比优势明显

渠道（place）：极度依赖"专业"渠道，不太可能自建直销渠道和创建新型渠道品牌，策略传达不可控、用户信息回收"零"

促销（promotion）：预算少，资源少，推广难度大

4P 模型
① 产品
② 价格
③ 渠道
④ 促销　适马

适马 4P 策略选择：

产品（product）：WOM
（word-of-mouth 口碑）最重要

价格（price）：价格调整不可控

渠道（place）：跟渠道谈BD（商务拓展）；创建用户数据库；自上而上+自下而上结合的品牌策略

促销（promotion）：保持露出频率，没有负面信息；创建能精准营销的自媒体；积极探索UGC的新型利用方式

图 4-41　适马营销策略分析

产品：高相关度产品，购买者购买决策过程较复杂，营销策略的重点放在口碑上面。

价格：与同行相比，性价比优势明显。与业内领导品牌相比，总体上性价比高很多。具体到营销策略，因为价格调整不可控，可以不考虑价格因素。

渠道：极度依赖"专业"渠道，不太可能自建直销渠道和创建新型渠道。产品线长且复杂，不可能全靠电子商务。"专业"渠道还很不专业，品牌策略传达不可控、用户信息回收"零"。在营销策略上，跟渠道谈资源互换，价值开发；创建用户数据库；自上而下与自下而上结合的品牌策略。

促销：预算少，资源少，推广难度大。媒体的定位上，保持正面的媒体露出；创建能精准营销的自媒体；积极探索 UGC 的新型利用方式。

基于产品的特点，口碑是最重要的，重点在于生产一些好口碑的内容。而若想要更好地跟渠道合作，就需要创建用户的数据库，明确用户画像，知道用户是谁，用户在哪里，然后再做市场策略。

做能精准营销的自媒体：68% 注册会员

截至 2018 年 6 月，适马中国 8 万微信粉丝中，注册会员数达 68%，用户达 48%。这是什么概念呢？适马具有 68% 的粉丝的电话号码、邮箱等信息，且

这些信息被激活过；48% 的用户，即购买过适马的产品。为什么注册比例会这么高？

第一，在产品盒子中，放入引导注册卡片，引导注册会员后，会延长两年保修期。对于用户来说，延长一年到两年的保修期是切实的利好，约 20% 的人看到后会注册。

第二，通过致趣百川 SCRM 在 H5 中埋码，宣传海报被转发分享到朋友圈、朋友个人和微信群时，能够追踪代码，如图 4-42 所示。埋码检测既可以用于大型活动中，也可以放到经销商的门店。放到经销商门店，一是触达经销商用户，让用户知道活动信息；二是寻找 KOL。在实际操作中，提供给每一个经销商的二维码都是不同的，能够明确知道每家经销商的营销情况。检测的重点不在于扫码的数量，更在于 0 和 1 的区别。如果数量是"0"，往往有 2 种情况，一是经销商不配合，海报没有张贴出来，二是经销商的用户多为批发商，而不是终端的个人用户。

图 4-42　内容埋码追踪传播效果

统一的内容入口，便利的搜索功能，如图 4-43 所示。在内容上，适马中国的官方微信一直是行业里面做得最好的，内容专业，形式多样，如摄影师约稿、用户互动 UGC、活动内容等。对于优质内容，除了单次推送外，也会有一个专门的入口进入。因为，即使几千、上万阅读的微信内容，如果不发挥杠杆作用，效果也不会加倍。另一方面，用户口碑验证的一个重要方面就是，官方微信的内容验证，统一的内容进入入口，会是加分项。除了统一的内容入口，与菜单功能相对应的搜索功能也非常重要，要让用户有很便捷的搜索体验。通过菜单栏，可以对往期精华做分类、产品类型、作品类型，筛选器材类型，找到用户的预期内容。另外，查看内容的同时，也会通过 SCRM 营销自动化打上行为记录标签，助于明确用户画像。

图 4-43　内容池持续利用，收集用户兴趣 / 互动数据

培养自己的 KOL

在相机镜头行业，口碑很重要，KOL 的重要程度也就比较高，但是 KOL 跟付费有一定的关系，并不是一家企业专属，同时影响力的含金量不能具体评估，合作的持续性也不能保证。企业从自己的产品用户着手培养真实、有效的 KOL 就非常重要。

根据六度分割理论，在培养自己用户 KOL 时，关键在于真实、有效，只需要影响周围 5 个人，就可能会接触到企业的目标用户群。培养自己的用户 KOL，可以从微信社区入手，在社区中盘活已经购买、喜欢产品、同时又有分享欲望的用户，给他们展示自我风采的机会。在自我展示的过程中，注意内容的递进式层次搭建，以满足不同层次需求的同时促进用户在销售漏斗中的演进，如摄影大赛、我要投稿、我要试用、投稿评片，如图 4-44 所示。

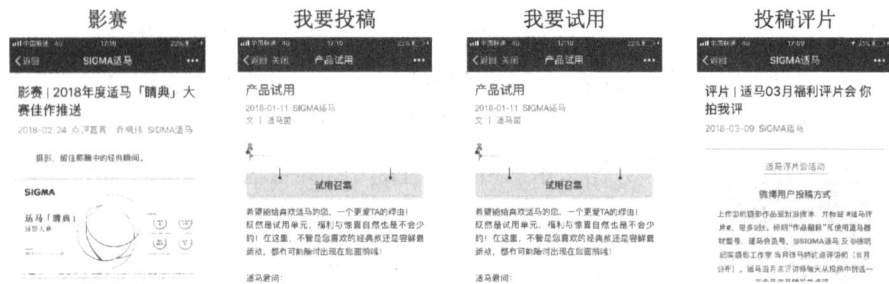

图 4-44　培养自己的 KOL

得数据者得天下

得数据者得天下，在具体运用时，数据也会有所侧重。

> B2C 企业：找到用户，了解用户，影响用户。
>
> B2B 企业：资源当钱花。把 8 万粉丝作为一种资源，与其他的营销、渠道的品牌去置换资源。

数据的收集和使用，可以通过会员中心建立用户数据库，在注册时，提示用户填写问卷，尽可能地完善用户信息，如图 4-45 所示。

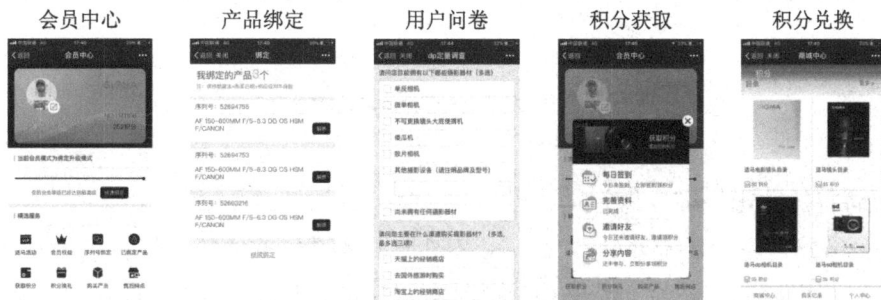

图 4-45　建立用户数据库

为保证"对需要它的人很有价值，但对不需要它的人，没有任何价值"，会员体系的搭建有 2 个逻辑，对应 2 个系统，各自独立服务于不同的需求。一是受购买产品影响的会员体系。第一次和第二次购买产品会成为银卡会员，第三次购买产品就会成为金卡会员，之后会还有白金卡。根据会员绑定产品数量区分等级，为不同等级会员提供不同权益和服务，引导用户绑定序列号，获得销售数据。对应的权益会对应售后服务等。二是促进动作发生的积分商城，完成某个动作，即可获得积分。只要参与互动，如投稿、转发、签到等就会获得积分。

除了会员等级和积分体系，适马服务号还提供丰富的内容和活动。内容中心，为用户提供丰富的内容服务，收集用户兴趣偏好，提升高价值内容复用率；活动中心，既有线下活动也有线上直播，为用户提供常用的活动入口，获取品牌最新的活动信息，报名参加活动。

在呈现方式上，统一集中展示各种市场活动，方便用户集中选择参与。在营销策略上，用活动报名门槛来激励潜水订阅者浮出水面，沿着销售漏斗不断演进。用致趣百川 SCRM 营销自动化技术手段精准邀约、控制参与、评价活动效率，精确衡量投入的预算产生的效果。同时，记录用户基本信息、互动数据、序列号绑定数据形成用户画像，定向筛选出符合要求的用户，如图 4-46 所示。

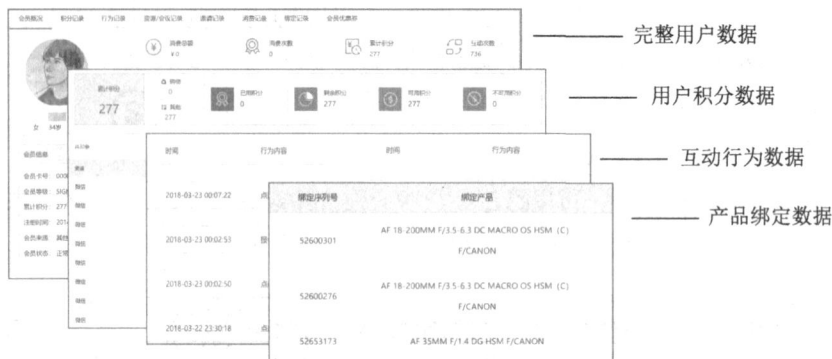

图 4-46　完整记录用户数据

如何有效地跟渠道合作？

虽然自身市场部足够强大，网络销量也有不俗业绩的时候，也还是要依赖经销商的。因为产品的推广也是有层次的，在品牌层面的推广要讲情怀、体现品牌特点，考虑品牌定位。但是对于入门级的产品不适合品牌层面推广，则可以通过经销商来推广。现在行业内经销商办活动最大问题是对质量的把控，这并不是钱和感情就能解决的问题，那该如何切入呢？从经销商的痛点切入。

经销商现在的问题是客流，曾经的用户群体老龄化严重，年轻群体又偏互联网化。适马负责招募参与人员，则解决了经销商的客流痛点，经销商负责现场的活动运营，资源置换后，单场活动的费用就会降低。人员招募来自数据库，招募比较精准。适马举办星空摄影展，到场的参会人员都是星空摄影爱好者，每场平均会有 10% 的销售转化。经销商跟适马一起做活动，也许不像做其他品牌的活动，可以挣到费用，但是可以获得精准新用户的导流。

通过销售关系的加强，而非资源关系的加强，来促进渠道资源向适马倾斜。一方面，采取拉力产品对策，通过自媒体越做越强，给渠道输送"点菜"的客人。另一方面，采取推力产品对策，通过培养渠道跟适马一起做活动的惯性，让渠道自然而然多推适马的产品。

特别鸣谢：适马中国 CMO 马雅谨。

案例：联想商用业务通过数字化转型，提升获客效率

在商用 PC（电脑）市场上，联想是毋庸置疑的第一名。联想在整个商用 PC 市场中的市场份额是 60.9%，在台式机中是 54.8%，在笔记本中是 65.5%，在工作站中是 35.1%。

在 60.9% 的市场份额下，联想制定了数字化转型蓝图，从两个方面驱动增长，一方面是用互联网获取更多的流量，另一方面是提升这些流量的转化。不断提升获客的效率，在一些市场高增长的区域发掘机会；找拓宽商用 PC 之外的品类，做 PC+ 业务。

B2B 企业的获客困境

1. 相比于 B2C 企业，B2B 企业获客更难

B2B 企业和 B2C 企业有很大差别。从整个营销角度来看，更多的成功案例来自于 B2C，在 B2B 营销的成功案例相对较少。在 B2B 领域的成功的标杆企业并不多，可借鉴经验也不多。过去几年，因为人口的红利，可以看到整个中国更多成功的企业都在 B2C 领域。那在 B2B 领域为什么难以成功呢？这跟整个 B2B 行业是有关系的。

B2B 用户决策参与人多。B2C 是个人决策，而 B2B 行业是多人决策，由不同职位或不同领域的专家组成的决策单元来做最终决策。

B2B 用户决策周期长。B2B 行业的产品服务要求高，即使用户看到产品有了购买欲望以后也不会立刻就去采购，B2B 用户需要比较长的决策流程，对应的购买过程复杂，销售周期长。

B2B 用户决策基于价值。B2B 用户大多是理性的购买行为，更关注价值和价格的平衡。这和 B2C 用户的特点完全不同，所以很多在 B2C 领域有效的方法，在 B2B 领域可能收效甚微。

2. B2B 传统获客方式的弊端

从 Forrester 的报告可以看到，B2B 企业营销预算分配中，线下活动占比 14%，但线索转化成单比率仅为 0.04%。线上推广中数字广告 / 营销预算占比 10%，但转化率为 0.78%。营销预算大部分分配在线下，但是成单率却很低。

另外，B2B 的传统营销方式，包括线下活动、线上推广等 ROI 不易测量，

线索转化成单比率降低。确实很难讲清楚，这些渠道的投入带来了多少获客，怎么去评估获客成本。

对此，联想需要通过数字化营销，去提升整个 B2B 行业的获客效率，降低获客成本，提升 ROI。

如何提升联想商用 PC 获客转化效率

1. 搭建全渠道数字化营销平台，整合线上线下营销

对于 B2B 企业来说，线下活动是很重要的手段之一，包括大型活动营销或点对点的营销。将线下活动线上化，打造整个营销闭环，为长期的商机培育做准备。目前联想使用了致趣百川的线下会议线上化的全流程管理平台，提升了获客效率和用户数据留存。

（1）大型活动：线上线下同步联动。

以联想教育展为例，如图 4-47 所示。以前的形式就是线下搭建展台，而线下实际参与人数仅 1 000 多人。但 2018 年联想除了线下的展台，还增加了线上同步直播线下的活动内容，结果是看直播的人数大约是线下参与活动人数的 2 倍。线上同步直播线下活动的方式解决了用户在地理和时间上的问题，触达了更多用户。除了现场活动，用户可以通过电脑、微信、手机等多渠道进行参会。线上同步直播后，联想还可以获得更多用户的留资信息，以便未来对用户有更好的触达。这种大型用户活动的线上线下整合，会带来更好的活动体验和 ROI。

图 4-47　联想教育展，线上线下联动

（2）小型活动：线下数据线上化。

以联想的小型活动百城沙龙为例，如图 4-48 所示。这类活动在四六线城市进行，一般在邀请四六线城市的用户来参加活动就会出现很多问题。团队需要花费很多时间和精力，因为需要各个区域的同事去邀请用户，打电话去督促用户。这个方式效率较低、用户体验不够好。通过 SCRM 营销自动化线下活动线上化的平台，可以改善这些问题。

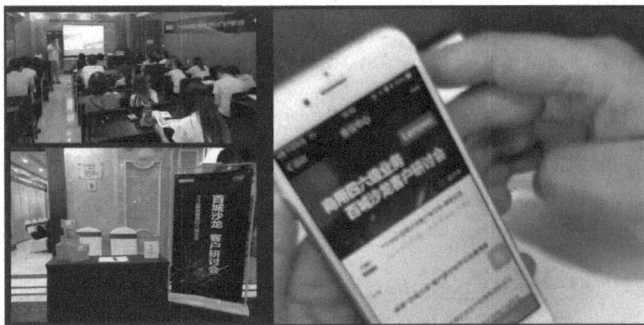

图 4-48 百城沙龙，线上数据线下化

会议前：会前邀约时，可以通过模块化快速制作邀请函，用微信、邮件、短信等方式快速触达用户，给用户发微信邀请页、H5 微信邀请页，就可以很快触达用户。另外在活动邀请页面上用户可以自助注册，留下他们的相关信息上传到平台。而且平台也会在活动前定期通过微信、邮件 EDM 或 SMS 提醒用户活动时间等信息。这使得组织会议的效率非常高。

会议中：由于在会议前已经与用户有了很多的互动，所以在会议前就已经获取了一些用户需求，从而可以根据这些用户需求来组织会议内容，以确保用户在参会过程中可以听到自己最感兴趣的内容。这有利于提升整体用户转化率。另外在会议过程中，通过留言、抽奖、投票、游戏等方式将活动现场化，在会议过程中可以及时对用户体验进行调研，让用户进行评价。

会议后：通过用户留下的信息可以对用户的行为进行追踪，在会后进行用户数据画像的描绘，方便之后对用户进一步培育。

2. 线上大规模获客，提高获客效率

对于大规模的线上活动，如何提升推广获客的效率呢？举 2 个例子，一个是面对比较大规模的市场，怎么去提升推广效率？另一个是面对小众市场，怎么去提升推广效率？方法是找对人、说对话、投对路。

（1）ThinkPad L：大规模推广。

ThinkPad L 产品的上市活动是今年联想做的比较大规模的市场活动，也是联想成立数字化营销中心的一个重要尝试，充分利用数字化营销平台做产品推广，提高获客量以及用户对品牌的认知。

找对人，即需要清楚产品定位。ThinkPad L 是联想定位的 ThinkPad 经典型主流产品，同时也是联想 ThinkPad 最全的一个产品，覆盖了主流的商用用户群，覆盖面很广。

说对话，即根据用户需求打出卖点。对用户群做了充分调研之后，发现对于用户选择的商用产品来说，稳定可靠是很重要的需求，所以联想打出的卖点是"我们的产品通过 80 万小时的平均无故障运营时间"，让用户对产品的质量有充分的信心。

投对路，即确定最好的推广渠道。联想对于这次推广在线上线下投入很大。以前一般是推广渠道投入之后才能评价不同的媒介渠道带来的流量和转化情况，这是一个事后评估。而 2018 年联想通过数字化营销平台，每周都可以看到不同的媒介渠道带来的流量和转化情况，可以在推广过程中随时调整媒介策略，从而提升了获客和转化的效率。

（2）ThinkStation 专业工作站：垂直类推广。

ThinkStation 专业工作站是一个相对小众的市场，所以需要更精准的找到目标用户。开始时联想使用的是大规模推广的手段，后来发现通过大规模推广手段带来的流量非常小，转化也并不好，所以后来调整了推广策略，聚焦在一些垂直的网站和垂直媒体，以及在 SCRM 上做产品推广，获得了很高的推广 ROI。

（3）优化登录页面，提高转化效果。如图 4-49 所示。

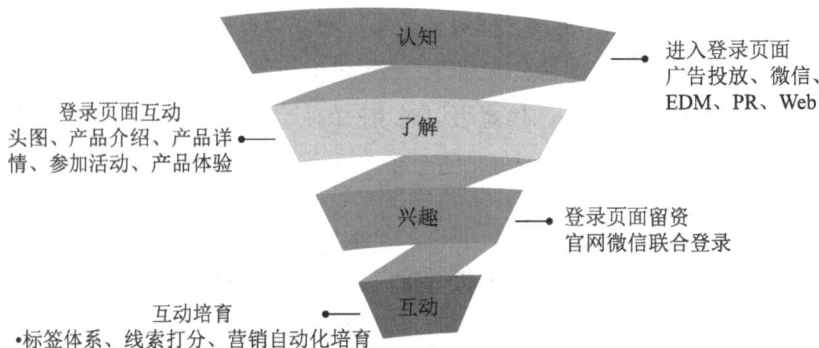

图 4-49　优化登录页面，提高转化效果

　　进入：将目前通过所有媒介（包括广告投放、微信、邮件 EDM 等）获得的流量，全部汇集在登录页面上，从而更加精准地了解不同渠道带来的流量情况。在 ThinkPad L、ThinkStation 的产品落地页，可以明确用户渠道来源数据，评估渠道效果，从而可以更精准地投放广告，高效引流。每周都可以看到不同渠道来的流量或转化的效果，从而可以及时调整媒介投放策略，使整个转化效率得到很大的提升。

　　互动：在登录页面上设置一些互动来加强跟用户的交流，包括头图、产品介绍、产品详情、参加活动、产品体验等让用户更好的去体验产品。而与用户之间互动也需要有数据的支撑，而不是拍脑袋去决策，如图 4-50 所示。所以登录页面上会记录所有的用户的轨迹，包括用户点击菜单 / 次数和停留时间，作为之后培育阶段线索评分的标签之一。

图 4-50　记录用户互动数据

　　留资：登录页面很重要一个环节是留住用户，通过提升整个登录页面的留资率如图 4-51 所示，这些用户留资进入之后最终都会进入到数字化营销平台，以便未来长期的商机培育。以 ThinkPad L 活动为例，用户参与活动就可以获得一年意外保护服务。这个环节使得用户留资率有了很大提升。另外，这个活动信息设置最开始没有设置员工人数，导致了很难有后期人员去处理大量的留资信息，后来通过加上"员工人数"这一留资信息，就可以将任务分配给不同的人员去提升对留资的快速响应能力。

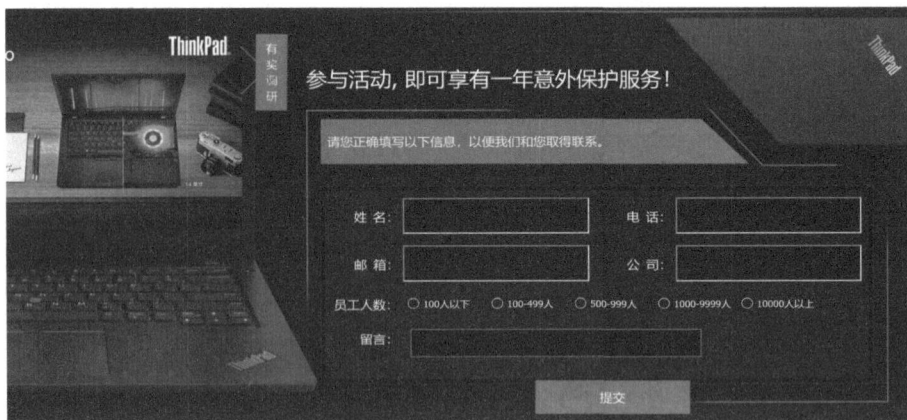

图4-51　通过行动号召，提升登录页面留资率

3. B2B2B：渠道／合作伙伴赋能

（1）全面赋能合作伙伴，助力效率提升和业务增长

对于中国市场的 B2B 业务来说，渠道还是非常重要的部分，所以 B2B2B 这个模式在中国还是会长期存在的，因为行业中间的合作伙伴会给用户提供很多服务和支持，同时帮助厂商覆盖到更多用户，也是厂商获客很重要的环节。比如我们在 ThinkPad L 和 ThinkStation 的推广过程中，联想都充分融合了合作伙伴和渠道，来提升了整体的营销效果。

在获客领域，渠道依然是非常重要的。需要从过去单渠道赋能转变为渠道的全面赋能，这样才能提升整个业务体系的效率和获客的效率。

（2）数字化赋能平台——价值汇

在数字化转型上，联想在平台上开发这些功能，对合作伙伴进行产品赋能、技术赋能、管理赋能和营销赋能，基于这个理念联想开发了一个赋能平台——价值汇。

价值汇中有很多功能，比如开放注册平台——让渠道可以报备商机、报备用户；快速报价工具——合作伙伴可以快速给用户报价；产品库和学习中心——合作伙伴可以快速获取联想的产品信息；标底——方便合作伙伴去投标；用户拜访模块——联想在管理销售的核心模块，可以提升整个销售团队的能力，减少销售团队的方差，用线下销售行为线上化的方式提升整个组织的效率。其中用户拜访模块联想也开放给了合作伙伴，通过这个模块，联想的合作伙伴可以快速提升他们的销售团队的能力，也减少了销售团队的方差，同时也提升了合作伙伴的投资能力。最终又通过用户投资模块，帮助联想拓展更多用户，实现了联想和合作伙伴的共赢。

联想商用 PC 转化策略

那么带来了用户流量以后，如何进行转化？ 联想利用致趣百川的 SCRM 营销自动化平台，将所有的用户打上标签，然后进行标签分析，以及线索打分和分级。比如可以基于用户的线上行为或外部数据给用户打分，打分之后这些线索分级，按照优先级、重要性将高价值的线索提供给销售团队、电话销售团队或渠道团队，和用户本来已有的 SCRM 销售系统打通，以此来提升线索转化的效率。这些线索转化之后，又会将相关的线索跟进情况反馈回营销自动化平台，形成报表，以便后期对商机线索进行培育，如图 4-52 所示。

图 4-52　营销自动化培育

在商机培育阶段，比较重要的部分是内容营销。 B2B 内容营销很重要的一点是要和整个的用户历程结合起来。通过营销自动化的平台去培育商机线索，所有用户在官网上的留言，都会自动触发邮件发送，进入自动化培育的流程。以 ThinkPad L 推广为例，用户点击了 L380，做了留资，那未来联想在 L380 产品上有促销活动或产品提升的时候，他们都会跟用户做交流，从而提升转化率。

对于一些直播活动，联想也会设置用户可以下载 PPT 的机制，在 PPT 中嵌入问卷二维码，让用户扫码答题获得红包，从而促进用户留下相关个人信息，不仅可以和用户保持长期的连接，以及维持用户对产品长期的兴趣，还可以再将这些信息反馈回平台，通过列表系统再分配给销售团队跟进和转化。

　　更多精彩，扫码观看"大型 B2B 企业如何通过数字化转型拉动业务高效增长"直播回放。

　　特别鸣谢：联想集团中国区商用数字化营销中心总经理王立平。

第五章

快速上手的营销获客策略

05

在前文中通过对"鱼池养鱼论"中内营营销、获客策略、潜客培育的阐述，明确了高客单价企业的获客策略，最后，笔者借鉴致趣百川自身获客实践要给大家推荐几条可以快速上手的获客策略。

像打王者荣耀一样，市场团队要打"团战"

现在的获客成本不断上涨，获客难度不断增加，市场团队需要越来越多的团队作战，仅凭一两种市场手段很难有良好的效果，这就跟王者荣耀如果只会运用刺客或坦克一两种角色很难赢一样①。

"射手"—社交渠道：前期力量薄弱，后期效果显著。当微信账号只有一千个粉丝时，效果并不明显，但是当微信账号有一万甚至十万个粉丝时，获客效果就会令人惊讶。

"法师"—内容营销：前期也比较薄弱，但会为整个团队持续地输出力量，越到后期价值和作用越大。销售团队、市场团队、业务部门等都需要利用持续输出的内容营销来获客。

"坦克"—官网/搜索：很耐打，而市场前端各种活动的流量很多最终会到官网上，潜在用户在最后决定时会通过官网联系厂商，是流量的最终承载者。

"刺客"—BD/口碑：即单点突破，再好的内容，如果没有BD去找到精准的协会/圈子/渠道，在B2B或高客单价行业里，效果就不易显现。

---

① 资料来源：致趣百川 CMO 于雷活动分享

"辅助"—线下活动，很多 B2B 市场人常抱怨自办活动一般转化都很差，是因为真正的自办线下活动，更适合来做去库存型活动，而不是拉新，即从 SCRM 潜客流量池里邀约已经有兴趣的客户来到线下活动，配合上好的演讲与客户案例，就容易转化很高。

不同的角色具备不同的巅峰周期与特点，高效的市场部团队一定要懂得不同角色间的配合，这样的团队作战才能更高效地完成业绩目标。以内容营销的协作为例，第一，内容营销与线下活动配合。内容营销产生的线索，一般处于生命周期前端，潜在用户的购买意向低，而开口型线下活动带来的线索转化率低。但将二者进行配合，对于内容营销产生的线索，引导其参加线下转化型活动，既可以解决内容线索过浅的问题，也可以提升线下活动的转化率。第二，内容营销与 BD/ 口碑配合。内容营销生产出优质内容后，可以通过 BD 投入目标圈子中，从而达到精准营销的效果。内容营销与社交媒体配合。通过搭建以微信为核心的用户流量池，将内容产生的流量引入流量池进行培育，而社交自媒体知名度提升以后，也能进一步促进内容传播。第三，内容营销与官网 / 搜索引擎配合。官网是销售漏斗的下端，将官网与微信端流量池数据打通，可以提高内容营销的贡献比例。同时内容营销也能为搜索引擎添加动力，提高获客效率。

那么一家公司起步时，如何从 0 到 1 进行 B2B 营销排兵布阵呢？其实很像打王者荣耀时的出兵循序。

第一个出场的是"刺客"，即利用 BD 单点突破，拿下标杆 / 头部用户，比如致趣百川最初的两个用户微软和 SAP 都是通过 BD 获得的。

第二个出场的是"坦克"，即搭建官网和投放，当具备标杆 / 头部用户后，就可以搭建官网，因为有产品、有案例了，配合上投放能够有说服用户的足够材料。

第三个出场的是"辅助"，即通过线下活动进行获客和转化，邀请来的用户有了用户案例具体是怎么做的、产品方案能实现什么价值等，线下活动就具备了可以转化用户的基础。

最后出场的两位是"法师"与"射手"，通过内容营销和社交渠道成倍扩大输出能力，以致趣百川为例，这两者都是在公司成立半年时才开始配置，且配置好的前 6 个月几乎没有产出，这是很正常的现象，因为二者的效果产生都需要时间，但到 2018 年，即致趣百川成立 14 个月左右的时候，内容营销和社交媒体带来的线索贡献就非常的高了，比如我们的用户东阿阿胶，就是用户看到我们的内容，从而找到了我们。

明确 B2B 采购者在不同阶段的焦虑

B2B 行业的特点是客单价高且采购周期长，并且在不同采购过程中的不同阶段，需求也存在较大差异。打消采购企业内部不同决策人的焦虑成为了营销关键所在，决策人可能包括业务人员、IT 部门、采购部门、财务部门等。B2B 营销的本质就是要找到更有效的策略，来打消不同阶段采购者的不同顾虑。一般来说，B2B 以及高客单价行业的采购分为 6 大心理阶段，而内容营销需要解决的焦虑也应该与之相匹配，如图 5-1 所示。

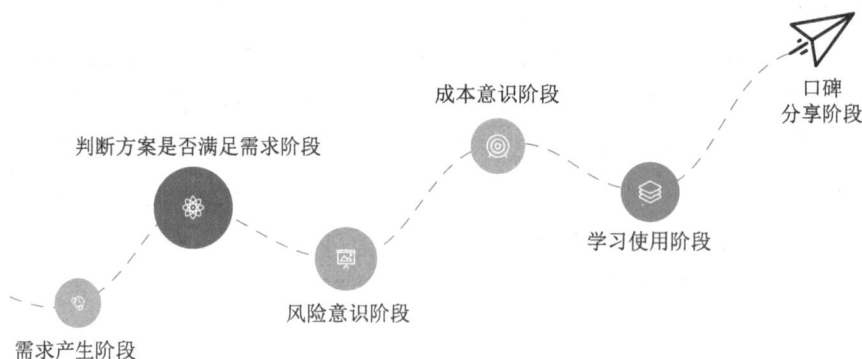

图 5-1　B2B 采购者在 6 大阶段的不同焦虑

第一，需求产生阶段。往往在因为实际工作中的问题而痛苦与沮丧，或者是大展宏图但需要"借箭"时，用户会开始模糊地意识到自己有需求了，此时就会去看一些思想领袖的意见、方法论等有深度的文章并进行思考，从而逐步明确自身的需求。

第二，判断方案阶段。这个阶段用户焦虑的是什么样的方案才能满足其需求，此时用户会开始去了解一些可以满足其需求的产品或方案，但是由于市场上的选择很多，所以用户也不一定可以明确判断方案是否可行。

第三，风险意识阶段。这个阶段用户焦虑的是风险，即使用户找到了可以满足自己需求的方案，也不会立刻购买。因为 B2B 业务及高客单价行业的特点就是，一般价格都比较高，而且会产生大量的沉没成本。比如 B2B 用户购买软件后，要培训员工如何使用，要在实际生产环境下应用，这些额外的工作都是需要支付的成本。而对于住房、教育、医美、医疗、金融等高客单价的个人需求来说，用户对风险的焦虑也是很明显的。比如教育行业，如果孩子花了很多时间但是没有成效，所付出的成本不是用钱能衡量的。那么如何降低用户的风险意识促进转化？以致趣百川的 SCRM 营销自动化软件为例，让用户了解到这个软件是否有知名企业用户用过？效果如何？培训支持是否有效？如果用户了解到微软、SAP、腾讯、联想等行业巨头都在用致趣百川的软件，那么就会降低用户的风险意识。

第四，成本意识阶段。这个阶段用户焦虑的是成本，在经过了风险判断后，由于客单价较高，所以用户开始产生想砍价、要优惠的心理特征。关于这个部分主要是销售考虑的，市场在这个过程中会产生一定影响，但不会很大。

第五，学习使用阶段。此阶段用户的焦虑集中在如何通过使用产品获得效果。帮助用户进行使用有三个层次——交付、功能使用、商业价值。内容营销可以通过一对多的方式充分提高用户的业务战略思考能力，从而指导用户结合自身现状更好地使用产品，帮助回答如何在商业逻辑上使用的焦虑问题。

第六，口碑分享阶段。这个阶段用户已经完成了购买决策，但是仍然会有焦虑。用户会考虑自己的决策是否会被认可，下次要预算是否会遇到困难等。所以，需要帮助用户在公众面前讲出产品的使用效果，帮助其赢得影响力与话语权，让用户身边的人觉得用户当时的选择与判断是正确的，而同时，内容营销又可以从这个层面挖掘出案例与口碑营销。

相比于 B2C 用户，B2B 用户的决策周期长，一个项目从发起到落地，需要经过以上多个阶段。需求的明确、方案的选择、风险的控制、采购的成本、产品的落地、使用的效果都会是用户可能产生的焦虑点。若想促进最终的转化，就需要去针对用户所处的阶段，帮助其解决这些焦虑问题。只有充分了解用户在不同阶段的心理和需求，才能更有针对性地采用相应策略进行转化。

跨界学习，降维打击

第一，借鉴 B2C 营销的方法做 B2B 营销。无论企业采购周期长短，B2B 营销和 B2C 营销到达潜在用户的触点是一致的——个人。无论是裂变海报、抖音，还是网络热点，都可以通过在线传播的方式达到预期效果。以拼多多为例，采用了移动电商和社交媒体相结合的创新商业模式，打破了"商品—人—商品"传统的电商模式，而采用"人—商品—人"的模式，在几乎没做任何广告的情况下，很好地利用了社交媒体的渠道，以"用户去发展用户"的模式迅速占领了大量市场。这种裂变式的社交拼团模式，通过"病毒式"传播，在极低的成本下即可持续带来新用户增长。与国外常用的邮件营销不同，国内主要使用微信等社交平台与用户建立长期的、高黏性的关系。这种 B2C 业务有效的营销模式同样可以应用在 B2B 领域，"社交"是近几年在 B2B 业务中的一种效果更好的营销方式，企业可以以微信等社交媒体为渠道，通过老用户的口碑传播带动新用户，极大地降低获客成本。

第二，存量找增量，高频带低频。B2B 营销业务高度依赖于销售，企业为了打消用户在不同阶段的顾虑，会让销售人员持续跟进用户，包括约访、开会、维护关系等。随着数字化营销技术的逐步成熟，可以通过多渠道线上直播的方式把品牌内容、解决方案内容高频地推送给用户方决策人的眼前。品牌要主动出击，多触点、多场景、分类型触达用户，完成线索培育。

第三，利用微型意见领袖，以小博大。亚马逊的创始人杰夫·贝佐斯指出："在线下世界，如果一个用户不满意，他会告诉 6 个朋友。在互联网世界，他会告诉 6 000 个人。" 个人的声音通过网络放大，进而影响市场动态，从引爆节点产生的效应中发现：10% 的用户分享能够带来 80%~90% 的收入，80% 的用户转发没有带来任何收入。其中，微型意见领袖的口碑传播虽然广度有限，但他们却能使商业信息更有说服力地影响到目标用户。如图 5-2 所示。

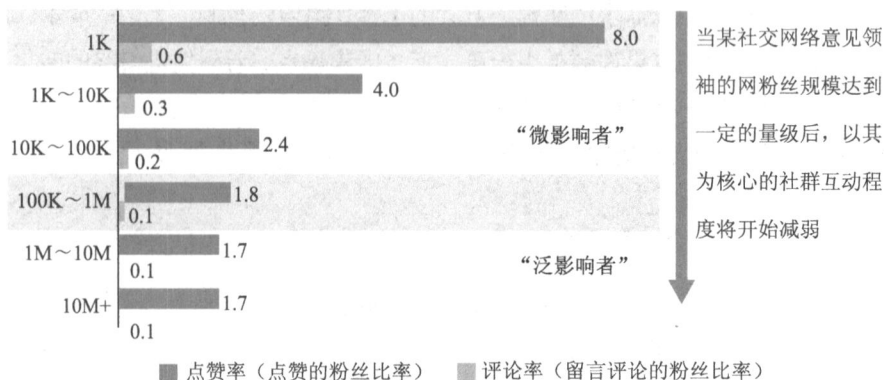

图 5-2 微型意见领袖更有说服力

资料来源：《科尔尼全球未来用户研究》
注："1K"代表 1 000，"1M"代表 1 000 000

在社交端如何用微型意见领袖引爆传播？第一，发掘微型意见领袖，识别微型意见领袖的影响力水平、专注的领域等信息，搭建资源库。第二，用相关性激励，与微型意见领袖建立更紧密的联系，比如 VIP 待遇、新品试用和独享活动。第三，选择内容策略，包括微型意见领袖创制、品牌创制及共建。

总结一下，B2B 营销学习 B2C 营销，除模仿 B2C 营销的玩法外，B2B 营销一定要记得潜客培育，因为 B2B 营销具备天然更长的决策周期，没有培育的B2C 营销玩法在 B2B 营销里会只有热闹没有效果。简单用三句话总结就是：第一，一切触点都应该是营销点；第二，一切营销点都应该被裂变；第三，一切由裂变产生的流量都应该被搜集与培育，从而产生商机与利润。

SCRM 营销自动化高效获客

随着互联网时代的到来，企业和用户的关系从线下拓展到线下 + 线上。SCRM 不断延伸和升级：由社交 SCRM，拓展到一站式 SCRM，再到智能化SCRM。

社交 SCRM，即社会化客户关系管理，企业和用户之间的连接从线下拓展到线下 + 线上，即全渠道，弱连接变成了强连接。一站式 SCRM，即从广告技术到营销技术，再到销售技术，最后到服务技术的一站式业务。一站式 SCRM 中，渠道和强连接使得企业对用户价值的可视化从漏斗的下部向上延展，即从购买到考虑到认知，以及从漏斗的下部向周边扩散，即从购买和服务到分享。智能化 SCRM，一是指自动化，即在不同渠道、不同时间，对不同用户进行个性化内容自动化推送；二是指智能化，在一站式 SCRM 的基础上，通过人工智能进行预测并加速。

SCRM 营销自动化，解决了广告技术与销售技术之间的鸿沟，实现了"线索—市场认可线索—销售认可线索—商机—用户"的用户全生命周期管理，自动实现线索打分，智能线索培育，增加获客量，促进线索转化率提升。从"5W+IH"模型进行分析，SCRM 营销自动化的优越性已然跃然纸上。

● Who：用户画像明确，对话的另一方不再是一个模糊的形象，而是有血有肉的实体。

- What：交流内容，从用户出发，说其所想。
- Where：用户能够接触到的所有动态渠道。
- When：不再是品牌上班的规定时间，而是用户需要对话的所有碎片时间。
- Why：品牌与用户之间从单向传播转变为双向互动。同时，用户之间也发生联系。
- How：内容共创，用户参与品牌的内容创作。

由通过 SCRM 营销自动化，结合内容营销，全渠道数据打通、数据驱动，通过线索打分和标签体系针对性地解决 B2B 用户决策者在不同阶段的焦虑，可以帮助用户更好地做出决策，从而更高效地获客。简单地总结一下，所谓 SCRM，就是给予市场人一种可能，把所有的流量渠道统一汇集为一个潜客流量池，所以分散的数据会变得统一，浪费的流量可以汇集；而营销自动化，就是使得以前极差的营销手段也变成了市场人手中的一张牌，因为流量虽然有可能带来的都是小鱼，但是小鱼在潜客流量池里具备被培育养大的机制与可能性。SCRM 营销自动化让市场人手中的可用的渠道开始变多，且具备多种配合的可能性，这对于营销打法单一的 B2B 市场人来说，是极大的利好。

我们常常觉得营销难做，就是难在 CEO 觉得 CMO 在花钱而不是挣钱，当 CMO 手上能调用的渠道和资源开始变多，且从内容—获客—培育—销售跟进都能全程加速并可视，市场团队就开始成为公司销售的先锋部队。当 CMO 懂得帮公司挣钱且能证明，这会是以 SCRM 营销自动化为代表的营销技术带给营销人最有意义的地方。

参考文献

参考专著

[1] 帕姆.狄勒.首席营销官 [M].北京：中国人民大学出版社，2016:147-168.

[2] 宋佳•杰弗逊，雪伦•坦盾.内容营销 [M].北京：企业管理出版社，2014.

[3] 奥利维尔•布兰卡德.社会化媒体营销投资与回报 [M].北京：电子工业出版社，2012.

[4] 丹尼尔•科伊尔.一万小时天才理论(经典版)[M].浙江：浙江人民出版社，2015.

[5] 舒扬.共鸣：内容运营方法论 [M].北京：机械工业出版社，2017.

[6] 秋叶，秦阳等.社群营销：方法、技巧与实践 [M].北京：机械工业出版社，2015.

[7] 菲利普•科特勒，瓦得马•弗沃德.要素品牌战略：B2B2C 的差异化竞争之道 [M].上海：复旦大学出版社，2010.

[8] 许荣哲.小说课：折磨读者的秘密 [M].北京：中信出版社，2016.

[9] 马克•舍费尔.热点：引爆内容营销的 6 个密码 [M].北京：中国人民大学出版社，2017.

[10] 尼古拉斯•克里斯塔基斯，詹姆斯•富勒.大连接：社会网络是如何形成的以及对人类现实行为的影响 [M].北京：中国人民大学出版社，2012.

[11] 加里•阿姆斯特朗，菲利普•科特勒.市场营销学（原书第 11 版）[M].北京：机械工业出版社，2013.

[12] 克莱•舍基.人人时代：无组织的组织力量 [M].北京：中国人民大学出版社，2013.

[13] 艾伯特•拉斯洛•巴拉巴西.爆发：大数据时代预见未来的新思维 [M].

北京：中国人民大学出版社，2012.

[14] 德内拉·梅多斯. 系统之美：决策者的系统思考 [M]. 浙江：浙江人民出版社，2012.

[15] 吴育宏. B2B 圣经：客户经理营销实战思维与策略 [M]. 北京：北京时代华文书局，2016.

[16] 王亚东. 销售就是做好渠道：99% 的人的都不知道的渠道管理新法 [M]. 北京：北京联合出版公司，2017.

[17] 唐兴通. 引爆社群：移动互联网时代新 4C 法则 [M]. 北京：机械工业出版社，2015.

参考报告

[1] The Definitive Guide to Lead Nurturing [R]. Marketo, 2009.

[2] State of B2B Content Marketing 2016 [R]. Regalix Research, 2016.

[3] B2B Content Marketing: 2017 Benchmarks, Budgets, and Trends – North America [R]. Content Marketing Institute, MarketingProfs, Brightcove, 2017.

[4] 2015 Lead Nurturing Benchmark Study[R]. Oracle Marketing Cloud, Demand Gen Survey Report, 2015.

[5] Mark Kilens, Chris LoDolce. How to Create Qualified Leads with Lead Nurturing[R]. Hubspot, 2017.

[6] Rethink Marketing: Redefine the Changes of Relationships Among B2B Buyers, Marketers and Sales[R]. LinkedIn, 2017.

[7] How to Build and Operate A Content Marketing Machine[R]. Kapost, Marketo, 2012.

[8] Fascinating Event Marketing Stats[R]. Constant Contact, Hubspot, 2018.

[9] The Definitive Guide to Engaging Content Marketing[R]. Marketo, 2018.

[10] The Grande Guide to B2B Content Marketing[R]. Oracle, Eloqua, 2011.

[11] Leslie Nuccio. The Marketing Generalist's Guide to Media Intelligence[R]. Meltwater Outside Insight.

[12] The Content Marketing Strategy Checklist[R]. Velocity, 2012.

[13] Brian Davies. Engaging B2B Buyers Before the Buying Process: 4 Key Steps[R]. Moveo, 2014.

[14] The Game Changers Guide to Getting Content Personalization Done in 2017[R]. Onespot, 2017.

[15] The Beginner's Guide to Content Marketing[R]. Scribewise.

[16] Solved Mysteries: Tracking Your Content Marketing ROI[R]. Marketo, 2014.

[17] The 3Rs of Content Marketing[R]. Marketo.

[18] Gleansight: Lead Nurturing[R]. Gleanster, 2010.

[19] Lead Nurturing: Guide for Modern Marketers[R]. Oracle, 2016.

[20] Video Marketing and Advertising: Tactics, Measurement and Trends 2014[R]. Regalix Research, 2014.

[21] 6 Big Ideas That Will Lead Disruptive Changes of B2B Marketing[R]. LinkedIn, 2017.

[22] Perspective of The Post-1995 Generation: Social Behavior Report[R]. Penguin Zhi Cool，2014.

[23] Event Marketing 2.0: How to Boost Attendance Through Social Media. Cvent.

[24] Maximizing Special Event Marketing[R]. Klamath County Chamber of Commerce and The Ross Ragland Theater.

[25] State of B2B Event Marketing[R]. Regalix Research, 2014.

[26] Tipsheet: Using Social Media with B2B Events[R]. Napier.

[27] Jon Miller, Hana Abaza. Account-Based Marketing Hacks: Engage for Account Based Everything[R]. ABMHacks, 2016.

[28] The Big List of Lead Scoring Rules: A Checklist of Over 250 Explicit and Implicit Lead Scoring Rules[R]. Marketo, 2011.

[29] How to Design Marketing Content for Unpredictable Conversion[R]. Meltwater Outside Insight.

[30] The Content Marketing Strategy Checklist[R]. Velocity.

[31] Jann Schwarz, Peter Weinberg, Jon Lombardo. Seven Trends of B2B Marketing: Create A Realistic Content Marketing Strategy for 2018 [R]. LinkedIn, 2018.

[32] Phillipe Han. Deep Focus: Ten Steps of LinkedIn Content Marketing[R]. LinkedIn, 2017.

[33] 2018 B2C Content Marketing Report[R]. BesChannels, Content Marketing Institute, MarketingProfs, 2018.

[34] Redefine Marketing: Insights of the World's Top CMO Surveys[R]. IBM Business Research Institute，2016.

[35] Robert Rose, Chief Strategist, Content Marketing Institute. Webinars: They Are Not Just for Leads Anymore[R]. Content Marketing Institute.

[36] Kearney: 2018 Global Future Customer Research[R]. Kearney, 2018.

[37] B2B Sales Benchmark Research Finds Some Pipeline Surprises[R]. Salesforce, HubSpot & VR Insight (2015) & Forrester Research (2014).

[38] 2016 Digital Information Report[R]. Reuters Institute for the Study of Journalism, 2016.

[39] B2B Marketing Budget Allocation [R]. Forrester Research.

[40] 2017 Insights of Social Media Advertising[R]. LinkedIn, 2017.

书稿终告断落，掩卷思量，饮水思源，在此谨表达自身的殷切期许与深深谢意。营销是一门科学与艺术相结合的方法学科，与所有创新成果一样，这要求著者具有较强的学科功底与整合能力，更何况本书是一本创新思想下的案例实战书籍。在著书过程中，笔者深刻感到了"学无止境"的压力，如果没有各位业界专业人士、工作伙伴的帮助，本书不可能付梓，现一并致谢。

首先，本书撰写离不开众多企业特色的实践案例，本书所用的案例均来自于 B2B 领军企业营销管理者的行业积累，凝聚着多位 B2B 营销人的智慧与创新精华。在此感谢致趣百川用户对本书的支持，在案例收集过程中总能深入浅出、画龙点睛地详细介绍每个案例的来龙去脉，这给本书撰写带来了巨大的启发。感谢微软、腾讯、SAP、致远互联、莱茵、玄武科技、新东方、美联英语、东方之星、拜耳、药明康德、Rimowa、康耐视、强生、壳牌石油等众多重量级用户的选择，特别感谢联想集团中国区商用数字化营销中心总经理王立平、微软中国 Microsoft 365 整合营销经理陈怡帆、百威英博"红人计划"操盘手李键莎、致远互联网络营销部总监田薇、适马中国 CMO 马雅瑾、东方之星市场总监郝婧对本书案例撰写的大力支持，以及华为高级数字营销经理丁文杰、德国莱茵 TüV 集团副总裁李涛实践认知的输出。

最后，要感谢本书得以付梓的幕后英雄，在此感谢致趣百川全体员工对营销技术的探索，为本书的写作奠定了理论基础。感谢致趣百川联合创始人兼 CMO 于雷营销实践认知的输出和迭代，感谢致趣百川联合创始人逄大嵬、刘玺、李英男对书中案例部分、产品技术部分等内容的帮助与支持。感谢致趣百川运营总监韩佳新对本书内容输出及书名的想法与支持，感谢北京大学黄薇对本书内容的文字校对和文稿润色。对致趣百川各职能团队的协同配合也表示衷心的感谢！

最后，感谢人民邮电出版社社科人文出版分社副社长恭竟平和编辑郭媛为本书出版所做的大量细致工作。

营销技术在日新月异发展，不断服务客户中，致趣百川认知也在不断完善提高，鉴于学识有限，书中不免有这样或那样的错误，还请读者指正，也请读者见谅。